THÈSE DE DOCTORAT

DES
DONATIONS ENTRE ÉPOUX
PENDANT LE MARIAGE
EN DROIT ROMAIN ET EN DROIT FRANÇAIS

THÈSE POUR LE DOCTORAT

*L'acte public sur les matières ci-après sera soutenu
le mardi 20 Juin 1893, à 1 heure*

PAR

Maurice ARNETTE
AVOCAT A LA COUR D'APPEL

Président : M. Léon MICHEL, *professeur*

Suffragants : MM. BEUDANT / GÉRARDIN / LEFÈBVRE *Professeurs.*

PARIS
LIBRAIRIE NOUVELLE DE DROIT ET DE JURISPRUDENCE
ARTHUR ROUSSEAU
ÉDITEUR
14, Rue Soufflot et rue Toullier, 13

1893

A MON PÈRE — A MA MÈRE

DES DONATIONS ENTRE ÉPOUX

PENDANT LE MARIAGE

INTRODUCTION

Les instituts définissent la donation un mode particulier d'acquérir : *est aliud genus acquisitionis donatio* (Int. L. II tit. 7, pr.). Cette définition n'est pas exacte, il peut très bien y avoir donation sans transport de propriété, par exemple dans le cas où le donateur contracte une obligation à titre gratuit ; telle qu'une obligation *ad faciendum vel ad non faciendum*, ou encore lorsqu'il fait remise d'une dette. Dans le cas où il s'engage à donner une certaine chose corporelle, la définition n'est pas plus exacte, la translation de propriété n'aura lieu que lorsque le donateur aura fait tradition, mancipation, etc., et avant l'emploi de l'un de ces modes de translation de propriété, le donataire, par le seul fait de la donation, ne sera pas devenu propriétaire. Qu'est donc la donation, puisque nous venons de voir qu'elle ne constitue pas un acte suffisant à lui seul pour faire acquérir la propriété ? La donation n'est simplement qu'une *justa causa* en vertu de laquelle la tradition, la mancipation, l'acceptilation, etc., auront lieu et transmettront la propriété au donataire. C'est ce que du reste Justinien remarque en matière de tradition et d'usucapion, (Int. L. II tit. I § 40. L. II tit. 6 pr.)

Ces réserves faites sur la nature même de la donation, on peut définir cette dernière : un acte par lequel une personne appelée donateur consent gratuitement et sans y être forcée à diminuer son patrimoine au profit d'une autre personne nommée donataire.

Les éléments de la donation seront donc 1° l'appauvrissement du donateur, 2° l'enrichissement du donataire, 3° l'esprit de libéralité chez le donateur, l'*animus donandi*. Ces trois éléments sont suffisants et il n'est pas besoin du consentement des parties ; ajoutons toutefois que si l'on peut devenir donataire à son insu rien ne vous force à conserver une libéralité que l'on n'a pas acceptée (D. de donat. 1. 19 § 2. — De reg. jur. 1. 69, Cicéron. Top. 8).

Les romains distinguaient deux grandes espèces de donations, les donations entre-vifs (*donationes inter vivos*) et les donations à cause de mort (*donationes mortis causa*). En plus de ces deux grandes catégories, ils distinguaient encore les donations *ante nuptias* ou *propter nuptias* qui n'apparaissent qu'en 449 (C. de repud. l. 8 § 4) et sont en quelque sorte la contre partie de la dot ; c'était la femme qui en bénéficiait, le mari dans le cas ordinaire et quelquefois un tiers en était le donateur, et les donations *inter virum et uxorem* que nous nous proposons d'étudier.

Les Institutes ne contiennent rien ayant rapport à ces donations. Elles forment en revanche un titre au Digeste (De donationibus inter virum et uxorem. Liv. XXIV tit. 1) et un titre au code (De donationibus inter virum et uxorem et a parentibus in liberos factis, et de ratihabitione. Liv. V, tit. 16).

De ces textes, il résulte que les donations entre époux d'abord permises, furent, sous l'influence de la coutume, ensuite prohibées, puis par une réaction marquée par un senatus-consulte daté de l'an 206 ap. J. C. de nouveau permises sous certaines conditions.

Nous avons en conséquence divisé notre sujet en trois périodes.

Pour la première, qui est marquée par une liberté absolue quant à ces donations, nous aurons peu de choses à dire, il nous suffira de remarquer que l'usage de la *manus* rendait ces donations impossibles et que la loi Cincia ne semble pas les avoir fait rentrer dans ses prohibitions.

La seconde période est, avons-nous dit, une période de

prohibition presque absolue ; nous rechercherons successivement dans cette partie l'époque à laquelle la prohibition est apparue, les motifs qui l'ont fait naître, les personnes qu'elle frappe, les effets qu'elle entraîne et les donations qui par exception échappaient à la règle prohibitive.

Dans la troisième et dernière période qui commence en 206 de notre ère, nous étudierons successivement les modifications apportées aux différentes règles admises durant la précédente période. Nous finirons par l'étude des réformes que Justinien a introduites quant à ces donations dans le dernier état du droit et par l'étude des effets que pourraient avoir pour ces mêmes donations entre époux les seconds mariages.

PREMIÈRE PÉRIODE

CHAPITRE UNIQUE

Au début de cette première période jusqu'à la loi Cincia, nous ne trouvons aucune disposition venant soit restreindre, soit réglementer les donations entre-vifs. Les donations entre époux bénéficient de cette liberté illimitée et sont, en théorie, absolument libres.

Nous disons en théorie, car dans le domaine des faits il sera très rare à cette époque de rencontrer une donation entre époux. Cette rareté provient de ce qu'alors la *manus* accompagnait presque toujours le mariage.

Cette puissance, modelée sur la *patria potestas*, appartenant comme elle au *jus civile*, ne s'appliquant qu'aux femmes (Gaius I. §§ 108, 109) rendait les donations entre époux impossibles. En effet, elle ne laissait à la femme quant aux biens aucune personnalité distincte de celle de son mari [1] ; tout au plus lui permettait-

_____

[1]. Gaius : III. §§. 82, 83.

elle de posséder un pécule minime d'effets à son usage de bijoux, de petites économies, lorsque ce dernier y consentait [1].

Comment dans cette situation respective des époux supposer une donation possible ? La femme étant vis-à-vis de son mari *loco filiæ* ne peut rien lui donner, le mari d'autre part se ferait une donation à lui-même en donnant quoique ce soit à sa femme ; il faut faire exception toutefois pour le pécule dont nous venons de parler.

Mais l'usage de la *manus* devint de plus en plus rare, déjà la loi des XII tables nous indique un moyen pour la femme d'empêcher l'acquisition de la *manus usu* (Gaius : I, 111). Le pouvoir du mari sur les biens de la femme ne devait pas être vu favorablement par les agnats de cette dernière, lorqu'elle était *sui juris* et par conséquent sous leur tutelle [2] ; en autorisant la *conventio in manum*, ils perdaient leurs droits à la succession de la femme. Le père de la femme devait aussi difficilement renoncer à son droit de puissance sur sa fille ; ce sont là des raisons diverses, qui favorisèrent le développement du mariage sans *manus*.

---

[1]. Plante ; Casina, II. 2, 26. *nam peculii probam nihil habere addecet clam virum.*

Jhering (Esprit du droit romain, tome II. p. 182) ajoute que ce pécule était bien plus rare que celui des fils.

[2] Cicéron. Pr. Flacco, XXXIV, 84.

Si l'on ajoute à cela que la sévérité en ce qui concerne la tutelle des femmes s'était relachée de sa rigueur
primitive [1], il est facile de comprendre que les donations
entre époux durent se multiplier avec les mariages sans
manus.

Il ne parait pas néanmoins probable que l'on eut songé
à entraver ces donations tout d'abord. La loi Cincia [2],
qui vint règlementer les donations entre vifs, semble
les avoir laissées en dehors de ses restrictions. Cette
loi classe les donations : 1° en donations ne dépassant
pas un certain taux (*modus legitimus*), qui nous est inconnu et en donations dépassant ce taux, 2° en donations
dépassant le taux fixé adressées à certaines personnes
(*personœ exceptœ*) et en donations dépassant le taux fixé
adressées à des personnes non exceptées. Après avoir
fait ces distinctions, elle décide que les donations *intra
modum* et que les donations, quelque en soit le mon-

---

[1] Cicéron. Pr. Murena, 12.

[2] Cette loi ou plutôt ce plébicite fut proposé par le tribun du
peuple, M. Cincius Alimentus, probablement en l'an de Rome
549, sous le consulat de P. Cornelius Cethegus et de P. Sempronius Tuditianus, avec l'appui de Caton l'Ancien alors questeur et
de Q. Fabius Maximus. C'est ce qui résulte d'un passage de Cicéron
dans son livre *de Senectute* (IV, 10). Dans les textes littéraires
cette loi porte souvent aussi le nom de *lex muneralis* (Festus,
XI. V° *muneralis* Plaute cité par Festus). Tite-Live la nomme
aussi : *lex Cincia de donis et muneribus* (XXXIV, 4) dans un
discours qu'il prête à Caton en 555.

tant, faites à des *personæ exceptæ* étaient soumises à l'ancien droit (F. V. § 310).

Or parmi ces personnes figurent les époux[1] (F. V. § 302) l'on en peut donc conclure qu'aucune prohibition, concernant les donations entre époux, n'existait encore au milieu du sixième siècle de Rome. Ce point a été contesté[2]; l'on a voulu voir dans cette exception qu'une faveur accordée aux époux pour certaines donations, telles que les donations *divortii, exilii causa,* donations qui furent toujours autorisées, comme nous le verrons plus loin, lors même que la prohibition était la règle que l'on appliquait aux donations entre époux.

Cette interprétation ne nous semble pas exacte, elle a contre elle la généralité du texte : *eis omnibus inter se donare capere licito* (F. V. § 298) ; devant ces termes si absolus, il est difficile d'admettre que l'exception concernant les époux ne visait que des donations d'espéces particulières. L'on peut encore ajouter que les textes

---

[1] Les autres personnes exceptées sont : 1· les cognats jusqu'au sixième degré et, même au sixième, les sobrini et sobrinæ ; 2· les personnes placées sous la puissance des cognats ou à la puissance desquelles ils étaient eux-mêmes soumis ; 3ᵒ certains alliés, en plus des époux : beau fils et belle fille, beau-père et belle-mère, gendre et bru, fiancé et fiancée ; 4· le pupille par rapport au tuteur ; 5· le patron par rapport à l'affranchi ; 6· les cognats de n'importe quel degré lorsqu'ils faisaient une donation dotis causa à une de leurs parentes (F. V. §§ 298 à 309).

[2] De Savigny. Traité de droit romain, tome IV, § 165, note c.

concernant ces donations *exilii*, *divortii causa* indiquent tous une jurisprudence bien postérieure à l'époque de la loi Cincia [1].

Il nous reste à fixer l'époque, où cette liberté des donations entre époux prit fin. Elle n'existait plus, ce qu'il y a de certain, sous Auguste, car Labéon qui vivait à cette époque fournit deux lois à notre titre (D. de donat. int. vir et ux. 1.1. 65,67.) et de ces lois l'on peut conclure par un argument à contrario que la prohibition était déjà en vigueur.

D'autre part Paul nous apprend que Sextus Cœcilius donnait comme raison de la prohibition l'usage abusif que l'on faisait du divorce (1. 2. h. 1.). Or nous savons que les divorces se multiplièrent sous la fin de la République [2].

Nous croyons donc pour ces raisons pouvoir assigner comme fin de cette période les dernières années de la République, sans fixer toutefois, étant donné l'absence de tout texte, une date précise.

L'on peut donc dire que cette première période de la législation des donations entre époux fut marquée par une liberté absolue. Cette liberté devait forcément entraîner des abus, qui poussèrent la coutume à réagir et à substituer à cette liberté absolue une prohibition non moins absolue.

[1] Pellat. Textes sur la dot, p. 259.

[2] Le premier divorce fut celui de Spurius, Carvilius Ruga. Valère Maxime et Denys d'Halicarnasse le placent en l'an 520 de Rome. Aulu-Gelle donne les deux dates suivantes : 519 ou 523,

DEUXIÈME PÉRIODE

Cette période avons-nous dit est celle de la prohibition des donations entre époux.

Avant d'examiner les textes qui concernent cette période, nous croyons utile de dire quelques mots du système qu'ils consacrent; à savoir le système de la prohibition de ces donations.

Le but cherché était d'éviter tout calcul, toute question d'intérêt entre les époux. Cette condition d'époux ou plus exactement de *vir* et d'*uxor* était la seule que l'on voulut protéger, aussi verrons-nous, lorsqu'il s'agissait soit de mariages non valables, soit de concubins la sévérité fléchir, et la loi admettre en principe la validité des donations entre ces personnes, nous disons que l'on admettait seulement en principe le bien fondé de ses donations, car, en fait, lorsque le mariage avait été contracté en fraude des lois, on attribuait le bénéfice de la donation au fisc.

Il fallait pour que la prohibition s'appliquât une libéralité entre époux ayant tous les caractères d'une donation ordinaire, toutefois on faisait exception au sujet de certaines donations entre époux soit destinées à subvenir à certaines charges, soit ne devant prendre naissance qu'après la mort du donataire, soit faites en vue du divorce ou de l'exil.

Mais si la loi faisait exception au sujet de certaines donations entre époux, lorsqu'il s'agissait de celles qu'elle atteignait, elle faisait entrer parmi les personnes qu'elle frappait tous ceux qui avait un lien soit de famille, soit de dépendance avec les époux.

Elle annulait ainsi les donations faites à l'aide de l'interposition de personnes, et celles que les époux avaient déguisées sous la forme d'un contrat à titre onéreux.

Dans l'hypothèse d'une donation tombant sous le coup de la prohibition, comment allait-on réaliser cette défense ; comment arrivait-on à annuler cette donation ? C'est là le point essentiel du système de cette période, nous allons ici en trouver les grandes lignes indépendamment des questions de textes que nous examinerons plus loin.

Les époux désireux de se faire une donation pouvaient procéder de différentes façons.

Avaient-ils agi par voie de promesse, on refusait dans ce cas toute action à l'époux donataire.

L'époux donateur avait-il au contraire procédé par voie de dation, on décidait alors que cette dation ne produisait aucun effet, aucune aliénation entre les époux, en conséquence on considérait le donateur comme étant toujours resté propriétaire des choses données. Mais il fallait toutefois le munir d'actions, pour lui permettre de reprendre la possession des choses, qui étaient sorties de son patrimoine ; c'était cette seule possession qu'il fallait lui faire ravoir, puisque la donation prohibée qu'il avait faite était impuissante à lui faire perdre son droit de propriété. On distinguait alors suivant que les choses données étaient ou n'étaient plus dans le patrimoine du conjoint donataire.

Etaient-elles encore entre les mains du donataire, l'époux donateur avait la *rei vindicatio*, toutefois on faisait fléchir la sévérité des règles ordinaires vis-à-vis du défendeur, qui n'était autre ici que le conjoint du demandeur, en ce qui concerne la restitution des fruits et le *juramentum in litem*, en ce sens qu'on lui permettait même de garder l'objet donné à condition d'en payer la juste valeur et, dans ce cas, on lui donnait même, à lui défendeur, une caution au simple que devait fournir l'époux donateur, c'est-à-dire le demandeur de l'action.

Les choses données étaient-elles au contraire sorties du patrimoine du donataire, le donateur a alors une *condictio* qualifiée *condictio sine causa dati*. Dans ce cas on décidait que le donateur n'était jamais tenu à restituer une somme supérieure à celle qu'il avait reçue, ou à l'enrichissement que la donation avait pu lui procurer. En conséquence de ce principe, si l'objet donné venait à périr d'une façon fortuite, on admettait que le donataire n'était pas tenu de le rendre.

Lorsque c'était la femme qui était donatrice elle avait

encore en plus de la *condictio* l'*actio rei uxoriæ*, toutefois cette action lui était moins favorable que la *condictio*. Cette dernière action étant de droit strict lui permettait d'obtenir *solidum*, tandis que par l'*actio rei uxoriæ*, action de bonne foi, le mari n'était condamné que *quatenus facere poterat*.

On accordait encore au mari donateur un droit de rétention dans le cas où il était actionné par sa femme en restitution de la dot par l'action *rei uxoriæ*. Par ce droit de rétention, il pouvait garder le montant des donations prohibées, qu'il avait faites à sa femme; c'est la rétention *ob res donatas*, qui dans ce cas particulier remplaçait pour lui *condictio*.

Les époux avaient-ils procédé par voie de délégation ou de libération, on déclarait les actes qui avaient servi à réaliser cette sorte de donation sans effet.

En conséquence le débiteur de l'époux donateur, qui a payé au conjoint de son créancier, peut être encore poursuivi par ce dernier. Quant à la remise de la dette, qu'un époux aurait faite à son conjoint par acceptilation ou par pacte *de non petendo*, on lui déniait tout effet, et on permettait à l'époux donateur de faire valoir toujours son droit, et cela sans avoir besoin d'une *replicatio*.

On avait toutefois admis dans ce système une sorte de compensation entre les donations prohibées, qu'avaient pu se faire réciproquement les deux époux. Dans ce cas on ne permettait pas à l'un des époux de répéter la donation qu'il avait faite à son conjoint, ce dernier pouvait opposer la compensation par voie d'exception de dol et cela même quand le demandeur à qui on l'opposait avait dissipé les biens qui constituaient la donation.

Voici, dans ses grandes lignes, le système auquel on était arrivé dans cette période, on voit que la prohibition était sévère et qu'elle atteignait toutes les donations entre époux, quelle que soit la forme que ces derniers aient choisi pour les réaliser.

Nous allons maintenant étudier cette prohibition en nous plaçant surtout au point de vue des textes.

Après avoir indiqué les motifs qui la firent établir, nous rechercherons les personnes qu'elle atteignait indépendamment des époux, puis nous indiquerons les conditions exigées pour qu'il y ait donation tombant sous la prohibition, ce qui nous amènera à parler des libéralités indirectes et des donations qui par exception furent toujours permises, enfin en dernier lieu nous parlerons des effets de cette prohibition sur les différentes formes de donations que pouvaient se faire les époux l'un à l'autre.

CHAPITRE I

Voyons tout d'abord les motifs qui poussèrent la coutume à établir cette prohibition. Nous disons que c'est la coutume qui réagit contre l'ancienne liberté, nous suivons en cela l'opinion d'Ulpien : *Moribus apud nos receptum est, ne inter virum et uxorem donationes valeant* (D. de donat. inter vir et ux. 1. 1.)

C'est encore l'avis d'Antonin, qui au début de son sénatus consulte dit textuellement. *Majores nostri inter virum et uxorem donationes prohibuerunt* (D. loi 3. pr. h. t.)

Se basant sur une glose du texte d'Ulpien, qui se trouve dans les Basiliques [1], on a voulu voir dans le mot *moribus* le *consensus prudentum*, et on fait dans cette opinion venir l'interdiction de l'*auctoritas prudentum*.

C'est je crois une erreur, nous sommes ici en présence

---

[1] *Ex consensu prudentum non scripto (hoc enim est quod dicitur moribus)*.

de deux sources du droit différentes, et ce serait pousser trop loin l'assimilation que de confondre la coutume avec l'*auctoritas prudentum* [1]. Les prudents ont souvent donné, et cela est certain, une forme définitive à la coutume, mais en ce qui nous concerne, ils n'ont fait que constater une règle déjà existante et ne l'ont pas créée, c'est ce qu'indique le mot *moribus* qu'Ulpien emploie et rien ne justifie l'explication du scholiaste des Basiliques.

La coutume réagit donc contre la liberté des donations, recherchons par quelles considérations elle y fut poussée.

Tout d'abord la coutume voulait empêcher que l'un des conjoints poussé par l'amour ne se dépouillât en faveur de l'autre, crainte justifiée par l'excessive facilité des donations entre époux (L. I. h. t.). Cette raison donnée par Ulpien est la raison par excellence, nous la retrouverons en droit français ; elle est indépendante des traits de mœurs, des particularités propres au peuple romain et est inhérente à la condition même de mari et de femme. Pour conserver au mariage toute sa pureté, il fallait rendre les questions d'intérêts entre époux impossibles, ne baser le mariage que sur la seule inclination des époux l'un pour l'autre, et empêcher le meilleur des deux conjoints de tomber dans l'indigence, pendant que le moins estimable s'enrichirait à ses dépens (L. 3, h. t.)

---

[1] Demangeat. Cours de droit romain, tome I, p. 74.

Paul (L. 2, h. t.) nous donne deux autres raisons. La première tient à l'ordre privé, l'on a craint, dit-il, que les époux préoccupés de ces questions d'intérêt ne négligeassent l'éducation de leurs enfants. La deuxième, tient à l'ordre public, Paul rapporte ici la raison donnée par Sextus-Cœcilius à savoir qu'il arrivait souvent que les mariages se rompaient par suite du refus d'un époux de faire une donation à l'autre. Nous avons déjà rencontré ce motif lorsqu'il nous a fallu fixer l'époque ou la prohibition des donations entre époux dut apparaître.

Cette raison tient aux mœurs romaines qui, abandonnant bientôt leur sévérité primitive ne virent bientôt dans le mariage qu'une occasion de s'enrichir [1]. L'avarice légendaire des Romains les poussait à obtenir de leur conjoint le plus possible et lorsque le divorce se fut répandu, ils n'hésitaient pas à renvoyer le conjoint à qui ils ne pouvaient prendre ses biens. La coutume réagit contre cette tendance et pour couper le mal dans ses racines les plus profondes, pour empêcher que le mariage ne devint qu'une affaire : *ut venalia essent matrimonia,* comme nous dit notre texte, elle prononça cette prohibition absolue ; poussée par les raisons que nous venons d'indiquer, elle ne vit peut-être pas qu'elle allait tomber dans un excès opposé et ce ne sera que plus tard, au troisième siècle de notre ère qu'on arrivera à une conception plus juste, aussi éloignée de toute solution absolue.

[1] Juvénal. Satire 6.

En attendant on était arrivé néanmoins à apporter dans la critique des donations entre époux un certain esprit de tolérance ainsi que nous l'indique Paul: *Et sane non amore, nec tanquam inter infestos jus prohibitæ donationis tractandum est : sed ut inter conjunctos maximo affectu, et solam inopiam timentes.* (Loi 28 § 2 h. t.).

CHAPITRE II

L'interdiction des donations frappait seulement les personnes dont l'union était conforme aux lois et à la coutume : *et quidem si matrimonium moribus legisbusque nostris constat, donatio non valebit* (L. 3, § 1, h. t.)

Elle ne s'appliquait pas aux concubins ni, en principe, aux personnes dont le mariage était nul en vertu d'un empêchement légal.

Le concubinat était une union d'un ordre inférieur et bien qu'il fut reconnu par les lois [1], l'on ne voyait aucun inconvénient à tolérer dans ce cas les libéralités, c'est que dans cette union l'on n'avait pas à sauvegarder ce désintéressement, cette délicatesse de sentiments que l'on exigeait des époux. C'est ce qui ressort de l'exemple, cité par Ulpien, où nous voyons que l'empereur Sévère avait décidé que la donation faite

[1] D. de concub. l. 3, § 1.

par le sénateur Pontius Paulinus à son affranchie serait valable parce que cette femme avait été traitée comme concubine et non comme épouse légitime (L. 3, § 1 in fine h. t.).

Papinien, d'autre part est d'avis que les donations faites à une concubine ne doivent pas être annulées, bien que dans la suite le concubinat ait fait place à un mariage régulier (D. de donat. l. 31 pr.)

Est-ce à dire que les concubins avaient une liberté absolue quant à la faculté de se faire des donations ? Non certes, car nous voyons l'empereur Antonin annuler une donation faite par un soldat à sa concubine (C. de donat. inter vir et ux. l. 2) et, en dehors de cette décision toute de faveur au profit des soldats et motivée par la crainte que ceux-ci ne soient trop facilement dépouillés par la ruse de leurs compagnes, les empereurs Valentin I, Valens et Gratien décider que l'on ne pourrait disposer que du quart de ses biens en faveur de sa concubine lorsque l'on aurait plus ni père, ni mère (Nov. 89, cap. 12, pr.).

Les empereurs Arcadius et Honorius décidèrent ensuite que celui, qui aurait encore sa mère et des enfants ou petits enfants, ne pourrait donner à sa concubine restée seule qu'un vingt-quatrième de ses biens ; et, dans le cas ou cette dernière viendrait en concours avec des enfants naturels, qu'un douzième seulement de ses biens (C. de nat. lib, l. 2).

A quoi distinguait-on le concubinat des justes noces ?

Dans certains cas cela était diffiicile, car ces deux sortes d'union différaient entre elles seulement par la façon dont la femme était considérée par l'homme : *Concubina igitur ab uxore solo dilectu separatur* (Paul, Sentences II, 20. — D. de concub. l. 4), Papinien sur la question de savoir s'il y avait *maritalis affectio* conseillait d'examiner la condition des personnes et de voir comment elles vivaient ensemble (D. de donat. l. 31, pr.)

Les difficultés, auxquelles donnait lieu ce manque de distinction, amenèrent les empereurs à admettre certaines présomptions ; ainsi Théodore II et Valentin III admirent que la vie commune *inter pares honestate personas* ferait présumer le mariage (C. de nupt. l. 22). Cette même loi nous montre en outre que l'on pouvait reconnaître les justes noces aux donations *ante nuptias*, aux constitutions de dot, et aux cérémonies extérieures dont on entourait généralement les mariages. Enfin une constitution de Justinien ou de Justin[1] décida que la cohabitation entre personnes libres et ingénues ferait toujours supposer le mariage (C. de nupt. l. 23 § 7).

En dernier lieu Justinien exigea des sénateurs et des personnes ayant le rang d'illustres la rédaction d'un *instrumentum nuptiale* contenant constitution de dot et donation *ante nuptias*. Quand il s'agissait de ces

---

[1] Les différents manuscrits du code ne sont pas d'accord sur le nom de l'empereur.

personnes l'absence de cet acte faisait supposer le concubinat (Nov. 74, cap. 4).

En dehors du cas de concubinat les donations entre époux étaient encore en principe valables lorsqu'il s'agissait d'un mariage nul par suite d'un empêchement absolu, c'est ce qu'Ulpien nous dit en ces termes : *sed si aliquod impedimentum interveniat, ne sit omnino matrimonium, donatio valebit.* (L. 3 § 1 h. t.)

Le Jurisconsulte décide ainsi dans les deux exemples qu'il cite, voyons les successivement. Dans le premier il s'agit du mariage de la fille d'un sénateur mariée à un homme de condition affranchie, le mariage sera nul comme contraire au sénatus-consulte et par conséquent la donation valable en principe. Le sénatus-consulte dont parle Ulpien fut rendu sous Mac-Aurèle (D. de rit. nupt. l. 16 pr.). Ne fait-il donc pas alors en quelque sorte double emploi avec les lois Julia et Papia Poppœa, qui avaient déjà défendu le mariage entre ces mêmes personnes (D. de rit. nupt. l. 44 pr.)? Pour expliquer cette apparente répétition nous trouvons deux systèmes. D'après le premier [1], le sénatus-consulte ne fait que remettre en vigueur les dispositions des lois Julia et Papia Poppœa tombées en désuétude, il est donc tout naturel que dans notre texte Ulpien parlant de la nullité la rattache au dernier acte qui la consacre.

---

[1] Accarias. Précis de droit romain, tome I no 91. 3°.

Ce système s'appuie sur la formule impérative de la loi Julia (D. de rit. nupt. 1. 44. pr.) et sur une constitution de Justinien au Code (C. de nupt. 1. 28) qui semble indiquer que la loi Papia prononçait la nullité de ces mariages : *quia lex Papia inter senatores et libertas stare connubia non patitur*.

D'après le second système [1], que nous préférons, la loi Julia se serait bornée à refuser aux personnes, qui avaient enfreint les prohibitions qu'elle établissait, le privilége des gens mariés et ce n'est que plus tard, grâce au sénatus-consulte de Marc-Aurèle, que la nullité de ces mariages fut prononcée. Cette seconde doctrine s'appuie sur un texte d'Ulpien (XVI § 2) où il est dit que les époux mariés contrairement aux lois caducaires ne peuvent rien recueillir l'un de l'autre par acte de dernière volonté ; ce texte admet la validité du mariage dans ce cas, autrement il serait d'une inutilité incontestable et voudrait simplement dire que les gens non mariés n'ont pas les bénéfices attachés à la qualité d'époux, ce qui serait une naïveté. Nous trouvons encore en faveur de notre opinion une constitution du Code (de secund. nupt. 1. 1). Cette loi fixe les peines des remariages prématurés, elle frappe la femme d'infamie, mais néanmoins reconnaît la validité du mariage et de la dot, que la femme aurait pu donner à son second mari, or la loi Julia défend à toutes les femmes frappées d'in-

---

[1] Savigny, Traité de droit romain, tome II, append. 7.

famie d'épouser un homme libre [1], et, d'après le premier système, que nous avons exposé, dans ce cas il n'y aurait pas mariage ce que notre loi au Code contredit formellement.

Le second exemple fourni par Ulpien est celui d'une femme de province mariée à un fonctionnaire de cette même province contrairement aux constitutions impériales [2]. Certes en principe dans ces deux cas les donations étaient valables, mais allait-on laisser le donataire en bénéficier? Non car il n'eut pas été juste que des personnes dont l'union est prohibée et qui ont commis en se mariant un délit fussent traités plus favorablement que les autres : *ne melior sit conditio eorum qui deliquerunt*, comme ajoute Ulpien. L'on décidait alors que la donation serait maintenue mais que le fisc la recueillerait (D. 1. 32, § 28 h. t. de his quæ ut indig. aufer. 1. 2, § 1).

Cependant lorsque le donateur était excusable de la violation de la prohibition par suite de son jeune âge, ou lorsque cette prohibition existait en sa faveur, on lui permettait de reprendre sa donation à l'aide d'une action

[1] Ulpien XVI § 2 et D. de his qui not. inf. 1. II, § 3.

[2] Cette prohibition ne frappait pas les militaires (D. de ritu nupt. 1. 38, § 1) Elle cessait à l'expiration des fonctions et le mariage que le fonctionnaire avait pu contracter était valable, mais pour l'avenir seulement (D. de ritu nupt. 1. 65, § 1. C. de nupt. 1. 6).

utile ; c'est ce que décide la loi 7 du Code à notre titre
dans l'espèce suivante : une jeune fille épouse le fils de
son tuteur, sans que le mariage ait été autorisé par le
père [1], et lui fait une donation ; le mariage est nul, bien
qu'alors dans ce cas la donation doive être valable, la
jeune fille aura les actions utiles pour révoquer la donation : *quia*, ajoute le texte, *tamen indigna persona ejus
fuit, qui nec maritus potest dici* ; cette sévérité à l'égard
du tuteur et des personnes qui lui sont assimilées n'est
pas faite pour nous surprendre, c'est une mesure qui a
son explication dans la crainte que l'on avait de voir le
tuteur chercher par un tel mariage à éviter de rendre
compte de sa gestion (D. de ritu nupt. 1. 64, § 1).

Voici donc les solutions qui étaient suivies dans le
cas de mariages nuls par suite d'empêchements irritants,
mais lorsque le mariage était nul par suite d'un empêchement temporaire, l'on admettait des solutions moins
rigoureuses. C'est ainsi que nous voyons Labéon dans
le cas de défaut de puberté, décider que la donation faite
à une femme encore nubile était valable (L 65. de donat.
int. vir. et ux.).

La prohibition était attachée à la qualité de *vir* et

---

[1] Dans le cas, où le père aurait autorisé sa fille par testament, le
mariage serait valable (D. de ritu nupt. 1. 36) et la donation nulle
comme faite entre époux, c'est cette hypothése que notre loi envisage d'abord.

d'*uxor* et ne frappait pas les fiancés. Les donations, que ces derniers auraient pu se faire, étaient valables même si le mariage manquait, pourvu toutefois que la donation ne fut pas faite sous la condition *si nuptiæ sequantur* (F. V. § 262).

Bien plus l'on assimilait à une donation de fiancé à fiancée la donation faite par le mari pendant le mariage à son ancienne fiancée devenue sa femme, lorsque le mariage avait été célébré contrairement aux lois. L'on maintenait grâce à cette fiction une donation qui autrement aurait été nulle.

Ulpien, Labéon et Papinien exigeaient dans ce cas des fiançailles avant le mariage; autrement, disaient-il avec raison, en se séparant sur ce point de Julien, si les fiançailles n'ont point précédé le prétendu mariage, le mari ne peut ni considérer sa prétendue femme comme une fiancée, ni soutenir qu'il a voulu faire une donation à une étrangère, ce qui serait contraire à son intention et ainsi de toute façon la donation devra être annulée. (L. 32 § 27 h. t.).

L'incapacité n'existait qu'au moment même ou commençait l'union conjugale et la donation faite entre futurs époux est valable quand bien même le mariage se ferait le jour même de la donation. (D. 1. 27, h. t.).

Dès lors on voit toute l'importance qu'avait la détermination de ce moment en ce qui concerne les donations entre époux. Pour qu'il y ait mariage il faut le consentement des parties, consentement qui n'a pas besoin

d'être soutenu par une cohabitation effective (D. L.
XXXV t. I, l. 15 Ulpien : *Nuptias enim non concubitus
sed consensus facit.* —D. de reg. jur. l. 30). Ce consentement suffisait-il ? Sans entrer ici dans l'examen de cette
question controversée, nous adopterons le système de
ceux, qui exigent en plus que la cohabitation entre
époux soit actuellement possible, et dans le cas où elle
ne l'est pas que la femme soit mise à la disposition du
mari [1]. Ceci admis, lorsque les parties sont présentes
quel est le moment exact ou le mariage commence ?
Scévola dans la loi 66 de notre titre au Digeste examine
successivement deux hypothèses différentes. Dans la
première il s'agit de la validité d'une donation faite par
Séia à Sempronius qu'elle devait épouser à un jour indiqué. La donation avait été faite avant la *deductio in
domum* et la signature du contrat. Scévola dit que pour
juger de la validité de la donation il faut surtout s'atta-
cher à savoir si elle a été faite avant ou après le simple consentement des parties, sans s'arrêter à cette considération qu'elle ait été faite avant la *deductio in domum* et la signature du contrat, cérémonies qui ont
souvent lieu seulement après que le mariage ait été bien
et dûment contracté.

Dans la seconde hypothèse il s'agit d'une fiancée, qui
vient habiter, dans des appartements distincts de ceux de
son futur mari, la maison de celui-ci trois jours avant la

---

[1] Accarias. loc. cit. tome I n° 80.

célébration du mariage, le jour même du mariage *prius-quam ad eum transiret, et priusquam aqua et igni acci-peretur*, c'est-à-dire avant la célébration, le mari lui fait une donation. Scévola décide qu'en cas de divorce le mari ne pourra retenir sur la dot la donation qu'il avait faite, il considère donc dans cette espèce la donation comme étant faite avant le mariage et comme valable par consé-quent. Que conclure de ces deux exemples, sinon que l'intention des futurs époux est prépondérante pour fixer le moment où commence le mariage. Moment qui dépen-dra de l'exécution de telle ou telle cérémonie lorsqu'il aura été dans leur intention de l'y soumettre, mais qui dans le cas contraire sera parfaitement indépendant de ces mêmes cérémonies qui pourront même être célébrées après le commencement du mariage.

Une fois le mariage commencé, la prohibition s'appli-quera. Est-ce à dire que toutes les donations faites avant le mariage vont y échapper? Non pas, pour que les do-nations soient valables il faut qu'elles soient parfaites avant le mariage, l'intention seule de donner avant le mariage ne suffirait pas il faut en plus que l'exécution ait eu lieu. Par exemple : un fiancé voulant faire une donation à sa fiancée donne la chose à Titius pour la remettre à sa fiancée. Titius ne fait la délivrance de la chose qu'après le mariage. Il faut distinguer, si Titius a été interposé par le mari la donation est nulle parce-qu'elle n'est parfaite qu'après le mariage ; mais elle sera valable si c'est la fiancée qui l'a interposé après avoir accepté la donation de son futur, la délivrance de la chose n'ayant même lieu qu'après le mariage (L. 5 h. t.)

Bien plus, certaines donations quoique parfaites quant à l'exécution avant le mariage tombent sous la prohibition. Ainsi nous voyons la loi 12 *pr. de jure dotium* au Digeste prononcer la nullité d'une donation faite avant le mariage. Voici l'espèce : cette loi suppose que dans le but d'avantager son mari, la femme a approuvé avant le mariage une estimation des effets apportés en dot faites au-dessous de la valeur réelle ; cette estimation bien que précédant le mariage sera nulle dit la loi : *magis est ut in matrimonii tempus collata donatio videatur.* Ce qui revient à dire que la donation est subordonnée à une condition tacite qui en suspend l'exécution, et dans ce cas cette condition n'est autre que la réalisation du mariage ainsi que nous l'indique la loi 10 § 4 du du même titre.

Nous trouvons encore des applications de la même idée dans la loi 97 § 2 de Verb. oblig. au Digeste : si une femme s'est fait promettre une somme pour le cas où elle épouserait le promettant on lui refuse toute action et dans la loi 4 au Code, de donat. ante nuptias : la donation faite par le fiancé à sa fiancée, sous la condition qu'elle aura la propriété aussitôt le mariage célébré, est nulle. Enfin la loi 32 § 22 à notre titre au Digeste assimile, dans un cas semblable à celui de la loi 4, cette donation à une donation entre époux.

Est-ce à dire que l'on confondait complètement ces donations avec les donations *inter virum et uxorem* ? Non pas, car Ulpien ajoute dans cette même loi : *quamvis inter virum et uxorem donatio non videatur facta* ; mais comme ces donations tendaient à faire du mariage une question d'intérêt, on leur appliquait les règles prohibitives, en se fondant sur ce fait qu'elles auraient pour but de provoquer le mariage et de n'être parfaite qu'à sa réalisation ; néanmoins l'on n'appliquait pas cette idée de désintéressement quant au mariage dans toute sa rigueur et l'on laissait en dehors de la prohibition les donations entre fiancés, qui sont pourtant faites en vue du mariage, on les annulait seulement dans le cas que nous venons de voir (C. de donat. ante nupt. l. 4).

Par *vir et uxor* l'on entendait non seulement les époux mais aussi les personnes qui sont sous la même puissance que l'un des conjoints (D. 1. 3 § 2 de donat. int. vir. et ux.). C'est une application de la façon dont était organisée la famille romaine ; tous ceux qui étaient sous la puissance d'un même *Paterfamilias* ne pouvaient acquérir que pour la masse commune. Dès lors, si la prohibition avait été restreinte aux époux, il leur aurait été facile de la tourner en faisant une donation à un membre de la famille de leur conjoint, ou encore en faisant donner à leur conjoint par un membre de leur famille. C'est cette fraude que la loi prévoit (C. de donat. int

vir. et ux.1.4). Elle nous cite plusieurs exemples : 1° la donation faite à la femme par son beau-frère, qui est sous la
même puissance que son mari est nulle (1.3. §§ 2,5. h.t.) 2°
la donation faite par la mère à son fils qui est sous la
puissance du père est également nulle (1. 3 § 4 h. t.) 3°
la bru ne peut rien donner à son beau-père où à la personne sous la puissance de laquelle il est avec son fils.
(1. 3. § 6 h.t).

La prohibition s'appliquait aussi aux esclaves (1.3
§ 3 h.l.), mais elle n'empêchait pas la belle-mère de
faire une donation à sa bru et réciproquement (1. 3 § 7
h. t.) *quia hoc jus potestatis non vertitur.* Elle ne s'appliquait pas à la famille du mari lorsque celui-ci était
sous la puissance d'un étranger. (1. 3 §6 h.t.).

Quant aux fils, bien que restant sous la puissance de
leur père, ils purent recevoir cependant de leur mère des
donations s'adressant à leur pécule castrense[1] et lui en
faire à condition toutefois qu'elles fussent prises sur ce
même pécule (1. 3 § 4 h. t).

L'on ne trouve qu'une seule exception à la règle : c'est
en faveur de la mère qui constitue une dot à sa fille
(1. 34 h. t.). Bien que cette dernière fut sous la puissance
de son père, on maintenait cette donation parce que
c'était le mari qui acquérait les biens ainsi donnés en
dot (Inst. liv. II tit 8 pr. — D. de act. rei uxor. 1. 24).

On ne tenait pas compte, nous dit Ulpien (F. V. § 269)

---

[1] Ce pécule fut créé sous Auguste (Inst. II. 12 pr).

qu'à la dissolution du mariage l'action en reprise de la dot appartiendrait au père de la fille, il ne peut en effet l'exercer qu'avec le concours de sa fille, *adjuncta filæ persona* [1]. Cette dérogation à la puissance paternelle s'explique par le fait que la femme est ici la principale intéressée, car la restitution de la dot a pour but de lui permettre de se remarier. *Reipublicæ interest mulieres dotes solvas habere, propter quas nubere possunt.* (D. de jure. dotium, l. 2).

[1] Ulpien VI. § 6.

CHAPITRE III

DONATIONS PROHIBÉES

L'acte pour tomber sous la prohibition devait constituer une donation et de plus être fait *inter verum et
uxorem*, nous avons déjà vu les personnes que frappait
la prohibition, nous nous proposons d'examiner seulement dans ce chapitre les conditions nécessaires pour
que l'acte soit considéré comme donation.

La donation est un acte par lequel une personne
(donateur) consent gratuitement à une diminution de son
patrimoine au profit d'une autre personne (donataire) [1].
La donation est donc avant tout un acte de libéralité,
mais toute libéralité n'est pas une donation. La donation se distingue des autres libéralités en ce que il
faut pour la constituer trois conditions essentielles.
1° L'intention de libéralité chez le donateur, *animus
donandi*, (D. de don. 1. 1 pr. 1. 29 pr. — de reg. jur.
ant. l. 82). 2° L'appauvrissement du donateur (D. de fund

[1] Accarias. tome I n° 301 loc. cit.
Gaston May. Eléments de droit romain, tome II, n° 337.

dot. 1. 14 § 3). 3° L'enrichissement du donataire (D. de
don. 1. 18 § 1). Ces trois éléments sont suffisants il n'y a
pas lieu d'ajouter le consentement du donataire, (D. de
don. 1. 14 — de nov. et de leg. 1. 12 — quæ in fraud.
cred. 1. 25.) Néanmoins ajoutons de suite, que si l'on
peut devenir donataire à son insu, rien ne vous oblige
à garder une libéralité que l'on n'a pas acceptée (D. de
don. 1. 19 § 2 — de reg. jur. ant. 1. 69.)

Nous allons examiner ces conditions en nous plaçant
seulement au point de vue des donations entre époux.

§ 1. — **Animus donandi**.

C'était un élément essentiel pour qu'il y ait donation
et lorsque l'on pouvait trouver à la prétendue donation
un autre motif, la prohibition ne s'appliquait pas. Par
exemple : si un homme chargé de remettre une succession à sa femme, en se réservant pour lui une certaine
somme, la lui remet tout entière et sans déduction,
Celsus n'applique pas ici la prohibition et considère le
mari comme ayant voulu s'acquitter avec plus d'inté-
grité de la restitution dont il était chargé, plutôt que
comme ayant voulu faire une donation à sa femme. Le
jurisconsulte donne comme raison à sa solution, raison
qu'Ulpien trouve excellente, qu'en pareil cas le mari
en ne réservant rien croit plutôt tenir sa parole que
faire une donation. Il faudrait décider de même, et a
fortiori pour les mêmes raisons, dans le cas où le mari

chargé de remettre par fidéicommis toute une succession
à sa femme, ne retiendrait pas à son profit la quarte
Trébellienne; en supposant bien entendu, que ce ne soit
pas par erreur de calcul que le mari ait rendu ainsi la
succession entière, car dans cette hypothèse il n'est pas
douteux qu'il ne puisse redemander comme indu ce
qu'il a payé de trop sur le fidéicommis (D. 1. 5, § 15.
h. t.)

Si dans ces exemples il est facile de trouver un autre
motif que l'animus donandi, il ne pourra en être de
même croyons-nous lorsqu'il s'agira de donations ré
munératoires qui devront alors tomber sous le coup
de la prohibition. S'il en était autrement on arriverait
à valider toutes les donations faites entre époux, en les
considérant comme faites en reconnaissance de l'amour
et de la fidélité de l'époux donataire.

Enfin si l'on ne considère pas les donations rémunératoires comme de véritables donations on pourrait en
core soutenir qu'elles échappent à la prohibition, cette
manière de voir nous semble aussi inexacte, nous croyons que les donations rémunératoires sont de vèrita-
bles donations [1]; car si on ne les assimile pas aux donations il faut admettre un *datum ob causam*, dès lors en
cas d'erreur, ou dans le cas, où l'espoir, que l'on aurait
formé sur la bienveillance d'une personne, ne se serait
pas réalisé, il y aurait lieu à restitution en vertu d'une

[1] C'est l'opinion de Savigny. Tom IV § 153, loc. cit.

condictio ordinaire. Or, la loi 3 §7 de cond. caus. dat. au Digeste et la loi 62 de cond. ind. au Digeste refusent toute action, d'où l'on peut conclure que le droit romain voyait là de véritables donations car la seule exception que l'on trouve contre cette doctrine (Paul L. 5. 1. XI. § 6 — D. de don. L. 34 § 1) a un caractère par trop exceptionnel pour qu'on puisse le généraliser.

§ II. — **Appauvrissement du donateur**.

Il faut pour qu'il y ait donation entre époux, qu'en plus de l'animus donandi, le conjoint donateur s'appauvrisse, diminue son patrimoine, sans cela on se refuserait à voir dans l'acte une donation (D. 1. 5, § 16, h. t.). Ainsi les actes gratuits tels que le depôt, le commodat, le mandat échappent à la prohibition. On admettait encore que se porter fidéjusseur pour quelqu'un, comparaître pour lui in jure ce n'était pas faire une donation (D. de dona. 1. 19 § 1).

En ce qui concerne les époux, Paul ajoute (D. 1. 28, § 2) que l'on n'appliquait pas cette idée d'appauvrissement avec la dernière rigueur et que l'on n'en tenait pas compte dans le cas, où les esclaves de la femme fourniraient quelques journées de travail au mari et réciproquement.

En ce qui concerne les donations entre époux on semble n'avoir pas considéré comme un appauvrissement la simple omission de faire un gain. Ainsi on

admettait la validité de la renonciation du mari, héritier
institué, en faveur de sa femme lorsqu'elle était héri-
tière substituée, ou *ab intestat*. Julien dans ce cas déci
dait ainsi en se basant sur cette raison que l'on n'est
pas censé s'appauvrir en négligeant les occasions d'acquérir mais seulement lorsqu'on dépense de son patrimoine (D. 1. 5, § 13 h. t.).

Il en était de même, pour la même raison, lorsqu'il
s'agissait d'un legs (D. 1. 5; § 14 h. t.). On pourrait soutenir qu'il n'est pas exact d'assimiler sous ce rapport
l'hérédité et le legs. La première ne se trouvant acquise
et transmise qu'autant qu'il y a adition, il s'en suit que
la renonciation du mari dans ce cas ne frappe que des
biens qui n'ont jamais fait partie de son patrimoine. Au
contraire lorsqu'il s'agit d'un legs par le seul fait que le
légataire (pourvu que le legs soit pur et simple) a survécu au de cujus, il a un bénéfice transmissible à ses
héritiers, toutefois l'acquisition du legs ne peut avoir
lieu avant l'adition de l'héritier. Lorsque l'héritier avait
fait adition les Sabiniens attribuaient au légataire, sans
qu'il soit besoin d'aucune manifestation de volonté de
sa part, la propriété de la chose léguée. Ainsi dans cette
doctrine une répudiation postérieure du legs aurait
constitué une véritable aliénation et l'assimilation dans
ce cas du legs et de l'hérédité aurait été inexacte. Mais
Gaius (II, § 195) nous apprend que cette doctrine n'avait
pas prévalue et qu'on suivait celle des Proculéiens. Ces
derniers exigeaient en plus du légataire une manifesta-

tion de volonté, dans le cas de répudiation de sa part, il sera censé n'avoir jamais été bénéficiaire du legs et ainsi il n'aura négligé que d'acquérir sans dépenser de son patrimoine et l'assimilation du legs et de l'hérédité dans ce cas n'a rien d'inexact.

On admettait encore la validité de la donation lorsque sur la prière du mari, le testateur laissait à la femme le legs ou la portion de sa succession qu'il destinait à ce dernier (D. 1. 31 § 7 h. t.). Mais s'il ne s'agissait pas d'une disposition testamentaire, on annulait comme tombant sous la prohibition toute donation faite à la femme dans ces mêmes conditions. Julien considérait dans ce cas le mari comme donataire d'abord vis-à-vis de l'étranger et ensuite comme donateur vis-à-vis de sa femme. (D. 1. 3 § 15 h. t.). La loi 4 au même titre décide de même dans le cas d'une donation *mortis causa*.

L'on décidait encore de même en faveur de la validité, lorsqu'un époux faisait donation à son conjoint d'une chose qui ne lui appartenait pas. (D. 1. 25, h. t.) Cette donation fournira à l'époux donataire une *justa causa usucapionis : dicendum est*, ajoute la loi, *confestim ad usucapionem ejus uxorem admitti*. Cette solution devait être restreinte au cas où l'époux donateur ne pouvait usucaper lui-même, car dans cette hypothèse seulement il n'y avait pas pour lui d'appauvrissement. Se fondant sur les mots *et pauperior maritus in suis rebus fit*, on a voulu étendre cette solution au cas, où le mari pourrait usucaper lui-même ; on fait remarquer que dans cette hypothèse le mari se prive seulement de devenir propriétaire sans se dépouiller d'un droit acquis.

Cette façon de voir nous semble contredite par ce fait que la loi en donnant au possesseur de bonne foi l'action publicienne le considère comme un véritable propriétaire, et par les termes de la loi 3 pro. donat. au Digeste. Cette loi exige, pour que la femme puisse usucaper la chose d'autrui, que lui a donnée son mari, que cette usucapion n'appauvrisse pas ce dernier. Comment donc admettre que cette loi pose une telle condition si dans aucun cas le mari ne peux s'appauvrir en faisant donation à sa femme, d'une chose appartenant à autrui.

Nous avons dit que cette donation fournissait à l'époux donataire et, dans l'espèce prévue par la loi, à la femme, une *justa causa usucapionis*, pour que cela soit possible il faut supposer que la femme ait cru son mari propriétaire, autrement elle serait de mauvaise foi et ne saurait usucaper; dans cette hypothèse, elle se trouve avoir, par suite de son erreur, un juste titre, la donation n'étant pas en fait une donation entre époux tombant sous la prohibition.

Notre loi envisage successivement le cas d'une donation entre vif : *quia et si non mortis causa donaretur ei* et le cas d'une donation à cause de mort : *itaque licet mortis causa donatio interveniat*. Dans ces deux cas elle admet que l'usucapion commence sur le champ *confestim*. Il y a intérêt à souligner cette solution car elle tranche le doute, qui pouvait s'élever dans ces deux hypothèses, doute qui s'explique facilement puisque, d'une part, la donation entre-vifs était interdite entre les époux et que de l'autre, la donation *mortis causa* entre époux ne pouvait produire d'effet qu'à la mort du donateur et était soumise aux restrictions des lois Julia et Poppia Poppœa.

La solution de notre loi s'explique facilement; il ne s'agit pas ici d'une donation entraînant un appauvrissement du donateur, la libéralité portant sur une *res aliena* ne faisant pas partie par conséquent de son patrimoine.

La loi 24 à notre titre au Digeste traite aussi de l'usucapion venant à la suite d'une donation entre époux. Dans sa première partie elle décide que, si une donation a été faite entre personnes non mariées, le mariage de ces mêmes personnes survenu avant l'usucapion n'en arrêtera pas le cours, la raison en est que la donation a eu lieu dans le temps ou la prohibition ne frappait pas les parties et que la survenance du mariage ne peut annuler un acte régulier à son origine. Dans sa seconde partie elle suppose une donation faite entre époux et se demande ce qu'il adviendra, en cas de divorce, de l'usucapion. Si la donation n'appauvrit pas l'époux donateur elle a commencé de suite comme nous l'avons vu dans la loi 25 du même titre et elle continuera malgré le divorce, mais si la donation appauvrissait l'époux donateur elle serait infectée d'un *vitium*, que le divorce purgerait ; en ce sens, que si l'époux persiste à faire la donation après la dissolution du mariage, l'usucapion alors pourra seulement commencer en vertu d'un titre nouveau (D. pro donat. l. 1, § 2).

§ III. — Enrichissement du donataire.

Lorsque l'appauvrissemeni du donateur n'avait pas comme contre partie l'enrichissement du donataire la donation ne tombait pas sous la prohibition : *vel etiam si deminuat, locupletior tamen non fit qui accepit, donatio valet* (D. l. 5, § 16, h. t.)

C'est ainsi que la donation d'un terrain destiné à servir de sépulture est permise entre conjoints. Cette donation ne procurait aucun enrichissement au donataire car le terrain devenait un lieu religieux : *faciet locum religiosum* et était par conséquent *extra commercium*. Mais, dira-t-on, si la femme n'avait point reçu ce terrain de son mari, elle en eût acheté un autre ; cette objection est sans valeur ici, car si l'on peut dire que la femme se serait appauvrie en achetant ce terrain si on ne le lui avait pas donné, l'on ne peut pourtant pas dire qu'elle s'est enrichie en le recevant (D. l. 5, § 8 h. t.) Le terrain restait au donateur jusqu'à ce qu'on y enterre un mort et jusque là il ne cessait pas de lui appartenir même au cas où la femme l'aurait vendu (D. l. 5, § 9 h. t.) Il en est de même, si au lieu d'un terrain, le mari avait donné à sa femme un tombeau vide d'un très grand prix (D. l. 5, § 10, h. t.) Dans le cas où la femme elle-même aurait été enterrée dans le tombeau, on aurait pu considérer la donation comme caduque comme ne s'étant accomplie qu'après la dissolution du mariage, arrivée par la mort de la femme. Pourtant on maintenait les donations : *favorabiliter tamen dicitur locum religiosum fieri* (D. 1. 5, § 11, h. t,)

Les mêmes raisons faisaient valider la donation que le mari aurait faite à sa femme *ad oblationem dei* et la donation d'un terrain faite pour que celle-ci y construise un monument public, qu'elle avait promis d'édifier, ou pour qu'elle y bâtisse un temple ; dans ce dernier cas le terrain deviendra sacré. On décidait encore ainsi dans le cas de choses données à la femme *ut donum deo detur aut consecretur*, par exemple lorsque le mari offrait pour sa femme de l'huile au temple. (D. 1. 5 § 12 h. t.).

La donation d'une somme d'argent faite par le mari à sa femme pour réparer une de ses maisons, qui a été incendiée, est valable jusqu'à concurrence seulement de la somme qu'exige la réparation ; on ne voyait pas là un véritable enrichissement pour la femme, mais tout au plus une perte évitée (D. 1. 14 h. t.).

Le mari peut donner à sa femme une pension annuelle ou mensuelle (D. 1. 15 pr et 33 pr. h. t.) mais cette pension sera annulée si elle est trop considérable et au-dessus des revenus de la dot (D. 1. 15 pr. h. t.) mais la pension que la femme aurait promise au mari était nulle (D. 1. 33 § 1 h. t.).

L'on considérait encore comme valable la donation faite par le mari à sa femme d'un esclave, sous la condition de l'affranchir (C. 1. 22 h. t.). Paul (Sent. II. 23 § 2) en dehors de la faveur que mérite la liberté, donne cette raison : *vel certe quod nemo ex hac fiat locupletior* [1]. On décidait que l'esclave n'appartiendrait au conjoint donataire qu'au moment où il l'affranchirait (D. 1. 7 § 8 h t). Si le donataire avait mis comme condition que l'esclave ne soit affranchi qu'après un certain temps l'affranchissement fait avant le délai fixé était nul (D. 1. 7 § 9 h t).

Il en était encore ainsi lorsqu'avant l'affranchissement de l'esclave le mariage était dissout. (D. 1. 8 h. t.). Mais on voyait une véritable donation et on appliquait la prohibition si l'esclave donné *ne unquam ad libertatem perduci possit*. (D. 1. 9 pr. h. t.).

Le mari n'était pas censé faire de donation à sa femme quand il subvenait aux dépenses nécessaires ; c'est ainsi que l'on considère le payement fait par le mari des frais de voyage de sa femme, comme ne rentrant pas dans la

---

[1] On peut objecter que la manumission procurait au donataire le droit de patronage, que son conjoint aurait pu conserver pour lui en affranchissant lui-même. On ne s'arrêtait pas à cette considération et on admettait que le donataire pouvait, en l'affranchissant, imposer des services à l'esclave et même exiger de lui une certaine somme, pourvu toutefois qu'elle ait été fournie à l'esclave par un tiers (D 1 9 § h. t).

prohibition. (D. 1.21 pr. h. t.). On décidait encore de
même pour les présents d'usage aux calendes de mars
et à l'anniversaire de la naissance (D. 1. 31 § 8 h. t.)
pourvu qu'ils ne soient pas trop considérables. La femme
n'est pas censé s'être enrichie à l'occasion de l'argent
que son mari lui a donné, si elle l'a dépensé en repas ou
parfums ou en nourriture pour ses esclaves (D. 1. 31
§§ 9, 10, h. t.). Bien plus si la femme avait employé l'argent à payer ses créanciers et avait ensuite acheté des
parfums avec son propre argent, Marcellus décidait qu'il
n'y avait pas là non plus enrichissement de la femme
(D. 1. 7 § 1 h. t.).

La prohibition, ne s'appliquait pas lorsqu'un des
époux se servait des vêtements, des esclaves de l'autre,
ou habitait gratuitement dans sa maison (D. 1. 18 h. t.)
l'on ne voyait là qu'un simple usage de choses et non pas
une donation. L'on décidait encore ainsi lorsque le mari
devant à terme une certaine somme à sa femme la lui
payait sur le champ, on ne tint pas compte de la perte
des intérêts, que cette somme aurait pu lui rapporter
(D. 1. 31 § 6 h. t.).

Cette décision peut se justifier par cette considération
que les intérêts, que peut rapporter une somme d'argent
ont quelque chose d'accidentel et que ce n'est pas s'appauvrir que de s'abstenir de courir cette chance de gain
(D. 1. 15. § 1 h. t.-de donat. 1. 23).

Quand aux fruits la question est controversée entre
les jurisconsultes romains eux-mêmes, Ulpien et Julien

assimmilent la donation des fruits à la donation des intérêts et la valident (D. 1. 17 pr. h.t). Marcellus (D. 1.
40 h. t.) au contraire se prononce par la nullité d'une
telle donation. Il décide, dans le cas où une femme a
laissé à son mari un fonds à charge pour ce dernier,
de le rendre à son fils après sa mort, que l'acte ne sera valable qu'autant que le mari n'aura profité d'aucun
avantage, dans le temps intermédiaire et n'aura été
qu'un simple exécuteur devant tout restituer au fils, sans
rien retenir. Pomponius enfin (D. de usur.1. 45) fait une
distinction, il accorde au donataire les fruits dus à ses
soins : *quos suis operis adquisierit* et lui refuse ceux
qui ne sont pas dus à ses soins *quia non ex facto ejus
in fructus nascitur*.

Ces trois opinions sont inconciliables, le système de
Marcellus est le plus conforme à la règle de la prohibition des donations entre époux.

Quel que soit le système suivi en matière de donation
de fruits entre époux, il faut ajouter qu'il n'y avait aucune controverse lorsque l'abandon des fruits de la part
du mari portait sur les biens dotaux; un tel abandon
était impossible, même pour Julien et Ulpien qui autorisaient la donation des fruits et revenus, à moins que
la femme ne se chargeât par compensation de pourvoir
à son entretien et à celui de ses esclaves (D. 1. 21 § 1 h. t.);
autrement la destination des revenus des biens dotaux
aurait été changée. Mais il ne faudrait pas conclure de
là, que la dot ne pouvait être constituée ni augmentée

pendant le mariage, ce qui est contredit par Paul (Paul, II, 21. B. § 1.) et par différentes lois qui parlent d'un *incrementum* et d'un *additamentum dotis* (D. de jur. dot. 1. 4 — de pact. dot. 1. 26 § 2).

Enfin sous Justin, on permit de constituer et d'augmenter pendant le mariage la *donatio propter nuptias* (C. de don. ant. nupt. 1. 19) pourvu que dans l'un et l'autre cas une valeur égale fut ajoutée à la dot déjà existante ; Justinien alla même plus loin et autorisa la constitution de cette donation pendant le mariage, à la condition toutefois qu'elle n'excédât pas le montant de la dot, sans qu'il soit besoin d'augmenter cette dernière. (C. de don. ant. nup. 1. 20). Cette tolérance s'explique par cette raison que l'on ne considérait pas cette donation comme faite *ex lucrativa causa* mais comme destinée à subvenir aux charges du mariage.

CHAPITRE IV

LIBÉRALITÉS INDIRECTES

La prohibition pour être efficace ne devait pas seulement frapper les donations déclarées comme telles par les époux, mais aussi les libéralités faites à un conjoint grâce à l'interposition de personnes, ou sous forme de contrat à titre onéreux, ou en laissant par omission éteindre ou créer un droit, ou encore en estimant les biens dotaux au dessus ou au dessous de leur valeur. C'est ces différentes libéralités indirectes que nous allons examiner ici.

§ I. — **Personnes interposées.**

Les donations faites grâce à des personnes interposées étaient nulles de plein droit. De plus, si l'interposition embrassait d'autres personnes ou d'autres choses, qui n'avaient aucun rapport avec l'avantage, que les époux voulaient se faire, ces autres clauses ne pouvaient non plus avoir aucun effet (D. 1. 5 § 2 h. t.). C'est ce que Paul confirme en ces termes : *Inter virum et uxorem, nec per interpositam personam donatio faci potest* (II. 23 § 3).

Par application de ce premier principe nous voyons la loi 3 § 3 à notre titre au Digeste décider qu'en général aucun de ceux qui sont sous la puissance du mari ne peut faire de donations à la femme. (C. de donat. int. vir. et ux. l. 4.) Voici encore une seconde application de cette règle, la loi 39 à notre titre décide que : dans le cas ou un mari, voulant faire une donation à sa femme, lui a permis de stipuler la somme promise de son débiteur, la stipulation est nulle ; de plus si le débiteur avait payé, il pourrait réclamer son argent à la femme.

Nous devons ajouter que le droit romain ne connaissait pas de présomption d'interposition de personnes comme notre code civil et qu'en cas de donation il fallait toujours prouver que le but poursuivi était un avantage entre époux.

§ II. Donations déguisées sous la forme d'un contrat à titre onéreux.

Le droit romain permettait la vente entre époux, mais pour qu'elle fut valable il fallait qu'elle soit faite de bonne foi (D. 1. 7 § 6. h. t.). On n'exigeait pas qu'elle soit faite à la valeur réelle des choses et on admettait fort bien que les conjoints puissent acheter une chose l'un de l'autre au dessous de sa valeur, pourvu qu'ils n'aient pas eu l'intention de s'avantager. (D. 1. 31 § h. t.)

Mais quand la vente cachait une donation, il y avait fraude, on suppose dans le cas bien entendu que la vente avait un prix minime mais non simulé ; parceque sans prix, la condition des conjoints était indifférente et qu'entre toutes personnes la vente privée de cet élément essentiel était nulle (D. de cont. empt. 1. 38). La loi 5 § 5 à notre titre nous cite les opinions des jurisconsultes à ce sujet. Tout d'abord nous voyons que Julien annulait la donation dans ce cas sans faire aucune distinction ce qui est aussi l'avis d'Africain dans la loi 17 pr. ad senat. Vellei. au Digeste. Ensuite Nératius approuvé par Pomponius introduisit cette distinction : on n'annule la vente que dans le cas où le mari n'aurait pas eu véritablement l'intention de vendre et ce serait servi de ce prétexte pour avantager sa femme, et on la valide lorsque l'intention du mari a été de vendre véritablement sa chose, mais cette validation ne porte que sur le prix de la vente et le surplus dont la femme a bénéficié en payant un prix inférieur ne lui reste pas acquis. Ainsi, si le mari vend 5 une chose qui en vaut actuellement 10 la femme sera obligée de rendre 5 montant de la somme dont elle se trouve avantagée. Cette distinction qu'Ulpien rapporte semble avoir prévalue et c'est ainsi que devaient décider les jurisconsultes romains.

Le mari en dehors du cas de vente pouvait encore avantager sa femme en lui donnant une chose à loyer à vil prix ; une telle location était nulle. Mais on n'annulait pas le dépôt fait entre conjoints lorsque le déposant, dans le but d'avantager l'autre époux, avait estimé la chose déposée au dessous de sa valeur. La raison de cette différence c'est qu'on ne peut faire une location sans fixer un prix pour le loyer et qu'on peut faire un dépôt sans estimer la chose déposée (D. 1. 52 h. t.).

Le contrat de société pouvait encore fournir un moyen détourné de faire une donation entre époux. La société faite dans ce but entre époux était nulle à fortiori, car faite entre étrangers *donationis causa* elle n'était pas valable : *donationis causa societas recte non contrahitur* (D. pro socio. 1. 5 § 2. — de mort. caus. donat. 1. 35 § 5). C'est ce qui décide Ulpien dans la loi 32 § 24 à notre titre.

§ III. Donation par omission.

Un époux aurait pu, en laissant, par suite d'une négligence voulue, acquérir à son conjoint, certains droits, lui faire ainsi une donation, qui aurait échappée à la prohibition. Aussi voyons-nous la loi 5 § 6 à notre titre au Digeste décider, que si un mari voulant avantager sa femme, laisse éteindre une servitude par non usage, il aura après la dissolution du mariage une action pour redemander cette servitude. On assimilait donc dans ce cas l'usucapion soufferte par le mari à une véritable donation (D. de verb. sign. 1. 28 pr).

On décidait encore de même si un des conjoints, dans

l'intention d'avantager l'autre, se laisse débouter en justice d'une demande en ne répliquant pas à une exception. La sentence du juge dans ce cas était valable, mais on donnait une action au conjoint pour se faire rendre ce dont l'autre aurait bénéficié (D. 1. 5 § 7 h. t.).

Dans le cas où le mari n'interrompt pas l'usucapion sur sa propre chose donnée à sa femme par un tiers, la loi 44 à notre titre examine quel sera le sort de cette donation et distingue plusieurs cas que nous allons passer en revue.

Premier cas. — Le mari ignore son droit de propriété et la femme de son côté ignore que la chose appartienne à son mari. La loi dans ce cas décide que la femme pourra acquérir la chose par prescription, il y a ici absence d'*animus donandi* le mari ignorant son droit et par conséquent il n'y a pas donation. La même solution doit être encore admise, ajoute le texte, dans le cas où une personne placée sous la puissance du mari, mais qui se croyait indépendante, fait une donation à la femme. Vu l'ignorance du donateur on n'appliquerait pas ici la loi 4 du Code à notre titre et on maintiendrait la donation.

Deuxième cas. — Au cours de l'usucapion, les époux découvrent tous deux la propriété du mari, l'usucapion de la femme sera interrompue car elle ne pourrait continuer à posséder qu'en vertu d'une donation de son mari. On suppose dans ce cas une tradition *brevi manu* entre les époux ; la femme reconnaissant la propriété du mari est censé lui restituer la possession et ce dernier à son tour lui redonne cette même possession or la loi 46 à notre titre dit textuellement : *inter virum et uxorem nec possessionis ulla donatio est.*

Troisième cas. — La femme seule découvre la propriété du mari, elle continuera à usucaper quoiqu'étant de mauvaise foi ; *mala fides superveniens non impedit usucapionem.*

Pour trouver ce troisième cas nous avons mis un point après le mot *donationis* et avons fait commencer la phrase suivante ainsi : *Ipsius mulieris scientia etc.* Cette ponctuation est contraire à la version du *corpus juris civilis academicum parisiense,* d'après lequel les mots *ipsius mulieris scientia* ne sont pas séparés du mot *donationis.* Dans ce cas notre loi ne contiendrait que les deux premiers cas examinés et, ce qui serait plus grave, le jurisconsulte Nératius, dont est tiré la loi, se contredirait lui-même dans la même loi puisque d'abord il déciderait que l'usucapion est interrompue, la femme ne continuant à posséder qu'en vertu d'une donation de son mari, et qu'ensuite il ajouterait que l'usucapion est possible puisqu'il n'y a pas donation entre époux.

Cette contradiction dans une même loi n'étant pas admissible, on a cherché différentes corrections. Pothier met un point d'interrogation après *scientia* et fait précéder le mot *proprius* de la particule *sed* [1]. Dans cette

---

[1] Pothier. Pandectes h. t. n° 19. Haloander intercale propius autem.

version Neratius, en qualifiant la possession de la femme comme résultant d'une donation de son mari, n'aurait fait qu'exprimer un doute et sans en tenir compte déciderait que l'usucapion doit continuer. Cette solution est peu satisfaisante, elle est en désaccord avec les lois 5, § 6 et 5 § 7 du même titre, qui voient une véritable donation de la part du mari vis-à-vis de sa femme quand ce dernier laisse éteindre une servitude ou laisse volontairement sa femme gagner contre lui un procès, on ne voit pas pourquoi l'on ne déciderait pas de même dans le cas où le mari s'abstient de revendiquer une chose, que sa femme elle-même sait lui appartenir. Aussi avons nous préféré le système de M. de Savigny[1] qui se trouve confirmée par le texte des *Basiliques*. Ces dernières distinguent à partir des mots *Sed si vis...* les deux cas que nous avons indiqués, c'est ce qui résulte de la version latine ainsi conçue : *Et si ante impletam usucapionem cognovero meum esse, et cum possem non vindicavero quomodo interrumpatur usucapio? Et si sola mulier cognoverit quomodo non impediatur usucapio ?*

Quatrième cas. — Un quatrième cas peut se présenter en dehors des trois prévus par notre loi. C'est celui où le mari découvre seul qu'il est propriétaire et laisse continuer l'usucapion commencée par sa femme. Dans cette hypothèse nous déciderons par analogie avec les cas

[1] De Savigny, Traité de droit romain, tome IV, app. 9.

prévus par la loi 5 §§ 5 et 7 que l'usucapion suivra son cours, puisque la revendication même du mari ne l'eût pas arrêtée, mais que la femme pourra être soumise à une *condictio* pour restituer ce dont elle s'est ainsi enrichie.

M. de Savigny n'admet pas que l'abstention du mari dans ce cas constitue une donation[1] et cela pour deux raisons ; premièrement parce que cette inaction peut s'expliquer non par l'intention d'enrichir la femme; mais par l'incertitude du droit du mari, le sort des procès étant toujours douteux, rien ne prouve que le mari doive le gagner contre sa femme ; deuxièmement parce que la femme aurait pu être dépossédée accidentellement malgré l'abstention du mari, et que par suite cette abstention ne lui procure aucun bénéfice. A ces raisons l'on peut répondre que l'on suppose le mari à même d'établir judiciairement son droit de propriété et qu'ainsi l'on écarte l'incertitude de la solution du procès, et que la femme grâce au silence du mari a couru la chance de réaliser un bénéfice' bénéfice qui est une véritable donation si, ce qui est probable, la femme n'est pas dépossédée par un tiers. Et si l'on ne voyait pas là une véritable donation on arriverait à valider toutes les donations entre époux, parce que tout ce dont elles peuvent être composées est périssable et qu'ainsi aucun[e] n'aurait le privilège d'augmenter infailliblement le patrimoine du donataire.

[1] Savigny. Traité de droit romain tome IV append. 9 n⁰ 6.

§ IV. – Fausse estimation des biens dotaux.

La donation déguisée pouvait avoir lieu dans cette hypothèse des deux façons suivantes : 1° On exagérait la valeur des biens dotaux quand c'était le mari qui voulait faire une donation à la femme, 2° on estimait volontairement les biens dotaux au dessous de leur valeur réelle quand c'était au contraire la femme qui voulait faire une donation au mari. Dans ces deux cas l'acte qui avait pour but de frauder la loi n'aura aucun effet et le mari sera toujours débiteur de corps certains et non de l'estimation qui aurait été faite (D. 1. 7 § 5 h. t.). On décidait ainsi soit que l'estimation ait précédé ou suivi le mariage (D. de jur. dot. 1. 12 pr).

CHAPITRE V.

DONATIONS PERMISES ENTRE ÉPOUX

Certaines donations entre époux, bien que présentant toutes les conditions requises pour encourir la prohibition, furent tolérées pour des raisons diverses, nous nous proposons de les passer rapidement en vue.

Donatio honoris causa.

Pour écarter toute controverse au sujet des donations faites par la femme au mari, soit pour subvenir à certaines charges, soit pour entrer dans l'ordre des sénateurs, soit qu'il puisse se faire honneur dans les jeux, une constitution de l'empereur Antonin déclara ces donations valables (D. 11. 41 et 42 h. t.) Cette constitution fut sans doute renouvelée par les successeurs de cet empereur c'est ce qui résulte du texte suivant d'Ulpien. *Hoc amplius principalibus constitutionibus concessum est mulieri in hoc donare viro suo, et is ab imperatore lato clavo vel equo publico similive honore honoretur* (Tit. VII, 1 in fine.)

Cette donation n'était valable que jusqu'à concurrence
de ce qu'il avait été nécessaire de fournir pour les digni-
tés du mari (D. l. 40 h. t.)

Donatio mortis causa.

Les donations *mortis causa* étaient permises entre
époux (D. l. 9 § 2 h. t.) parce qu'elles ne sont parfaites
que lorsque le mariage est dissous (D. l. 10, h. t.) mais
en attendant la dissolution du mariage, les biens dont
se composaient ces donations ne pouvaient appartenir
au conjoint donataire. (D. l. 11. pr. h. t.). On peut encore
ajouter que ces donations étant révocables jusqu'à la
mort du donateur, il y a dans ce cas moins de crainte
à redouter un entraînement passager causé par l'amour,
qu'un époux pouvait inspirer à son conjoint.

Entre personnes étrangères l'une à l'autre la donation
mortis causa peut avoir lieu de deux façons différentes :
1· La donation a lieu sous la condition que la chose
donnée sera transférée au donataire seulement à la mort
du donateur ; 2· La donation a lieu hic et nunc, mais
elle sera résolue par le prédécès du donataire (D. de mort.
caus. donat. 11. 2, 29). Les époux pouvaient-ils procéder ainsi ? En ce qui concerne la première façon aucun
doute ne peut s'élever, elle est conforme à la loi 11 pr.
à notre titre. Mais la seconde manière ne semblerait pas
devoir être permise entre époux, car elle serait contraire
à la règle qui exige que les biens ne soient transmis
qu'à la dissolution du mariage.

Néanmoins, si les époux avaient suivi cette façon de procéder, on tenait un certain compte de leur volonté, et, une fois le prédécès du donateur, on était arrivé, grâce au principe de rétroactivité, à faire produire à cette donation les mêmes conséquences que si elle avait été permise au moment où elle avait été faite, c'est ce qu'indique en ces termes la loi 40, de mort. caus. donat. au Digeste : *Si mortis causa inter virum et uxorem donatio facta sit, morte secuta reducitur ad id tempus donatio, quo interposita fuisset* [1]. On appliquait cet effet rétroactif quand telle semblait être l'intention du donateur. La loi 11 § 9 à notre titre examine successivement les solutions qu'il convient de donner lorsque cette intention existe ou n'existe pas.

Voici l'espèce prévue par cette loi : Elle suppose d'abord une donation à cause de mort par laquelle l'époux donateur n'a voulu transférer la propriété que du jour de son décès, sans aucun effet rétroactif. Si la femme mise en posession a, du vivant de son mari livré à son tour à un autre l'objet donné, cette seconde tradition sera nulle. Mais ensuite la loi décide dans le cas

[1] Sans entrer ici dans l'examen de la question si controversée de savoir si l'événement de la condition retroagit au jour de la tradition conditionnelle, nous ferons remarquer que dans le système qui n'admet pas cette rétroactivité, on voit dans ce cas spécial une véritable exception à la règle. (M. Bufnoir. Théorie de la condition en droit romain, pp. 413-416).

où la donation à cause de mort doit rétroagir dans l'intention du donateur que la tradition ne sera pas nulle mais simplement suspendue. C'est-à-dire qu'elle sera translative de propriété si la donation faite à la femme est confirmé par le prédécés du mari.

En vertu du même principe de rétroactivité, on permettait à l'époux donataire survivant de profiter de la stipulation faite par l'esclave donné, lorsque cette stipulation avait été faite dans l'intervalle qui sépare la donation du décès du donateur (D. 1. 20 h.t.).

Mais lorsque l'époux donateur n'avait pas exprimé son intention au sujet de la rétroactivité de la donation qu'il avait faite, devait-on où ne devait on pas faire produire à cette donation un effet rétroactif ?

1er *Système*. — On présume la rétroactivité si le donateur a fait tradition de son vivant, en cas contraire s'il n'y avait eu que promesse il faudrait d'autres indices [1]. Ce système s'appuie sur la loi 40, de mort. caus. donat. au Digeste, que nous avons cité plus haut et voit dans les termes si larges de cette loi une règle générale qui lui permet de conclure à la rétroactivité.

2e *système*. — On ne fait pas rétroagir la donation [2]. Ce système s'appuie sur le texte de Gaïus qui n'admet la donation *mortis causa* que pour le temps seulement ou le mariage sera dissous, sur la loi 11, pr. à notre

---

[1] M. Boissonade — Essai sur l'histoire des donations entre époux.

[2] M. Glasson. Etude sur les donations à cause de mort p. 106.

titre, qui décide que dans le cas de donation *mortis causa*
les biens n'appartiennent au donataire qu'à la mort du
donateur, *sed tunc demum cum mors secuta est.* On pourrait objecter que cette même loi dit dans son § 1 in fine:
sed omnis mortis causa donatio et ainsi semble dire que
les époux peuvent se faire d'autres donations à cause
de mort, ce qui rendrait admissible la solution du premier système. Cette objection nous paraît contredite par
le § 9 qui semble présenter la rétroactivité comme une
exception *plane in quibus casibus.*

Enfin ce système explique ainsi la loi 40 de Papinien.
Cette loi serait extraite d'un passage du jurisconsulte,
où par exception il admettrait la rétroactivité des donations à cause de mort entre les époux, et ne contiendrait
donc pas une règle générale mais une exception. C'est
ce qui est confirmé par ce passage des Basiliques commentant ainsi la phrase de Papinien *retrohabitur ad id
tempus quo facta est* : *Dig II, tit I, lib 29 dicit, post mortem conjugis, qui donavit, rem fieri ejus qui donationem
accepit. Lege quæ illic adnotata sunt* (Basil. lib. 27, Tit.
III, l. XL, not. 2.)

Cette deuxième opinion nous paraît préférable pour
les raisons que nous venons d'indiquer. Nous allons
maintenant passer en revue les exemples, que fournit
notre titre, en ce sens de non rétroactivité, dans différentes lois.

1° Loi 11 § 2. Un mari voulant faire à sa femme une
donation à cause de mort fait intervenir un *filius fa-*

milias, qui reçoit l'objet de la donation pour le donner
ensuite à la femme. A la mort du mari le *filius familias*
se trouve *sui juris*. La loi décide qu'il pourra faire la
donation à la femme et ne tient pas compte ainsi du
moment où la donation a été faite au *filius familias*
donc pas de rétroactivité. Cette solution est empruntée
par Ulpien à Marcellus.

2° L 11 § 3. Dans le cas où le mari avait fait une donation à sa femme, lorsque cette dernière était encore
fille de famille, cette loi décide que la femme en profi-
tera si elle est devenue indépendante de la puissance
paternelle avant la mort de son mari. Julien approuvait cette solution qui est aussi empruntée à Marcellus.
On ne tient pas compte non plus dans ce cas du moment où la donation a été faite mais seulement du
moment où elle se trouve avoir effet.

3° Loi 11 § 4. Cette loi décide de même en supposant
à l'inverse de la précédente que c'est la femme qui a fait
une donation au mari.

4° Loi 11 § 6. Scévola fait remarquer que si une femme interpose un esclave pour recevoir et lui remettre
une donation à cause de mort faite à son profit, la délivrance faite à l'esclave de cette femme sera valable, s'il
se trouve libre au moment de la mort du mari donataire.

On peut conclure de ces exemples que pour connaître le sort d'une donation *mortis causa* faite entre époux
par l'interposition d'un tiers, il faudra se placer à la

mort de l'époux donateur et examiner si à cette époque la personne interposée est ou non *sui juris*. Dans le cas seulement où cette personne serait *sui juris* la donation sera valable.

Si la personne interposée venait à mourir avant le donateur, mais après avoir fait délivrance au donataire, la donation serait nulle, parce qu'il faut que les biens donnés aient appartenu au moins un moment à la personne interposée, et que d'elle ils passent au donataire (D. l. 11, § 7).

Dans le cas où une femme fait une donation à un tiers, à charge pour lui de faire une donation à cause de mort à son mari, et que cette femme venant à mourir la personne interposée ait fait la délivrance au mari malgré les héritiers de la femme, la loi 11, § 8 à notre titre distingue si le tiers a été interposé par la femme donatrice, ou par le mari donataire. Dans le premier cas les héritiers de la femme auront une condiction contre le tiers interposé comme ayant fait une translation de propriété qui ne peut plus s'expliquer par le mandat que la femme lui a donné, celui-ci ayant pris fin à la mort de cette dernière.

Dans le second cas le tiers acquiert de suite la propriété à charge pour lui de la retransférer au mari, qui aura contre lui l'action *mandati* en cas où il ne s'exécuterait pas.

Le divorce survenu entre époux annulait la donation *mortis causa* (L. 11, § 10 h. t.). La déportation ne la rendait pas caduque, mais l'époux déporté avait toujours le droit de le révoquer (L. 13, § 1 h. t.).

Donatio divortii causa.

La donation en cas de divorce était permise entre les époux (L. 11, § 11 h. t. — Ulpien VII, § 1). Le divorce rompant le mariage la donation s'adressait alors à une personne qui avait perdu la qualité d'époux. Ajoutons encore qu'en cas de divorce il n'était pas à craindre que les conjoints ne se fissent des donations exagérées, poussés par une tendresse excessive,

Nous venons de voir que le divorce annulait la *donatio mortis causa* (L. 11, § 10 h. t.), n'y a-t-il pas contradiction entre ces deux dispositions, dont l'une permet une donation entre époux et dont l'autre annule une donation faite aussi entre époux? La loi 32, § 10 nous donne l'explication de cette apparente contradiction, elle nous dit que l'on voit les époux divorcés soit *bona gratia*, soit poussés par la colère et la haine ; *cum ira sui animi et offensa*. La donation à cause de mort supposant chez le donateur la volonté de donner jusqu'à sa mort, le divorce dans le cas de cette donation fera supposer l'idée pour le donateur de révoquer la donation par suite de son mauvais accord avec son conjoint. Ajoutons néanmoins que s'il tenait à faire une donation à son conjoint il était parfaitement libre de mettre son projeté à excution une fois le divorce prononcé. Dans le cas de *donatio divortii causa* on supposera que le divorce a été fait *bona gratia*, sans haine entre les époux et on maintiendra la donation. Nos deux lois se réfèrent donc à deux hypothèses différentes, dans ce cas la divergence de leurs solutions est toute naturelle, et on ne saurait voir là une contradiction.

La *donatio divortii causa* suppose donc un divorce *bona gratia*.

Notre titre nous cite plusieurs exemples de ce genre de divorce l'élévation du mari à un sacerdoce, la stérilité de la femme (L. 60 § 1. h. t.) la vieillesse, les infirmités, *aut militiam* (L. 61 h. t.).

Pour empêcher les fraudes on exigeait que la donation soit faite au moment même du divorce et non en vue d'un divorce futur (L. 12 h. t.) et que le divorce fut sérieux. On reconnaissait que le divorce était réel lorsqu'un des conjoints séparés contractait un nouveau mariage ou lorsque la femme *longo tempore vidua fuisset ut dubium non foret alterum esse matrimonium.*(L. 64 h. t.).

Donatio exilii causa.

Paul nous dit dans la loi 43 de notre titre; *Inter virum et uxorem exilii causa donatio fieri potest.* La donation dans ce cas pouvait être faite par l'époux condamné ou par l'autre.

Dans le cas où la donation est faite par l'époux non coupable il n'y a aucune difficulté, c'est le cas le plus fréquent, le condamné ayant eu tous ses biens confisqués par le fisc trouvera dans cette donation de quoi vivre. Il recueillera comme pérégrin la donation.

Quand c'est au contraire l'époux coupable qui est donateur, il ne pourra s'agir que de donations faites avant sa condamnation; dans ce cas la loi 24 du titre des donations entre époux au Code maintient la donation en faveur du conjoint et décide que le fisc ne pourra s'en emparer.

Faisons toutefois remarquer que si l'époux condamné avait obtenu du prince sa grâce et la remise de la confiscation, une donation après la condamnation alors serait possible mais ce ne serait plus une donation *exilii causa* mais une simple donation entre vifs.

Nous trouvons encore des constitutions de Justinien au Code qui décident en faveur de la validité des donations dans les cas suivant :

1° (L. 26 C. de don. int vir et ux.). Les donations entre l'empereur et l'impératrice sont valables, parce que, dit la constitution, les contrats des princes tiennent lieu de loi.

2° (L. 27 C. h. t). Lorsqu'une personne mariée, après avoir fait une donation en faveur de son époux était prise par les ennemis, réduite en servitude, et mourait dans cet état dans le lieu de sa captivité, on se demandait si la donation dans ce cas demeurait valable Justinien décide par cette constitution que la donation est valable.

3º (L. 27 l. h. t.) Il y avait encore doute lorsque le donateur étant mort sur le territoire romain, le donataire se trouvait en captivité à cette époque et qu'il revenait ensuite. Justinien valide encore cette donation.

CHAPITRE VI

La donation entre époux pouvait avoir lieu par voie
de promesse, de dation, de délégation et de libération.
Nous nous proposons d'examiner dans ce chapitre les
effets de la prohibition suivant que les époux auront
suivi l'une ou l'autre de ces façons de se faire une donation.

Donations par voie de promesse. — La promesse,
qu'aurait faite un époux de donner quelque chose à son
conjoint était nulle de plein droit. Cette nullité était
absolue et le conjoint donataire n'avait aucune action à
aucun moment pour exiger l'exécution de la promesse
que lui avait faite son conjoint. En prononçant cette
nullité la loi voulait, ainsi qu'elle le dit, empêcher tout
arrangement qui aurait eu pour but d'avantager un des
époux. (L. 3 § 10 h. t.)

Donations par voie de dation. — Les donations entre mari et femme étaient tellement défendues que la
tradition faite *donationis causa* n'opérait pas aliénation
entre époux : *proinde si corpus sit quod donatur nec*

traditio quicquam valet (L. 3 § 10 h. t.). Elle avait
pourtant un effet, c'était de donner au donataire la *possessio ad interdicta : denique et si maritus uxori donavit, eoque dejecta sit, poterit interdicto uti* (D. de vi. et
de vi. arm. l. 1 § 10), mais cette possession ne s'appuyait pas sur la détention de la chose exercée *animo
domini* par le donataire et n'empruntait aucune force à la
donation. Le conjoint dans cette hypothèse possédait
pro possessore et non *pro donato*. (D. de hered. pet. l. 13 § 1)
La loi 46 à notre titre semble contredire cette décision :
inter virum et uxorem nec possessionis ulla donatio est,
cette contradiction n'est qu'apparente, car, ainsi que
l'explique Savigny, cette loi a en vue la *possessio ad usucapionem*, qui était sans doute l'objet de l'Edit qu'Ulpien commente, en effet la loi 1 § 2 pro donato au Digeste
nous apprend que la femme ne pouvait usucaper l'objet
que son mari lui avait donné, lorsque ce dernier était
en train lui-même de l'usucaper. Mais nous avons déjà
vu que dans le cas où le mari ne pouvait usucaper,
la femme pouvait alors commencer une usucapion
utile.

Le transport de propriété ne pouvant avoir lieu, le
donateur restait propriétaire, et avait pour rentrer dans
la possession de l'objet dont il s'était dessaisi deux moyens de droit. 1° Lorsque l'objet donné se trouvait encore en nature dans le patrimoine du donataire il avait
la revendication. 2° Dans le cas contraire il avait une
condictio (L. 5 § 18 h. t.)

Nous allons étudier successivement ces deux moyens
de droit :

1° Rei vindicatio.

Dans cette action le défendeur qui est ici l'époux donataire, était traité grâce à sa position d'époux vis-à-vis
du demandeur, avec plus d'indulgence qu'un défendeur
ordinaire, c'est là une application de la façon dont on
traitait les donations : *Et sane non amore nec tanquam
inter infestos jus prohibitæ donationis tractandum est,
sed ut inter conjunctos maximo affectu.* (L. 28 § 2 h. t.)

Nous allons examiner successivement les dérogations
signalées à notre titre en faveur de l'époux défendeur.

1° Le possesseur devait rendre les fruits qu'il avait
perçus entre la *litis contestatio* et le jugement (Ints. lib.
IV, tit, 17 § 2) et même lorsqu'il était de mauvaise foi,
ceux qu'il avait perçus du jour de son entrée en posession. L'époux donataire aurait du être assimilé à un
possesseur de mauvaise foi, car il ne pouvait ignorer
que les donations étaient prohibées entre époux et aurait dû être condamné à restituer tous les fruits. Par
dérogation, la loi 17 à notre titre permet à l'époux donataire de garder les fruits.

2° Lorsque le défendeur, qui possédait l'objet, refusait
d'obéir à l'ordre du juge, il était condamné à payer au
demandeur la valeur de la chose revendiquée, valeur
fixée par le demandeur lui-même, après un juramentum in litem par lequel il s'engageait à ne pas estimer
sa chose au delà de sa véritable valeur, Mais, en fait,

cette estimation dépassait de beaucoup la valeur réelle de la chose, et le défendeur subissait ainsi par sa propre faute une condamnation plus sévère. La loi 36 pr à notre titre dispense l'époux donataire de subir cette estimation et ajoute : *œstimatio facienda est justo prœtio*. C'est là une mesure de faveur envers l'époux, qui ne subit pas aussi les conséquences qu'aurait dû entraîner son refus de restituer : *nisi reddatur res*. Notre loi va plus loin et accorde à l'époux donataire, qui reste ainsi en possession de l'objet qu'il aurait dû restituer, une caution de garantie en cas d'éviction. Mais elle ajoute que l'époux donateur ne devra cette caution qu'au simple de l'estimation. Elle assimile donc en quelque sorte l'époux donataire qui garde l'objet et en rend seulemend la valeur à un acheteur, qui a payé son prix.

En dehors de ces dérogations dont profitait l'époux défendeur, il était encore traité avec plus d'indulgence qu'un étranger dans certaines hypothèses, ainsi lorsque le mari avait donné à sa femme un terrain et que celle-ci y avait bâti une maison, il n'y avait pas de doute que cette maison ne fût la propriété du mari, mais si le mari revendiquait la maison, il devait tenir compte à sa femme des dépenses qu'elles avait faites (L. 31 § 2 h, t.). Cette solution est contraire à la règle ordinaire qui suppose chez le possesseur de mauvaise foi qui bâtit l'intention d'avantage le propriétaire du terrain (Inst II, tit I § 30). Il semble qu'on

devrait appliquer ici cette règle, la femme sachant
que les donations sont interdites entre époux ne peut
posséder que de mauvaise foi, notre loi y déroge pourtant, elle s'appuie sur ces raisons que si l'on appliquait
ici la règle générale, la femme serrait censée faire une
donation à son mari, ce qui serait contraire à la prohibition et que le plus souvent la femme n'aura élevé des
constructions sur le terrain de son mari qu'avec le consentement tacite de ce dernier.

La solution à laquelle s'était arrêtée notre loi avait
donc le double avantage de ne pas violer la règle de la
prohibition des donations entre époux et de tenir compte
des circonstances telles qu'elles devaient se présenter le
plus souvent.

Dans l'hypothèse inverse lorsque c'était le mari, qui
avec des matériaux que sa femme lui avait donnés, bâ-
tissait une maison sur son terrain, ou lorsqu'il se contentait seulement de les incorporer à un immeuble qu'il
possédait déjà, les jurisconsultes semblent avoir été par-
tagés sur l'action à donner à la femme.

Dans ce cas **Nératius** décide que la loi des XII Tables
ne s'applique pas, pour lui les décemvirs n'ont pas prévu
le cas où les matériaux ont été employés du consentement même du propriétaire, en conséquence il refuse à
la femme l'action *de tigno juncto*, mais lui donne une
action personnelle contre le mari qui sera soit la *rei vindicatio* soit *l'action ad exhibendum*. (Inst. L II lit II
§ 29). Paul dont l'opinion paraît avoir prévalu au Digeste,

refuse ces actions à la femme. Il décide que cette dernière ne pourra agir que lorsque ses matériaux seront séparés de l'immeuble de son mari, et que même en attendant elle ne pourra profiter de l'action de la loi des XII Tables, parceque l'action *de tigno juncto* ne s'appliquait que lorsque le tignum était furtivum (D. de tig junct. l. 1 pr) et qu'ici les matériaux étant fournis du consentement de leur propriétaire on ne pourrait les considérer comme volés (L 63 h. t.) [1].

Ajoutons toutefois que lorsque les choses donnés ou conjoint pouvaient être enlevées sans endommager son fonds, le donateur dans ce cas avait le droit de les reprendre. (D. l. 45 h. t.).

2° Condictio.

Lorsque les choses données n'étaient plus dans le patrimoine de l'époux donataire, l'époux donateur avait alors une *condictio* : *si res consumpta sit, condicatur hactenus* (L. 5 § 18 h. t.) Cette condition était qualifiée *sine causa* ou *ex injusta causa* [2], la cause étant une donation prohibée (L. 6 h. t.),

L'étendue de cette condiction était limitée à l'avantage que l'époux donataire avait retiré de la donation (L. 5, § 18 h. t.). Ulpien nous apprend que pour envisager ce bénéfice réalisé par le donataire on se plaçait non pas

---

[1] Dans l'explication de la loi 63, nous avons fait la transposition des mots *quia* et *quamvis* qu'indique Pothier. (Pandect. h. t. n° 51).

[2] D. de cond. sin. caus. l. 1 § 3.

au moment du jugement mais au moment de la *litis contestatio* (L. 7 pr. h. t.).

Dans le cas où la condictio était admise le donataire n'était jamais tenu de rendre une valeur supérieure à ce qu'il avait reçu, ou à l'enrichissement que la donation lui avait procuré, aussi lorsqu'il n'y avait pas enrichissement par suite de la perte fortuite de la chose donnée cette perte était pour le donateur (L. 28 pr h. t.). Ainsi si une femme achète un esclave avec de l'argent donné par son mari et que cet esclave meurt, le mari ne pourra rien réclamer à sa femme (L. 28 § 3 h. t,). De même si le mari a souffert que sa femme perçut pendant le mariage les fruits des fonds qu'elle avait apportés en dot, il ne pourra rien lui redemander si elle les a consommés (C. 1. 8 eod. tit.).

Lorsque c'était par suite de la mauvaise foi de la femme que la chose donnée n'existait plus, on donnait alors au mari non pas une *condictio* mais l'action *ad exibendum* ou l'action *legis Acquiliæ* (D. 1. 37 h. t. — ad. exhib. 1. 14).

Quant à la preuve de l'enrichissement on suivait cette règle-ci : lorsque le donateur avait établi qu'il avait fait une donation à son conjoint, on présumait un enrichissement pour ce dernier et c'était alors au donataire à prouver ou qu'il ne s'était pas enrichi, ou bien que le bénéfice qu'il avait retiré de la donation était inférieur à l'objet donné. Pomponius nous apprend même que lorsqu'il y avait doute pour savoir d'où une femme tenait quelque chose on supposait que son mari lui en avait fait donation et il ajoute que Quintus Mucius s'était rangé à cet avis pour écarter tout soupçon de gains illégitimes et déshonorants pour la femme. (L. 51 h. t.)

Par suite de cette façon d'entendre l'enrichissement, si l'argent donné à servi a acheter un fonds (L. 7 § h.t.) ou un esclave (L. 28 § 3) et que ce fonds ou cet esclave ait augmenté de valeur le donateur ne pourra redemander que la somme donnée ; ainsi si le mari a donné dix pour acheter un esclave et que cet esclave vaille actuellement quinze, il ne pourra réclamer que dix, *quoniam*, ajoute la loi, *actenus donator pauperior factus esset.*

Cependant en ce qui concerne les esclaves on permettait au donateur de redemander en plus de l'esclave acheté avec ses deniers, tout ce que ce dernier aurait fait acquérir au donataire par legs ou par succession, et, dans le cas où il s'agissait d'une femme esclave, le donateur avait encore le droit de reprendre les enfants qu'elle avait eus depuis la donation. Cette solution de Julien trouve son explication dans ce fait que le donateur s'était appauvri d'autant, car tout ce qu'un esclave acquiert appartient à son maître. (L. 28 § 5 h. t.)

Mais si les objets achetés avec l'argent fourni par le donateur, loin d'augmenter de valeur, avaient dépéris, on ne lui donnait l'action que pour la valeur actuelle de ces mêmes objets. (L. 7 § 3. — L. 28 § 3 h.t.) et pour reprendre le même exemple, si une femme a acheté un esclave avec la somme de dix, qui lui avait été donnée par son mari et que cet esclave ne soit plus que de la valeur de cinq, le mari ne pourra redemander que cinq, car c'est seulement de cette somme que la femme s'est enrichie : *quatenus locupletior facta est* (C. 1. 9 in fine eod. tit.).

Si les objets achetés avaient péri l'époux donataire n'avait rien à rendre. (L. 28 § 3 — L. 50 § 1 h. t.).

Lorsque la femme revendait l'esclave que l'argent de son mari lui avait permis d'acquérir, et en achetait un autre, Pomponius décidait que dans ce cas encore les risques de la perte étaient pour le mari. (L. 29 pr. h. t.).

Enfin si l'objet avait été payé seulement pour partie avec l'argent donné et qu'il vint ensuite à périr la perte était supporté proportionellement par le donataire. Ainsi par exemple si une femme a acheté un héritage pour le prix de quinze, et que le mari lui ait donné seulement, les deux tiers du prix c'est-à-dire dix, si cet héritage ne vaut plus aujourd'hui que dix, le mari ne pourra réclamer que les deux tiers de dix. (L 7 § 4 h. t.).

Lorsqu'un époux payait une chose achetée par son conjoint on lui permettait de reprendre cette chose, car on voyait là avec raison une véritable donation, que l'on assimilait au cas où le mari payait une créance de sa femme (L 7 § 7 h. t.) et on trouvait là un enrichissemeut réel pour le donataire. On appliquait la même règle au cas où le donateur n'aurait payé que pour partie, et encore lorsque la chose achetée avait perdu de son prix ou n'existait plus (L 50 pr. h. t.).

Quand la somme donnée avait été prêtée par le donataire et que le débiteur de ce dernier était devenu insolvable pour partie, le donateur ne pourra réclamer qu'en proportion de la solvabilité du débiteur car ce n'est que dans cette mesure que l'époux donataire s'est enrichi (L. 16, h. t.).

Dans le cas où c'était l'époux donataire lui-même qui était devenu insolvable le donateur aurait du en principe subir une perte, puisqu'il ne pouvait alors prétendre que son conjoint eût réalisé un enrichissement réel, tout au plus aurait-il pu venir en concours avec les autres créanciers sur la masse du patrimoine du débiteur commun. Pourtant la loi 55 à notre titre au Digeste donne dans ce cas une action *in rem utilis* au donateur, dans l'espèce à la femme, Paul ajoute dans cette loi, qu'il n'est pas nécessaire pour qu'il y ait un enrichissement provenant de la donation, que le donateur ait encore un actif une fois ses dettes payées. En effet, l'objet, qu'il a reçu en donation, lui a fourni une ressource qui a amélioré sa position et diminué d'autant son insolvabilité et par cela même l'a enrichi. Néanmoins, on ne peut que constater que la concession d'une telle action au donateur est une dérogation au droit commun, d'après lequel l'époux donataire eut du seulememt avoir une action personnelle et venir en concours avec les autres créanciers. Cette dérogation ne peut s'expliquer que par une faveur pour l'époux donateur. Cette action utile dont parle notre loi est confirmée par le §5 de Rei. uxor. act. au Code. Justinien dans cette loi supprime la rétention *ob res donatas* comme inutile puisque le donateur possède alors cette action *in rem* directe ou utile. Le rapprochement de ces textes a fait supposer que Justinien avait modifié les derniers mots de la loi 55 à notre titre pour les mettre d'accord avec les nouvelles dispositions du code.

Quoiqu'il en soit, dans ce cas la femme pouvait ainsi intenter à son mari l'action *rei uxoriæ*. Par la *condictio* elle n'obtenait que ce qu'elle avait donné à son mari, tandis que l'*actio rei uxoriæ* tendait à lui faire avoir, tout ce que lui était dû par son mari, cependant cette dernière action était moins avantageuse pour elle car dans cette action le mari peut lui opposer le bénéfice de compétence (Inst. Liv. IV. tit. 6 § 37) et retenir sur sa dot la valeur des donations qu'il lui a faites (Ulp. VI, § 37).

Il y avait une exception à la règle que l'on donnait une *condictio* à l'époux donateur lorsque le donataire avait dissipé la donation, cette exception nous est indiquée par la loi 7, § 2 de notre titre. Si un mari et une femme se sont réciproquement fait don d'une somme de cinq, que le mari ait conservé ce qui lui a été donné par sa femme, et que celle-ci ait consommé ce qu'elle a reçu du mari, cette loi nous apprend que l'empereur Adrien avait décidée que ces deux donations devait se compenser, pas d'action alors pour le mari ; par le terme consommer la loi entendait dissiper les biens donnés de telle sorte que le conjoint donataire n'en conserve pas de bénéfice (L. 32, § 9, h. t.) Mais s'il ne s'agissait pas de donations prohibées entre époux, la compensation ne s'appliquait pas, ainsi le mari peut reprendre ce qu'il a donné à sa femme quand bien même celle-ci lui aurait fait des legs considérables. (L. 48, h. t.)

Donations par voie de délégation. — Si par l'ordre du mari, un de ses débiteurs s'engage envers la femme, *nihil agatur*, nous dit la loi 5, § 3 de notre titre.

Il en était encore ainsi quand le mari, voulant faire donation à sa femme d'une somme d'argent, lui a permis de stipuler cette somme de son débiteur, Julien examine spécialement cette hypothèse et se demande quelles actions aura le mari ? Dans le cas où le tiers a payé et que l'argent existe encore eutre les mains de la femme, ce tiers peut le réclamer comme sien ; mais si le mari le poursuit par l'action originaire qui n'est pas éteinte, puisque la stipulation de la femme est nulle, il peut éviter cette poursuite, en offrant au mari les actions qu'il a contre la femme ce qui lui permettra d'opposer l'exception de dol ; en sorte que dans ce cas, le mari se fera rendre la somme, en la réclamant comme sienne au nom et du chef du débiteur des droits duquel il sera cessionnaire. Si l'argent n'existe plus entre les mains de la femme, mais qu'il ait procuré à cette dernière un enrichissement, le mari aura contre elle une *condictio* pour la valeur de l'enrichissement et le tiers dans ce cas encore sera en sûreté grâce à l'exception de dol. (L. 39, h. t.)

Quand le mari, voulant faire une donation à sa femme, ordonne à son débiteur de payer ce qu'il lui doit à cette dernière, quelle était la valeur de cet acte ? Africain décidait qu'il n'y avait pas libération du débiteur, celui-ci ayant fait un acte nul conservait la propriété des écus dont il s'était dessaisi et continuait d'être engagé envers le mari (D. de solut. et. lib. 1. 38 § 1). Ulpien se rangeant à l'avis de Celsus décidait dans la même hypothèse que le débiteur était libéré et que la propriété des écus était acquise au mari. Il explique ainsi la solution à laquelle il s'arrête, solution qui admet que le mari, sans avoir reçu d'argent du débiteur, puisse en devenir propriétaire : D'après lui la délégation faite par le mari équivaut à ces deux opérations à savoir : premièrement le débiteur paie entre les mains du mari créancier, deuxièmement le mari donne ensuite l'argent à sa propre femme, mais, ajoute le jurisconsulte, dans la pratique pour aller plus vite on supprime la première de ces deux opérations et on se contente de la sous entendre. Ceci admis, l'interdiction des donations entre époux empêche dans notre hypothèse la seconde tradition, mais n'entache en rien la validité de la première, ce qui fait que le mari restera possesseur des écus et que le débiteur par conséquent sera libéré. (L. 3 § 12. de don. int. vir et ux. D.).

Il faut admettre sur ce point une opposition de doctrine entre Africain et Ulpien. Cette même opposition existait encore entre ces deux mêmes jurisconsultes au sujet du *mutuum*. Africain n'admettait pas que l'on puisse constituer un *mutuum* en autorisant une personne à toucher une somme, qui nous est due pour la garder à titre de prêt, ou en lui remettant un plat d'argent, un lingot d'or ou tout autre objet pour le vendre et user du prix comme d'une somme prêtée, ou encore en laissant à son mandataire une somme dont il vous était débiteur en vertu du mandat (D. Mand. vel. cont. l. 34, pr.). Ulpien au contraire faisant intervenir dans ces mêmes cas l'idée d'une tradition *brevi manu* admettait la constitution d'un *mutuum*, il supposait ainsi que le propriétaire, le mandant ou le créancier avait reçu d'abord la somme, qui lui était due et qu'ensuite il l'avait de nouveau donnée à la même personne à titre de prêt (D. de reb. cred. ll, 11, pr. et 15).

Il résulte de ces exemples qu'Africain, jurisconsulte antérieur à Ulpien raisonnait d'une façon plus stricte, et n'admettait pas cette fiction que les besoins de la pratique avait fait approuver à l'époque d'Ulpien.

Ce dernier jurisconsulte applique encore cette fiction à un autre cas qu'il prévoit à la fin de notre même loi (l. 3, § 12). Il décide que si un individu ayant à la fois un créancier et un débiteur ordonne à son débiteur de payer entre les mains d'une personne, qui prend faussement la qualité de procureur du créancier, cet individu

aura l'action *furti*, bien que n'ayant rien reçu, on n'ait
pu rien lui prendre, parce que, grâce à la fiction, il est
censé avoir d'abord reçu les fonds puis les avoir versés
au faux procureur.

Julien partageait aussi l'avis d'Ulpien et il décide
qu'au cas, où le mari donne ordre à celui qui voulait lui
faire une donation de la faire à sa femme, que cet arrangement est nul, parce qu'il faut regarder le mari comme
ayant d'abord reçu l'argent en donation, puis comme
l'ayant donné ensuite à sa femme (l. 3, § 13 h. t.). Il
appliquait encore la même fiction et prononçait pour la
même raison la nullité de la donation, lorsqu'il s'agissait d'une *donatio mortis causa* (l. 4, h. t.).

Nous devons ajouter qu'Africain dans la loi 38 §1 de
solut. que nous avons citée plus haut ne s'occupe qu'incidemment de l'effet du paiement, fait par le débiteur du
mari entre les mains de la femme, lorsque ce dernier
veut lui faire une donation. Ce qu'il a en vue principa-
lement c'est le cas où un débiteur paie de bonne foi à
un mandataire révoqué, qui s'approprie frauduleusement
les espèces et commet ainsi un *furtum*. Dans cette hypothèse le débiteur n'aliène pas ses écus, il a contre l'ex-
mandataire l'action *furti*, qu'il peut cependant céder au
créancier, pour se débarraser ainsi des poursuites. Il faut
supposer que l'ex-mandataire ait agit frauduleusement,
car s'il avait reçu bien que révoqué, avec l'intention
d'acquérir pour le créancier, Africain écartait alors
l'idée d'un *furtum* et admettait la libération du débiteur;

car il n'est pas douteux que l'on puisse acquérir *per extraneam personam possessionem et per hanc dominium* lorsque *l'accipiens* avait l'intention de servir d'intermédiaire pour une acquisition au profit d'un autre, soit dans notre exemple au profit du créancier. Ensuite le jurisconsulte assimile au cas du débiteur, qui paie à l'ex-mandataire, celui du débiteur, qui sur les ordres du mari, paie à sa femme, mais il ajoute : *furti tamen actionem in proposito mihi post divortium competituram, quando mea intersit interceptos nummos non esse.* Cette dernière phrase a donné lieu a deux explications. Cujas, admettant que la fin du texte d'Africain se rapporte au cas, où le mari a voulu faire une donation à sa femme et qu'il est difficile de trouver un *furtum* dans l'acte de cette femme, qui est autorisée à recevoir, suppose que c'est après le divorce que la femme, malgré la révocation qui en est la conséquence, touche la somme due à son mari. De Savigny explique ainsi, d'autre part, cette partie de la loi : Pour cet auteur, cette dernière décision d'Ulpien aurait trait à la proposition (paiement fait à un mandataire révoqué) qu'il avait d'abord examinée dans la loi et il indiquerait ce retour à cette première proposition par les mots *in proposito* et *mihi* qui se réfèrent au début de la loi : *si debitorem meum jusserim.* Quant aux mots *post divortium*, ils auraient été ajoutés par les rédacteurs des Pandectes, qui ayant perdu de vue ce premier cas, auraient trouvé avec justice, contraire au droit d'accorder pendant le mariage l'action *furti* à un conjoint, et, qui grâce à cette modification, auraient fait disparaître ce qui était inexact, en rendant possible l'action *furti* en dehors du mariage. Entre ces deux opinions nous inclinerons plutôt vers la seconde qui nous semble tenir un compte plus exact de l'enchainement des phrases du texte, bien qu'elle nous semble un peu divinatoire en ce qui concerne l'explication des mots *post divortium*.

Donations par voie de libération. — Lorsqu'un conjoint avait une créance contre l'autre et qu'il lui en faisait donation l'acte était encore nul. (5 § 10 h.t.). S'il avait procédé par acceptilation, cette acceptilation n'avait aucun effet et il pouvait exercer les actions que lui donnait sa créance, si au contraire il avait procédé à l'aide d'un pacte *de non petendo* il pourra encore agir contre l'époux donataire et n'aura même pas besoin d'une *replicatio* pour répondre à *l'exceptio pacti conventi* que son conjoint ne pourra lui opposer.

Dans le cas encore où le mari possédait la créance, mais où la femme avait un codébiteur, et où il faisait remise de la dette à la femme, dans le but de l'avantager, aucun des deux débiteurs n'était libéré. Si au lieu de décharger la femme le mari faisait remise de la dette au tiers codébiteur, ce dernier était valablement libéré, mais la femme restait obligée (L. 5 § 1 h. t.). Cette solution semble contraire au principe de la corréalité entre débiteurs, car l'acceptilation faite à l'un d'eux les libère tous. Néanmoins on peut expliquer

ainsi la solution à laquelle s'est arrêtée notre loi. L'acceptilation qu'à faite le mari contient implicitement
un pacte *de non petendo*. On ne peut, étant donné les
régles de la corréalité, appliquer ici l'acceptilation que le
mari a faite au tiers codébiteur, car on libérerait la
femme et on violerait ainsi la prohibition, qui empêche
touté donation entre époux, mais le pacte *de non
petendo* n'a pas ces inconvénients, il ne libère pas
les autres codébiteurs, il est personnel à celui qui
l'a reçu, on l'appliquera ici au tiers codébiteur qui sera
ainsi seul libéré, grâce à ce procédé, on respecte et
on concilie les règles de la corréalité, la prohibition
des donations entre époux et l'intention du donateur.
Mais, pour que cette façon de procéder soit possible, il
faut supposer que la dette n'a pas été contractée dans
l'intérêt commun des codébiteurs, qu'ils ne sont pas
par conséquent, *socii*, car alors la femme agissant contre
son codébiteur par l'action *pro socio* profiterait de la
libération et nous retomberions sous le coup de la prohibition des donations entre époux.

Quand la créance appartenait à un tiers et que le
mari payait *animo donandi* pour sa femme, il pouvait
répéter tout ce qu'il avait déboursé (L. 7. § 7 h. t.).

Au lieu de payer l'époux donateur pouvait prendre la
dette de son conjoint à son compte, la loi 5 § 4 à notre
titre décide dans ce cas que ni l'époux donataire, ni
ses fidéjusseurs ne sont libérés.

TROISIÈME PERIODE

Les deux premières périodes de la législation des donations entre époux avaient eu en quelque sorte comme base de leur système un principe absolu. Durant la première période, c'est la liberté sans aucune limitation qui régit ces donations, durant la seconde on applique une prohibition presque absolue que tempèrent seulement quelques rares exceptions. Notre troisième période au contraire rejettera ces systèmes et adoptera un principe mixte, tout en maintenant en théorie la prohibition des donations entre époux, elle admettra leur validité lorsque l'époux donateur aura persévéré jusqu'à sa mort dans l'intention d'en faire bénéficier son conjoint.

Le nouveau système avait ainsi l'avantage de ne pas abandonner complétement les idées suivies jusqu'à cette époque, tout en laissant de côté ce qu'elles pouvaient avoir d'excessif. Ce système, que l'on peut appeler le système de la confirmation tacite, se basait sur ce fait qu'il était en quelque sorte injuste de priver un époux donataire, auquel son conjoint avait laissé durant toute sa vie la jouissance de la chose donnée, du droit de conserver cette chose après la mort de son époux, alors que ce dernier aurait fort bien pu par un acte de dernière volonté lui léguer cette même chose ; dès lors il assimila ces deux cas et conserva dans ces deux hypothèses, le bénéfice de la donation à l'époux donataire. Nous verrons plus loin que l'on a invoqué contre cette façon de voir différents textes et qu'en se basant sur eux on a soutenu que ce nouveau principe, introduit par le sénatus consulte de Caracalla, consistait à rendre à l'avenir les donations entre époux valables, mais avec le droit pour le donateur de les révoquer *ad nutum*. Indépendamment des arguments de textes que l'on invoque contre cette théorie nous croyons que cette façon de comprendre la réforme de Caracalla n'est pas exacte, pour cette raison, à savoir qu'il est peu conforme aux traditions du droit romain de changer brusquement de système. Lorsqu'il s'agit d'introduire une réforme, tout en gardant la loi en vigueur, on se contente d'y apporter un tempérament, sans pour cela aller jusqu'à l'abroger totalement, toutes les innovations de l'Edit du préteur tendant à faire fléchir la sévérité de l'ancien droit, sont un exemple frappant de ce principe, plutôt que de remplacer ces anciennes lois par de nouvelles, on aimait mieux créer à côté des exceptions, entraînant une jurisprudence plus douce.

Cette innovation s'étendait quoique que l'on ait soutenu le contraire à toutes les donations entre époux soit qu'elle soient réalisées, soit qu'elles consistent en simples promesses.

Une conséquence de ce nouveau principe fut de permettre les donations non seulement entre les époux, mais encore entre les personnes, qui avaient avec ceux-ci un lien de parenté, on s'écartait ainsi de la règle contraire suivi dans la période précédente.

Nous avons dit que le prédécès du donateur, lorsque ce dernier n'avait pas changé d'intention, confirmait la donation qu'il avait faite à son conjoint, en conséquence on décide que le décès de ce dernier arrivé avant celui du donateur est un obstacle à la confirmation de la donation. La donation entre époux ressemble alors fortement à la *donatio mortis causa*, aussi la jurisprudence étendit-elle les règles concernant cette dernière, notamment en ce qui concerne les restrictions des lois décimaires et la restriction de la loi Falcidie.

Telles sont en quelques mots les donations entre époux sou l'empire de l'*oratio Antonii*, à savoir des actes toujours nuls en tant que donations entre vifs, mais auxquels on faisait produire les effets d'une disposition de dernière volonté, grâce à une confirmation tacite que l'on supposait chez le donateur.

Ajoutons que cette façon d'envisager les donations entre époux fut modifiée par Justinien qui les fit rentrer dans leur véritable nature de donations entre-vifs.

Nous allons examiner en détail tous ces points en indiquant les textes qui les concernent.

CHAPITRE I

Examinons tout d'abord la question de savoir quand
et par qui introduit ce nouveau système.

Ce nouveau principe fut introduit au commencement
du troisième siècle de l'ère chrétienne par un senatus-
consulte rendu sur la proposition de l'empereur Antonin-
Auguste plus connu sous le nom de Caracalla, du vivant de son père Septime-Sévère qui l'avait associé à
l'empire.

Le sénatus-consulte date de l'an 206 après J.-C. ou
de l'an 959 de la fondation de Rome, on le nomme parfois sénatus-consulte Emilien du nom de l'un des consuls de l'année[1], mais le nom dont les jurisconsultes se
servent le plus souvent est celui d'*oratio Antonii*.

Nous avons dit que ce sénatus-consulte était l'œuvre
des deux empereurs, ajoutons néanmoins que les textes

---

[1] Les deux consuls en fonction lorsque ce sénatus-consulte fut
voté étaient Fulvius Æmilianus et Nummius Albinus (L. 32
pr. h. t.)

à ce sujet sont un peu contradictoires, les uns tels que
la loi 3 pr. l'attribuent à Caracalla, les autres tels que
la loi 23 à notre titre au Digeste, la loi 10 au Code de
donat. int. vir. et ux, le § 276 F. V. l'attribuent à Septime Sévère, d'autres enfin l'attribuent aux deux empereurs. (C. de donat. int. vir. et ux. l. 3.— F. V. 294).

Cette diversité dans les textes a même fait naître cette
opinion qu'il devait y avoir deux sénatus-consultes l'un
voté sous Septime Sévère, l'autre datant du règne de Caracalla, nous retrouverons plus loin cette doctrine, pour
le moment nous nous contenterons de lui opposer l'opinion d'Ulpien dans la loi 32 pr. à notre titre au Digeste ;
ce jurisconsulte racontant un événement dont il n'est
contemporain ne peut être taxé d'avoir commis une
erreur quand il mentionne un sénatus consulte unique
dont il fixe la date à une époque où vivait encore
Septime Sévère. Nous admettrons donc avec lui qu'il
s'agit d'un sénatus-consulte unique, voté sous cet empereur sur la proposition de Caracalla associé alors à
l'empire, cette opinion trouve encore un appui sérieux
dans la loi 3 du Code eod. tit. où l'empereur Caracalla
dit ces propres mots en parlant de ce sénatus-consulte :
et ex mea et divi Severi patris mei constitutione.

Le sénatus-consulte marque, avons nous dit, une réaction contre la sévérité antérieure en ce qui concerne les
donations entre époux. Sans doute la prohibition ne
frappait d'une nullité absolue que les donations entre-vifs

et les époux pouvaient s'avantager par acte de dernière
volonté. Mais cette façon de procéder était restreinte par
les lois Julia et Pappia Popea, qui ne permettent aux
époux de se laisser par acte de dernière volonté qu'un
dizième en pleine propriété de leurs biens plus un tiers
en usufruit, le tout sans compter le *legatum dotis* qui
serait fait par le mari à la femme ; cette capacité aug-
mente d'un dixième par chaque enfant issu d'un précédent lit, elle est même entière si les époux ont un enfant
commun, si le prince leur a accordé *jus liberorum*, on
s'ils s'ont tous deux au-dessus de l'âge où le mariage est
exigé ; ajoutons qu'un époux pouvait laisser l'entière
propriété de ses biens à son conjoint sous cette condition *si liberos habuerit* (Ulp. Reg. XV, XVI)

Ces restrictions entre époux furent maintenues par
Constantin et ne furent abolies que par les empereurs
Honorius et Théodose le Jeune en 410 (C. de infir.
pæn. 1 2).

Néanmoins cela permettait aux l'époux d'éviter dans
une certaine mesure la prohibition qui les atteignait
avant le sénatus-consulte et nous voyons la loi 109 pr.
de leg. (D. XXX. I) parler du cas où le mari lègue à sa
femme ce qu'il lui avait d'abord donné et examiner dans
ce cas quelle sera la valeur du legs. Mais si l'époux ne
procédait pas par acte de dernière volonté la donation
était nulle, même s'il avait persévéré jusqu'à sa mort
dans l'intention de laisser à son conjoint ce qu'il lui
avait donné entre vifs.

C'est pour réagir contre cette solution que le sénatus-consulte posa la règle adverse et admit, quand l'époux persévérait jusqu'à sa mort dans la même intention, la validité de la donation, mais il lui laissait bien entendu le droit de rétracter à toute époque la donation qu'il avait faite : *fas esse, eum quidem qui donavit pœnitere : heredem vero eripere forsitan adversus voluntatem supremame ejus qui donaverit, durum et avarum esse* (L. 32, § 2, h. t.)

On a dit que le sénatus-cousulte avait pour effet de rendre les donations entre époux valables, mais révocables à volonté, on se base dans cette opinion sur les lois 32 § 16 et 55 à notre titre. La première emploie ces termes : *nam, ex mente Orationis, his quoque omnibus permissum est, in eundem casum donare,* la seconde ceux-ci : *quœro si mulier revocet donationem.....*

Malgré les deux textes, qu'invoque cette opinion, nous ne la croyons pas fondée, nous préférons celle qui admet que sous l'empire du sénatus-consulte les donations sont, comme auparavant, nulles en droit, mais que, par exception seulement et dans les circonstances qu'il indique le sénatus-consulte les valide et leur fait produire effet. C'est ce qu'indiquent en termes bien plus précis que les textes qu'invoque l'opinion contraire, les lois 32, § 13, 33, 34 et 35 à notre titre. Elles admettent de plein droit la nullité de la donation, *puto donationes, non valere*, à moins toutefois que le conjoint donateur ne meurt le premier, *si tamen donator prior decessit, tunc donatio valebit*.

On peut encore ajouter que si, d'après le premier système, le sénatus-consulte avait eu pour effet de rendre les donations entre époux valables mais révocables à volonté, le donateur repentant aurait eu besoin d'une *condictio* pour anéantir les résultats de la tradition, de la promesse ou de la remise de la dette qu'il avait faite; si nos lois ne lui donnent pas cette action et considèrent que la tradition ne l'a pas dépouillé de sa propriété, que sa promesse ne l'a pas obligé, et qu'en faisant une remise de dette il n'a pas cessé d'être créancier, c'est encore là une raison de décider que l'ancienne prohibition avec toutes les conséquences que nous avons déjà vues demeurait la règle des donations entre époux, tempérée il est vrai par la possibilité pour le donateur de les maintenir en ne changeant pas d'intention jusqu'à sa mort.

De plus, pour que la donation fut valable dans ces conditions, il fallait que le mariage subsistât jusqu'à la mort du donateur, s'il survenait un divorce, ou si le donataire prédécédait, la donation était nulle.

Les contrats à titre onéreux, à l'aide desquels les époux cherchent parfois à déguiser une libéralité, ne sont pas plus valables depuis l'existence du sénatus-consulte qu'ils ne l'étaient auparavant.

Ainsi la loi 32 § 24, dans le cas de société faite entre époux dans le but de s'avantager, décide que la convention ne produira pas l'action *pro socio*, même depuis la nouvelle jurisprudence introduite par l'*oratio Antonii*. Cependant si la donation a été suivie d'exécution, si des choses ont été partagées entre les époux associés ou possédées en commun, et si dans ce cas le donateur prédécède, par application de notre sénatus-consulte on décide alors que la donation sera valable : *Nec post decretum senatus, emolumentum ea liberalitas, ut actio pro socio constituatur, habere poterit : quæ tamen in commune tenuerunt, fine præstituto revocanda non sunt.* On explique les derniers mots de deux façons, d'après les uns les mots *quæ tamen* indiqueraient une société sérieuse non faite *donationis causa* et qui devrait être maintenue ; d'après les autres, la pensée du jurisconsulte ne serait pas de comparer ces deux sortes de sociétés, il résulte en effet de la suite du texte qu'il n'envisage que les sociétés faites *donationis causa* et la limite qu'indique le jurisconsulte par les mots *fines præstituto* se rapportait aux *decimæ* [1] établies par les lois caducaires qui, ainsi que nous l'avons vu, avaient apporté une certaine limitation à la capacité de recevoir entre époux [2]. Cette limitation existait à l'époque du

---

[1] Savigny. Traité de droit romain, tome IV § 154 note K.

[2] La même idée est indiquée dans le texte suivant : (F. V. § 294.) *Cur ego quid vir uxoris dedit, morte soluto matrimonio, si voluntas peseverarit, fini decimarum auferri non oportere maximi principes nostri suaseront et ita senatus sensuit.*

sénatus-consulte, mais avant Justinien elle avait été abrogée et sous ce prince les mots *fine prœstituto* n'ont plus que la signification banale de décider que la donation produira effet, dans les limites que les parties lui ont assignées.

Depuis le sénatus consulte, les donations entre vifs faites *inter virum et uxorem* présentèrent une grande ressemblance avec les donations *mortis causa*, surtout dans le cas où ces dernières sont faites par un acte purement conditionnel et demeurent révocables à volonté, aussi la jurisprudence appliqua-t-elle aux donations entre époux les règles qui frappaient les donations à cause de mort. En plus des lois décimaires, que nous avons déjà signalées, elle leur fit subir la réduction de la loi Falcidie. Cette loi au début ne s'appliquait qu'aux légataires, elle fut étendue successivement par le sénatus consulte Pégasien aux fidécommissaires universels ou particuliers (Inst. II, 23, § 5) et par une constitution de Sévère et d'Antonin aux donataires à cause de mort (C. ad leg. Falc. 1. 5. — D. de mort. causa. donat. 1. 48, § 1). Cette application de la loi Falcidie à nos donations est indiquée par Ulpien en ces termes : *et de Falcidia, ubi possit locum habere, tractendum sit : cui locum ita fore opinor, quasi testamento sit confirmatum quod donatum sit* (D. 1. 32, § 1, h, t.). Le jurisconsulte décide donc qu'il faut appliquer la loi Falcidie comme si les donations étaient confirmées par testament, c'est-à-dire que les donations entre époux seront réductibles au profit de l'héritier et qu'elles entreront ainsi dans la masse héréditaire, dont un quart est réservé à l'héritier. Cette façon de procéder n'existait que depuis la constitution de Sévère ; avant, la règle était que l'héritier n'avait droit qu'au quart des biens laissés par le *de cujus* au moment de sa mort, dans le cas de donation entre époux comme dans le cas de donation *mortis causa*, on supposait que la tradition était faite sous condition suspensive, ou que la saisine était réalisée au moment même de la mort du testateur, moment qui se confondait avec le dernier instant de la vie, et en conséquence on ne faisait pas entrer les biens donnés ainsi dans le calcul de la masse héréditaire.

Remarquons que si les donations entre époux faisaient partie de celles que le droit antérieur autorisait, elles n'étaient pas soumises à la réduction de la loi Falcidie.

Cette réduction n'atteignait les donations entre époux, qu'autant qu'elles avaient le caractère de dispositions de dernière volonté et laissait en dehors celles, entre vifs que le droit antérieur admettait c'est ce qui nous est dit en ces termes par la loi 12 ad legem Falcidiam au Code : *In donationibus inter virum et uxorem factis legem Falcidiam habere locum, quando fideicommissi partibus funguntur, nonnullis juris placitis comprehensum est.*

Nous avons vu que, dans le cas de donation réciproque si l'un des époux avait consommé ce qu'il avait reçu et si l'autre avait conservé la donation qu'on lui avait faite, on décidait que ces deux donations devaient se compenser et qu'une constitution de l'empereur Adrien l'avait ordonné ainsi. (D. 1. 7 § 2 h. t.) Or la loi 32 §9 à notre titre nous apprend que depuis le sénatus-consulte il n'y avait plus compensation dans ce cas et que l'époux survivant pouvait reprendre, après la mort de son conjoint ce qu'il lui avait donné. Mais notre loi maintenait la compensation dans le cas où le mariage viendrait à se dissoudre par le divorce.

Dans ce même cas de divorce, lorsque le conjoint, qui avait reçu une donation avant la dissolution du mariage, mourait le premier, on s'en tenait à l'ancienne jurisprudence, c'est-à-dire que la donation sera ou non valable d'après la volonté de l'époux survivant (L. 32 § 10 h. t.)

CHAPITRE II

PERSONNES AUXQUELLES S'APPLIQUE LE SÉNATUS-CONSULTE

L'oratio avait en vue non seulement les conjoints, mais aussi toutes les personnes, auxquelles il était défendu auparavant de faire ou de recevoir une donation par suite du lien qui les unissait aux époux. Ainsi, grâce au sénatus-consulte, les donations qu'un beau-père aurait faites à son gendre ou à sa bru, ou que le gendre ou la bru aurait faites à leur beau-père étaient valables sous les conditions qu'il exigeait ; il en était encore de même dans les cas, où le père du mari faisait une donation au père de la femme en supposant que les deux époux sont sous leur puissance respective. Ulpien nous dit que Papinien décidait ainsi au livre quatre de ses réponses. (L. 32, § 16, h. t.)

L'application du sénatus-consulte dans ces cas donnait lieu a différentes conditions suivant l'hypothèse où on se plaçait. Notre titre en examine plusieurs, nous allons les parcourir avec lui.

1° Voyons tout d'abord le cas où l'un des époux est

donataire, le donateur est son beau-père. Pour que la donation soit valable dans cette hypothèse il fallait : premièrement que l'époux qui est le fils du donateur soit mort avant lui, deuxièmement que le donateur ait ensuite persévéré jusqu'à sa mort dans sa première volonté (L. 32, § 16, h. t.)

2° Supposons maintenant que c'est un époux qui est donateur et que le donataire est son beau-père. Si l'époux meurt le premier sans avoir changé de volonté, pas de difficulté le beau-père recueillera la donation. Mais si c'est lui, le beau-père, qui meurt le premier, que décider. Voici la solution qui nous est donnée par la loi 32, § 18 dans l'espèce où la bru est donatrice : si le mari est déjà mort la donation est nulle, mais s'il survit à son père, il faudra distinguer. Est-il seul héritier, la donation sera valable, car dans ce cas on peut dire qu'il y a une nouvelle donation faite par la femme au profit de son mari, laquelle commence au moment ou l'autre finit. N'est-il héritier de son père que pour partie, la donation serait valable dans la mesure de ce qu'il doit recueillir. Enfin n'est-il pas héritier, la donation sera nulle. Dans toutes ces hypothèses il faudra bien entendu pour que la donation se réalise que sa femme meurt la première et ait persévéré jusqu'à sa mort dans la même intention. (L. 36. § 18. h. t.)

3° Soit le cas où un beau-père a fait une donation à l'autre beau-père. La donation sera valable à condition que le beau-père donateur soit mort pendant le mariage

en conservant sa puissance paternelle sur l'un des conjoints (L. 32 § 20).

4° Si les donations avaient été faites par des personnes qui sont sous la puissance des pères des conjoints
il faudrait décider de même (L. 32 § 20).

Dans ces exemples on voit que la donation a effet
grâce au lien du mariage, qui rattache à l'un des conjoints toutes les personnes sous la puissance desquelles
se trouve l'autre conjoint, mais si ce lien venait à être
brisé, par exemple si dans le cas où la bru a reçu une
donation de son beau-père ce dernier la répudiait, on
décidait alors que la donation était nulle, (quoiqu'en ce
cas le mariage ne cessait point de subsister, si le mari
et la femme restaient unis) on admettait que par rapport
à eux le mariage était censé résolu : *sed quod adipsos,
inter quos donatio facta est, finitum est matrimonium*
(L. 32 § 19).

Pour la même raison on annulait encore la donation
que ce seraient faite les deux beaux-pères lorsqu'ils venaient à rompre le mariage de leurs enfants *invitis
filiis* (L. 32 § 20).

Dans le cas où le père de l'un des conjoints faisait
une donation au père de l'autre et que l'un de ces beaux-
pères, ou tous les deux viennent à émanciper les conjoints qu'ils avaient sous leur puissance, on annulait
encore la donation (L. 32 § 21).

Lorsque c'était un *filiusfamilias* qui faisait sur son
pécule castrense, ou quasi-castrense une donation à sa

femme, comme il était assimilé, ainsi que nous l'avons vu, pour ce pécule à un père de famille, on n'envisageait en ce qui concerne la donation que sa personne et sa mort. (L. 32 § 17).

Bien que les donations faites entre fiancés pour le temps du mariage, ne pouvaient être assimilées aux donations *inter virum et uxorem* dont parlait l'*oratio* on ne s'arrêtait pas à la lettre de la loi et, en considérant son esprit, on les faisait bénéficier du sénatus-consulte, en sorte que ces donations étaient valables, si le fiancé donateur restait après le mariage dans la même volonté jusqu'à sa mort (L. 32 § 22).

CHAPITRE III

Les auteurs du sénatus consulte, lorsqu'ils avaient atténué la rigueur de l'ancienne prohibition, avaient été surtout poussés dans cette voie par l'injustice qu'il y avait de laisser les héritiers du donateur, enlever au donataire ce dont il avait déjà été mis en possession par son conjoint. En décidant ainsi, la loi méconnaissait le plus souvent l'intention du donateur qui, dans le cas où il aurait laissé les biens donnés à son conjoint en s'abstenant jusqu'à sa mort de les lui reprendre, avait tacitement manifesté l'intention de les lui donner par testament ou par tout autre acte de dernière volonté : *heredem vero eripere forsitan adversus voluntatem supremam ejus qui donaverit, durum et avarum esse.* (L 32 § 2 h. t).

Or l'*oratio* emploie le mot *eripere*, on n'enlève qu'à celui qui possède déjà. La réforme du sénatus consulte portait-elle seulement alors sur les donations dont le donataire était déjà en possession ou, en deux mots, sur le *rerum donationes*, ou bien fallait-il l'étendre, malgré le terme employé à toute espèces de donations même à celles faites par simple promesse ?

Nous trouvons à notre titre différents textes à ce sujet : Papinien, nous dit Ulpien dans la loi 23 n'appliquait l'*oratio* qu'aux *donationes rerum* et non aux simples promesses ; par exemple, si le mari s'était obligé par stipulation envers sa femme à lui fournir une somme, Papinien décidait que les héritiers du mari n'étaient pas tenus par cette stipulation bien que ce dernier fut mort sans changer de volonté. Ulpien au contraire dans la loi 32 § 1 applique l'ordonnance à toutes les donations entre époux : *oratio autem imperatoris nostri de confirmandis donationibus non solum adea pertinet, quœ nomine uxoris a viro comparata sunt, sed ad omnes donationes inter virum et uxorem factas ut et ipso jure res fiant ejus cui donatœ sunt et obligatio sit civilis.* Si Ulpien ne fournissait à ce sujet que cette loi l'opposition de doctrine avec Papinien serait manifeste et alors on pourrait simplement voir les deux tendances différentes entre jurisconsultes romains, mais ce qui complique la question c'est que dans la loi 23 Ulpien en rapportant l'opinion de Papinien commence par ces mots : *Papinianus recte putabat,* et semble ainsi approuver cette manière d'appliquer l'*oratio.* Ces deux textes ont donné naissance à différentes explications nous allons les passer rapidement en vue.

Premier système. — Ce système admet que les deux jurisconsultes ont chacun une opinion distincte, et expli-

que cette prétendue contradiction entre les deux jurisconsultes par l'existence de deux sénatus-consultes
rendus sur cette même matière. Le premier rendu
sous Septime Sévère, n'aurait simplement visé que
les *donationes rerum*, ce serait lui qui commenterait
Papinien, et son commentaire serait des plus exacts
comme le reconnait Ulpien, dans un passage que ce
dernier juriconsulte aurait probablement écrit avant le
second sénatus-consulte. Le second sénatus-consulte
serait celui de Caracalla il aurait alors généralisé la règle posée par le premier en l'étendant à toutes les sortes
de donations entre époux, ce serait alors à ce second
sénatus-consulte que l'explication d'Ulpien contenue
dans la loi 32 se rapporterait.

Cette explication ne nous parait pas concluante. En
dehors des textes que nous avons déjà cités dans un
autre chapitre en faveur de l'existence d'un seul sénatus-consulte, ajoutons ici qu'on ne s'explique pas bien
en admettant ce système, qu'Ulpieu en commentant le
second sénatus-consulte ait dit dans la loi 32 pr. *ut
aliquid laxaret ex juris rigore*, car cette sévérité de
l'ancien droit venait justement d'être modifiée par un
précédent decrèt du sénat. De plus, il est peu probable
que le sénat ait rendu à très peu d'années d'intervalle
deux sénatus-consultes sur le même sujet, le premier
ayant du être voté au temps où Caracalla était déjà associé à l'empire, c'est-à-dire en 198 au plus tôt (F. V.
§ 294) et le second datant de 206. Enfin il eut été bien

étrange qu'Ulpien ayant donné son adhésion à une opinion qui n'avait d'intérêt qu'au point de vue historique les compilateurs du Digeste aient jugé utile d'insérer le passage.

Deuxième système. — On décide dans ce système qu'il n'y a pas contradiction entre Papinien et Ulpien. On admet que le sénatus-consulte ne s'applique pas aux promesses de donation et on conclut à l'accord des deux jurisconsultes, en se basant sur les mots qu'Ulpien emploie dans la loi 23 : *Papinianus recte putabat*. En dehors de ce texte, ce système fait remarquer qu'il est tout naturel d'adopter deux solution différentes suivant que la donation a été exécutée par tradition ou qu'elle consiste simplement en une promesse. Dans le premier cas il est tout simple de supposer une ratification tacite de dernière volonté quand le donateur a persévéré jusqu'à sa mort dans les mêmes dispositions, dans le second cas au contraire cette ratification sera beaucoup moins évidente, surtout lorsque le donateur sera mort sans avoir mis à exécution sa promesse. Cette façon de voir, d'autre part, peut s'appuyer sur les termes mêmes de l'*oratio*, qui donne commme raison de son innovation la cruauté et la dureté qu'il y aurait de permettre à l'héritier du conjoint de reprendre les choses données par le défunt à son époux *heredem vero eripere durum et avarum esse*, ce reproche de dureté et d'avidité sur lequel s'appuyait le sénatus-consulte n'existait plus avec la même force quand l'héritier refusait d'exécuter la promesse, qu'avait faite le *de cujus* sans l'avoir mise avant sa mort à exécution. Du reste le mot *eripere* n'est pas ici employé par hasard et la même idée se rencontre encore dans la loi 32 § 14 qui dit en propres termes *qui donatum accepit* et dans le paragraphe 294 des F. V. qui se sert de ces mots *auferri non opertere.*

Aux arguments que présente ce système on objecte il est vrai, la loi 32 § 1 où Ulpien applique l'oratio *ad omnes donationes inter virum et uxorem factas* et la loi 32 § 25 ou le même auteur ajoute : *et generaliter universæ donationes quas impediri diximus, ex oratione valebunt.* De plus ce jurisconsulte ajoute dans la loi 32 § 1 *et obligatio sit civilis,* mots qui signifient que la donation pourra créer une obligation sanctionnée par le droit civil, et qui, au cas où un époux s'est constitué débiteur envers son conjoint *donationis causa,* voudront dire alors qu'il en résulte une obligation valable à la charge des héritiers.

On répond à ces objections que ces mots *et obligatio sit civilis,* visent le cas d'une créance contre un tiers cédée par un époux à l'autre au moyen de la *procuratio in rem suam* ; pendant la vie du cédant, le cessionnaire n'aurait aucun droit sur le cédé, aucune obligation envers lui, mais à la mort du cédant l'obligation du cédé deviendrait *civilis* envers le cessionnaire [1]. Que si Ulpien

[1] C'est l'explication que donne Pothier de ces mots. Pandectæ h, t. nᵒ 76,

dit sans doute que le sénatus-consulte s'applique à toutes les donations, on peut soutenir qu'il emploie ces mots comme dans plusieurs autres textes pour désigner seulement les donations actuellement exécutées, ce qui confirme cette manière de voir c'est qu'Ulpien dit au début de la loi 32 § 23 : *Sive autem res fuit quæ donata est, sive obligatio remissa.* Si cet auteur appliquait *l'oratio* à toutes les donations on ne comprendrait guère pourquoi, dans cette loi, il parle seulement d'une tradition effectuée et d'une remise d'obligation.

On oppose encore au système que nous exposons la loi 33 pr. § 3 dans laquelle Ulpien fait l'application suivante du sénatus-consulte. Il s'agit d'une stipulation d'une rente annuelle faite par le mari à la femme ou par la femme au mari, cette stipulation ne donnera durant le mariage aucune action à l'époux qui a stipulé, mais si l'époux donateur vient à mourir pendant le mariage la donation sera valable en vertu du sénatus-consulte : *posse dici stipulationem confirmari ex senatus-consulto* (pr). — *ex oratione donationem convalescere* (§ 2).

On explique ainsi dans ce second système cette décision d'Ulpien de façon à éviter l'objection. Les héritiers devront continuer à payer la pension promise parceque l'on considère dans cette loi la rente comme un tout unique au lieu de voir dans les différentes annuités qui ont été payées autant de créances distinctes, ce qui est du reste la façon d'envisager la rente dans le cas de *stipulatio mortis causa* (D. de mort. cons. donat. 1. 37 §

7). Dès lors la femme, qui a reçu de son mari pendant le mariage ces annuités, est donc déjà en possession de la rente et se serait en réalité lui enlever quelque chose que de permettre aux héritiers du mari de ne pas continuer le paiement de la rente, surtout dans le cas où le mari donateur a continué de payer jusqu'à sa mort les arrérages fixés, fait qui équivaut ici à une confirmation suprême.

En un mot, ces exemples supposeraient l'obligation exécutée et la confirmation dont parle ces textes consisterait en ce que la répétition en est interdite après la mort de l'époux donateur, et il ne s'agirait pas ici d'une simple promesse non encore réalisée, c'est encore en ce sens qu'il faudrait entendre ces mots *et obligatio sit civilis* qui visent le cas d'une obligation exécutée [1].

Il est une dernière objection que l'on fait à ce système. Il résulte des textes que les jurisconsultes romains à la suite du sénatus-consulte avaient assimilé la donation entre vifs, qu'un époux fait à son conjoint aux donations à cause de mort (D. 1. 32 § 1 h. t. — F. V. 294).

Or il est certain que les donations *mortis causa* peuvent se faire et par tradition et par *stipulation* (D. de mort. caus. donat. 11. 34 et 35 § 7) d'où l'on peut conclure que la mort du donateur confirme la donation faite à son conjoint au moyen de la stipulation et que

---

[1] Pothier adopte cette interprétation. Pandectœ h, t. n° 63.

le senatus-consulte s'applique aussi au cas de simples promesses non réalisées. A cet argument on reproche de se fonder sur une pétition de principe, car l'assimilation des donations entre vifs *inter virum et uxorem* aux donations *mortis causa* n'est qu'une conséquence de l'*oratio* et ne peut s'appliquer qu'aux donations confirmées dans les cas prévus par le sénatus-consulte et ce serait une erreur que de conclure des différentes façons dont peuvent se réaliser les donations *mortis causa* à la portée de l'*oratio*.

Ajoutons que ce système admet que l'état du droit fut changé par Justinien, car la nov. 162 cap. 1 est formelle.

Troisième système. — Le système, que nous préférons, admet que le sénatus-consulte s'applique à toutes les donations, même à celles faites par simple promesse. Il faut reconnaître alors une opposition de vue entre Papinien et Ulpien, le premier jurisconsulte, déterminé sans doute par l'expression *eripere* dont se sert le sénatus-consulte et par la situation plus favorable sans doute des héritiers du donateur au cas de simple promesse de donation, n'appliquait l'oratio qu'aux donations réalisées, aux *rerum donationes*. Ulpien au contraire appliquait le sénatus-consulte à toutes les donations et soit qu'elles transfèrent la propriété soit qu'elles créent une obligation civile il admetait leur confirmation si l'époux donateur ne les avait pas révoqués avant sa mort. (L. 32 § 1 h. t.) Aux arguments du second système, l'on répond que l'hypothèse imagine pour expliquer *et obligatio sit civilis* est trop recherchée et que le sens le plus naturel de cette phrase est de signifier que si l'un des époux s'est constitué *donationis causa* débiteur envers son conjoint il en decoulera une obligation valable à charge des héritiers, que cette phrase ne peut se rapporter à une obligation exécutée pour la bonne raison qu'il n'y a plus d'obligation après l'exécution et qu'ainsi on retombe dans le premier cas, où il s'agit d'une tradition et qu'alors il est invraisemblable qu'Ulpien dise d'abord : *ut et ipso jure res fiant ejus cui donatæ sunt* pour reparler ensuite en ces termes : *et obligatio sit civilis* de la même hypothèse.

Que si dans la loi 32 § 23, Ulpien ne parle que de *res donata* et d'*obligatio remissa* on aurait tort de conclure qu'il entend restreindre à cette double hypothèse l'application du sénatus-consulte. Le jurisconsulte n'entend que citer des exemples et la preuve c'est qu'aussitôt après, dans le même paragraphe, il ajoute : *et generaliter universæ donationes quas impediri diximus ex oratione valebunt.* Il est impossible de conclure d'une façon plus large, devant ces termes on est forcé d'admettre que le sénatus-consulte s'applique sans exception à toutes les donations qui étaient prohibées par l'ancien droit. Or Ulpien lui-même dans la loi 3 § 10 du même titre nous apprend que la promesse d'une donation faite entre époux était nulle d'après l'ancien droit : *et si stipulanti promissum sit... nihil valet* on est donc forcé d'admettre que l'oratio s'appliquait aussi à ces promesses à moins de supposer gratuitement que si Ulpien entendait faire une exception aussi considérable, il eut oublié cette disposition de l'ancien droit au moment où il posait cette règle générale.

Ulpien enfin applique l'oratio dans la loi 33, pr. et § 2 au cas de stipulation d'une rente annuelle, l'explication que le second système donne de cette loi est trop subtile et puis il faut bien admettre que si la loi 33 refuse au mari ou à la femme l'action *ex stipulatu* pendant le mariage et déclare la donation confirmée par le décès du promettant c'est qu'apparemment cette action sera au moins ouverte après la dissolution du mariage.

Il nous reste à expliquer maintenant la contradiction qui semble résulter des différents textes d'Ulpien qui dans la loi 23 approuve l'opinion de Papinien et qui dans les autres lois citées étend le sénatus-consulte à toutes les donations.

Faber suivi par Lohr[1] propose de retrancher de la loi 23 le mot *recte* qui aurait été ajouté par les compilateurs de sorte qu'Ulpien n'aurait fait dans cette loi que rapporter l'opinion de Papinien sans l'approuver.

Savigny[2] conserve le mot *recte* et il admet qu'Ulpien avait dû réfuter Papinien, il suppose que les compilateurs n'ont conservé sans changement que la partie du

---

[1] Faber. Conject. L. 2. C. 8 (10-11) Lohr. p. 241.
[2] Savigny, tome IV, n° 164.

texte d'Ulpien se rapportant aux *rerum donationes* où ce
jurisconsulte approuvait l'opinion de Papinien, mais il
ajoute que dans la seconde partie de la loi Ulpien con-
tredisait Papinien au sujet des donations par stipulation
et avait du écrire *non recte putabat,* et ce serait alors
les compilateurs du Digeste qui, pour supprimer tout
désaccord entre ces deux jurisconsultes auraient supprimé ce second *recte* d'Ulpien : en donnant suivant leur
habitude la prépondérance à l'opinion de Papinien.

Machelard [1] critique cette opinion de Savigny et fait
remarquer qu'on prête là à Ulpien un langage peu naturel ; car approuver la première proposition de Papinien qui énonce évidemment une restriction dans la
portée du sénatus-consulte c'est s'engager en quelque
sorte à ne pas critiquer le développement de cette inter
prétation, qui se trouve dans l'efficacité refusée à contrario aux stipulations, or Ulpien désapprouvait l'opinion de Papinien, il est donc peu probable qu'il eut procédé de la sorte.

Cet auteur propose donc la correction suivante, comme
Faber il supprime le mot *recte* qui pour lui n'a été
ajouté que par les compilateurs, et il admet qu'Ulpien
repoussait l'opinion de Papinien, les rédacteurs des Pon-
dectes obéissant à l'usage de donner la prépondérance à
l'avis de Papinien auraient supprimé la partie critique
du texte d'Ulpien et aurait laissé simplement celle où

[1] Machelard. Textes de droit romain, troisième partie, § 4.

ce jurisconsulte exposait la doctrine de Papinien seulement il auraient intercalé le mot *recte* pour faire disparaître toute divergence d'opinions entre ces deux jurisconsultes, sans songer qu'ils avaient conservé d'autres textes d'Ulpien où subsistait cette divergence.

Le système enfin que nous préférons et qui étend a toutes les donations entre époux le sénatus-consulte a encore en sa faveur un rescrit de l'empereur Alexandre Severe (C. de dot. caus. 1. 2) dans lequel cet empereur valide une donation entre époux sans faire de distinction pour savoir si elle a été ou non exécutée du vivant du donateur. Voici l'espèce : un mari dans le but de faire une donation à sa femme, lui a reconnu une dot plus forte, que celle qu'elle lui a apportée réellement, l'empereur décide que la femme pourra agir en vertu de cette augmentation contre les héritiers du mari, si d'ailleurs ce dernier n'a pas révoqué la donation avant sa mort.

Justinien lui-même adopte cette manière de voir et dans la novelle 162, il alla jusqu'à conférer efficacité aux simples pactes dans les donations et a fortiori reconnut-il la même force à la stipulation : *si quidem stipulatio intervenit per ex stipulato* (cap. I. § 1 in fine).

CHAPITRE IV

DES CAUSES QUI FONT OBSTACLE A LA CONFIRMATION DES
DONATIONS ENTRE ÉPOUX.

Nous avons vu que, pour que la donation fut valable
d'après le sénatus-consulte, il fallait que le conjoint donateur fut mort le premier sans avoir changé de volonté.
Dans les cas de révocation et de prédécès du donataire;
la donation était sans effet. Etaient-ce là les seules hypothèses où le sénatus-consulte ne validait pas les donations ? Non pas, car nous voyons encore à notre titre
que la captivité, le divorce, l'esclavage, certaines condamnations, l'émancipation, l'insolvabilité de l'époux
donateur empêchaient aussi la confirmation des donations entre époux. Dans ce chapitre nous allons examiner successivement ces différentes causes qui font
obstacle à l'application de l'oratio.

§ I. — Révocation.

Les donations entre époux étaient toujours révocables
au gré du donateur, c'est là encore un point de ressem-

blance entre ces donations et la *donatio mortis causa.* Le conjoint donateur peut toujours changer d'avis sans avoir besoin d'alléguer aucun motif, c'est une garantie d'entière liberté vis-à-vis de son conjoint, que le sénatus-consulte a pris soin de lui donner en annulant l'ancienne prohibition : *Fas esse, eum quidem qui donavit pœnitere* (L. 32, § 2, h. t.)

Bien plus, le donateur après avoir révoqué la donation pouvait revenir sur sa décision et par un nouveau changement de volonté refaire à son conjoint la même donation, Or comme le donateur pouvait souvent changer d'avis, on se plaçait au moment de sa mort pour savoir qu'elle avait été son intention dernière, et suivant que celle-ci était ou non favorable à la donation, on admettait ou on n'admettait pas la confirmation des libéralités qu'il avait faites à son conjoint sans tenir compte des nombreux changements de volonté qu'il aurait pu manifester de son vivant. Ulpien à ce sujet compare l'incertitude des donations entre époux à celle des legs et des fidéicommis : *ut sit ambulatoria voluntas ejus usque ad vitæ supremum exitum* (L. 32, § 3, h. t.)

Mais pour annuler les donations entre époux il fallait une manifestation non équivoque de la volonté du donateur, en cas de doute sur l'intention du donateur on devait de préférence admettre la validité de la donation : *Quod si ex obscuro sit proclivior esse debet judex ad comprobandam donationem.* (L 32 § 4. h. t.)

Le mari était censé avoir révoqué la donation faite à sa femme, lorsqu'il avait aliéné les choses dont elle se composait par donation, par vente ou à tout autre titre. On voyait là une manifestation, pour le mari de ne pas persévérer dans sa première intention et, sans qu'il y ait besoin en plus d'une déclaration expresse, on la trouvait suffisante (C. l. 12, eod. tit.)

Cette loi donne à ces actes en matière de donations entre époux une portée bien plus grande que celle que leur donne les Institutes en matière de legs (Inst. II. 20 § 12). Car, dans l'opinion qui avait prévalu, l'aliénation de l'objet légué ne vaut révocation du legs qu'autant qu'elle a été faite *adimendi animo*.

L'hypothèque suffirait-elle pour faire présumer chez le donateur l'intention de révoquer sa libéralité, en supposant qu'elle ait été constituée postérieurement à la donation? Oui en principe, car nous voyons la loi 32 § 5 à notre titre au Digeste dire : *Si maritus ea quæ donaverit pignori dederit, utique eum pœnituisse dicemus,* et la loi 12 du même titre au Code assimiler l'hypothèque de l'objet donné à sa vente et annuler dans les deux cas la donation. Néanmoins cette solution n'était pas absolue et, si le donateur voulait quand même maintenir la donation, il le pouvait ; on présumait même que telle était son intention lorsqu'il avait laissé les biens hypothéqués en possession du conjoint donataire. Dans ce cas, ce dernier devait désintéresser le créancier et pouvait même obtenir par l'exception de dol la cession

des actions qu'avait le créancier, de façon à être à l'abr
dans le cas, où son conjoint lui redemanderait les objets donnés. (L 32 § 5 h. t.)

Ajoutons que dans le dernier état du droit la constitution d'hypothèque n'entraîne jamais révocation de
la donation. C'est ce que décide Justinien dans la Novelle
162, cap. 1 § 1.

Dans le cas où le donateur avait affranchi l'esclave
donné à son conjoint il y avait là une véritable aliénation et la donation était révoquée. Mais dans le cas où
le donateur avait affranchi l'esclave donné à son conjoint, en l'instituant son propre héritier [1] que décider?
Devait-on voir dans cet acte une révocation de la donation, ou bien une acquisition de l'hérédité faite par
l'esclave au profit de l'époux donataire resté son maître?
Ulpien examine cette hypothèse (L. 22, h. t.) et pense
qu'elle doit se résoudre d'après l'intention du donateur.
Si le testateur n'a fait cette institution d'héritier que
parcequ'il se repentait de la donation, l'esclave dans ce
cas deviendra l'héritier nécessaire du de cujus et la
donation sera annulée ; si l'intention de révoquer la donation n'existait pas, l'esclave ne sera pas héritier

[1] La loi 22 à notre titre suppose l'institution de l'esclave héritier faite *cum libertate*. Ce legs de liberté était utile avant Justinien (Gaïus II §§ 186, 187) mais une fois ce prince l'institution
comme héritier d'un esclave le rendait, sans qu'il soit besoin d'un
legs spécial, libre et héritier sien et nécessaire du défunt (Inst. II.
14 pr. et § 1).

pour lui-même mais recueillera pour le conjoint donataire dont la donation sera alors maintenue. Si l'institution de l'esclave avait précédé la donation cette dernière devait avoir la préférence.

§ II. — **Prédécès du donataire.**

Le predécès du donataire était un obstacle à la confirmation de la donation, le sénatus-consulte le décidait
expressément : *si prior vita decesserit qui donatum accepit* (L. 32 § 14 h. t.). Cette règle n'offrait aucune difficulté quand un certain temps s'était écoulé entre le
décès du donataire et celui du donateur. Mais que décider lorsque les deux époux avaient péri dans un même
accident tel qu'un naufrage, un éboulement, un incendie, etc., sans qu'il soit matériellement possible de savoir
lequel était mort le premier ? On maintenait dans ce cas
la donation en se basant sur les termes même de l'*oratio*;
car d'après le sénatus-consulte, pour qu'il y ait révocation de la donation il fallait prouver le prédécès du donataire or dans l'espèce cette preuve était impossible.
Sans doute l'*oratio* n'avait pas prévu cette hypothèse
mais on appliquait ici les règles de la *donatio mortis
causa*; or dans le cas où deux personnes se sont mutuellement donné à cause de mort, si elles viennent à
périr dans le même événement il faudra décider que les
deux donations resteront valables et que la répétition
ne pourra être exercée pour aucune d'elles, car les héritiers,

qui voudraient reprendre la donation, seraient dans l'impossibilité de prouver le prédécès du donataire. Cette solution est toute naturelle dans le cas de donation à cause de mort entre étrangers, cas où la propriété le plus souvent était immédiatement transférée au donataire ; mais entre époux il n'en était plus de même, la tradition opérée ne consommait pas l'aliénation et le donateur avait toujours la revendication, alors n'eut-il pas été plus logique de décider qu'en cas de mort simultanée des deux époux la donation devrait être annulée, les héritiers du donataire n'étant pas à même de prouver que ce dernier avait réellement acquis l'objet de la donation, preuve qui ne pouvait résulter que du prédécès du donateur. Par faveur pour les donations entre époux on repoussa ce second système et on leur appliqua les règles des donations à cause de mort, Ulpien décidait ainsi (L. 32 § 14 h. t.) C'était eucore l'avis de Paul (D. de reb. dub. 1. 8) et de Marcien (D. de mort. caus. donat. 1. 26.).

On validait de même les donations réciproques que les deux époux s'étaient faites.

§ III. — Captivité encourue par les époux.

La captivité de l'un des époux donnait lieu, en ce qui concerne les donations entre époux, à l'application des règles ordinaires. A Rome lorsqu'un citoyen tombait au pouvoir de l'ennemi, il était censé n'avoir jamais été esclave. Parvenait-il à s'échapper, en vertu du *postlimi-nium* on supposait qu'il n'avait jamais été captif (D. de capt. et postl. 1. 12 § 6, 1. 16.) Mourait-il, au contraire, en captivité, grâce à la fiction de la loi Cornélia on le supposait mort au moment même où commençait sa captivité (D. 1. 18, eod. tit.). Mais la fiction du *postlimi-nium* ne maintenait pas le mariage quand le mari était captif, on le considérait comme dissous au moment où commençait la captivité ; après le retour du mari, il est vrai, la femme pouvait renouer le mariage, mais il n'avait d'effet que pour l'avenir seulement. (D. 1. 12. § 4, 1. 14, § 1, eod. tit.) Le *postliminium* s'appliquait dans le cas seulement où les deux époux avaient été faits pri-sonniers ensemble et revenaient ensemble dans leur foyer, la loi 25 du même titre décide dans ce cas que l'enfant qu'ils auraient eu en captivité était *justum et in potestate patris*.

En ce qui concerne les époux, différents cas pouvaient se présenter.

Le donateur mourait-il en captivité, on le supposait mort du jour où il avait été pris, la donation produisait son effet pourvu que le conjoint donataire existât au moment où commençait la captivité du donateur. (C. de donat. int. vir. et ux. 1. 27).

Le donataire mourait-il en captivité, par suite de la même fiction, on le supposait mort du jour où avait commencé sa captivité, et la donation ne produisait au-cun effet bien que le donateur fut mort sans avoir changé d'intention, avant la date réelle de la mort du donataire. Le donataire revenait-il au contraire de captivité, il était censé ne jamais avoir été fait prisonnier et, dans le cas où le donateur était mort sans avoir changé de volonté, la donation était valable (C. 1. 27, h. t.).

Mais, où la question est plus délicate, c'est quand les deux époux, après s'être fait une donation réciproque tombaient au même moment en captivité, et mouraient à une date différente étant toujours en captivité. Trois solutions étaient possibles : 1° considérer les époux grâce à la fiction de la loi Cornélia comme morts tous les deux au même moment et valider alors les donations comme dans le cas des *commorientes* ; 2° annuler les deux donations parce que le mariage s'est trouvé résolu du vivant des époux et que les donations entre époux ne sont valables que si le mariage subsiste ; 3° tenir compte de l'ordre des idées et annuler seulement la donation faite au prémourant. Ulpien dans la loi 32, § 14 à notre titre au Digeste se prononce en faveur de la première solution et considère les époux comme morts au moment de leur captivité et valide par conséquent les donations. Nous avons supposé que les deux conjoints étaient morts en captivité, mais si l'un d'eux seulement revenait, il était censé, à cause de son retour, avoir survécu à l'autre, même dans le cas où il serait mort le premier, l'autre mourant après, mais en captivité (L. 32, § 14 in fine h. t.).

§ IV. — Divorce.

Le divorce empêchait la confirmation de la donation faite durant le mariage. C'est ce que nous apprend la loi 62 § 1 à notre au titre Digeste : *divortio facto, non confirmabitur inter virum et uxorem facta donatio*. La loi 18 du même titre au Code nous dit de son côté que la donation faite par le mari à sa femme durant le mariage ne peut devenir valable lorsqu'il y a eu divorce.

La donation dont nous parlent ces lois est une donation ordinaire entre époux, qu'il ne faut pas confondre avec la donation faite *divortii causa*. Cette donation ainsi que nous l'avons déjà vu, était permise sans aucune restriction entre époux, pourvu que le divorce fut sérieux, et avait ceci de particulier que le divorce ne l'annulait pas, puisqu'elle était faite justement en vue de cet évènement.

Pour annuler la donation, il fallait qu'il y ait un divorce, s'il y avait eu simplement un léger refroidissement (*fribusculum*) entre les époux, ou que ces derniers aient habité longtemps séparés l'un de l'autre, sans rompre néanmoins le lien qui les unissait, comme cela arrivait quelquefois à des personnes de rang consulaire, le sénatus-consulte s'appliquait et dans ces cas le prédécès du donateur pouvait rendre valable la donation (L. 32. §§ 12, 13).

Même en cas de divorce, l'annulation de la donation

n'était pas la règle absolue, on maintenait la donation lorsque telle était la volonté de l'époux donateur (L 32 § 10).

Si, après le divorce, le mariage se rétablissait, on s'en tenait encore à la volonté de l'époux donateur, s'il avait persévéré dans sa première intention de faire une donation à son conjoint et qu'il vint à mourir pendant que le mariage ainsi rétabli subsistait, on déclarait la donation valable (L 32 § 11 — L 62 § 1 h. t.)

Dans l'ancien droit, le père de famille, qui avait conservé la puissance paternelle sur son enfant marié pouvait lui imposer le divorce et signifier lui-même la répudiation. Ce pouvoir de la puissance paternelle n'exista que jusqu'à Antonin le Pieux (Paul. Sent V. 6. § 15) peut-être même jusqu'à Marc-Aurèle (C. de rep. l.5) [1]. Néanmoins bien que supprimé il laissa des traces en ce qui concerne les donations entre époux. Ainsi l'envoi d'un libelle de divorce fait pour le beau-père à sa bru rendait nulle la donation qu'il lui avait faite : *si socer nurui nuntium miserit, donatio erit irrita* ; bien qu'en ce cas le mariage ne cesse point de subsister si le mari et la femme restent unis, on considérait, néanmoins, en vertu de cet ancien pouvoir, le mariage comme rompu en ce qui concernait le rapport du beau-père et de la bru (L 32 § 19 h. t.). On décidait de même dans le cas où les deux beaux-pères s'étaient fait une donation

---

[1] Accarias. Précis de droit romain T. I, n° 98.

réciproque *si invitis filiis nuntium remiserunt*. (L. 32
§ 20 h. t.

§ V. — Esclavage.

Un des époux pouvait devenir esclave d'un particulier, soit qu'ayant été affranchi, il retombât par suite
de son ingratitude sous la puissance de son ancien
maître, soit que s'étant laissé vendre comme esclave
en vue de partgeer le prix avec son vendeur, il fut
attribué comme esclave à l'acheteur de bonne foi (Inst.
I. 16 § 1).

Dans ce cas, que ce soit l'époux donateur ou l'époux
donataire, qui fut devenu esclave d'un particulier, on
annulait la donation (L. 32 § 6 h. t.)

Ou aurait pourtant pu objecter que l'esclavage étant
comparé à la mort : *morti servitus comparatur*, dans le
cas où ce serait l'époux donateur qui deviendrait esclave, on aurait dû, la condition à laquelle la donation
était subordonnée se trouvant réalisée, faire bénéficier de
la donation l'époux donataire qui survivait. On repoussait cette solution pour cette raison que si la donation
entre époux ne produisait d'effet qu'à la mort du donateur, elle exigeait, de même que les dispositions testamentaires, qu'il y ait capacité chez le donateur au moment de sa mort ou de l'événement qui en tenait lieu ;
or l'esclavage entraînait la *maxima capitis deminutio*,
il était donc impossible ici de valider la donation même

en recourant à la fiction *morti servitus comparatur*. C'est ce que décide Ulpien dans notre loi qui prévoit ainsi l'objection et passe néanmoins outre.

§ VI. — Condamnation

A l'époque classique certaines condamnations entraînaient l'esclavage et par conséquent la nullité de la donation, c'étaient les condamnations *ad metallum*, *ad opus metalli*, *ad bestias* et toutes les condamnations à mort, ces esclaves s'appelaient *servi pœnæ* (Inst. I. 12 § 3 — I. 16, § 1.)

On annulait encore la donation lorsque le donateur pour éviter une condamnation se tuait, car on voyait là un aveu tacite du crime, en vertu duquel on confisquait les biens du mort comme s'il y avait eu une condamnation irrévocable (D. de bon. eor. l. 3 — de donat. int. vir. et ux. l. 32 § 37).

Bien plus la mort même naturelle d'un accusé dans le cas de crime de haute trahison n'arrêtait pas le procès et on pouvait condamner sa mémoire. (D. ad leg. Jul. majest. l. 11). Si l'époux donateur était mort sous le coup d'une telle accusation et que sa mémoire fut condamnée, *memoria ejus damnata*, on annulait encore la donation (l. 32 § 7 h. t.) car en vertu de rétroactivité on considérait le donateur comme déjà condamné au moment de sa mort. Par faveur néanmoins on permettait au militaire, qui avait encouru une condamnation à la peine

capitale par suite d'un crime militaire, de disposer de
ses biens par testament (D. de inj. rupt. test. 1. 6 § 6).
Il lui fallait demander une autorisation; lorsque celle-ci
lui était accordée, elle s'étendait aussi aux donations
qu'il avait faites à sa femme, car celui qui peut tester
peut donner *mortis causa* et nous savons que la donation entre époux était assimilée à la *donatio mortis causa*
(L. 32 § 8 h. I.).

Constantin par une constitution rendue en l'an 321
(C. de donat. int. vir. et ux. 1. 24) décida que la condamnation à mort, ou que l'esclavage résultant d'un
jugement criminel auraient pour conséquence de valider la donation que le mari aurait faite à sa femme
avant sa condamnation. On considérait alors ce dernier
comme mort au moment du jugement.

Cette constitution indique un revirement en ce qui
concerne ces donations, désormais s'est l'intérêt de
l'époux innocent qui l'emporte et on lui laisse le bénéfice d'une donation, qu'il n'a pas cessé de mériter. Cette
décision a une portée générale et il faudrait aussi
l'étendre aux cas où le donateur se serait tué pour échapper à une condamnation et où sa mémoire aurait été
flétrie.

Ajoutons que l'esclavage résultant de la condamnation *ad metallum* disparait sous Justinien (nov. 22.
cap. 8) et que le mariage n'était plus dissous par cette
condamnation.

§ VII. — Emancipation.

Dans certains cas l'émancipation était un empêchement à l'application du sénatus-consulte, Lorsque le
donateur faisait une donation à une personne sous la
puissance de laquelle était son conjoint, nous avons vu
qu'il était censé la faire au conjoint lui-même ; si cette
personne émancipait ensuite le conjoint du donateur, il
y avait alors une donation qu'on ne pouvait plus considérer comme faite entre époux et en conséquence on n'appliquait pas le sénatus-consulte. Il en était ainsi dans
l'hypothèse où le beau-père faisait une donation à l'autre beau-père et qu'ensuite l'un de ces beaux-pères ou
tous les deux, émancipaient les conjoints qu'ils avaient
sous leur puissance.

Dans ces cas on annulait les donations, cette annulation n'avait pas grande importance car le bien de puissance étant rompu le même donateur pouvait faire à
l'avenir librement des donations au même donataire
sans recourir au sénatus-consulte qui ne prévoyait pas
ces hypothèses (L. 32, § 21).

§ VIII. — Insolvabilité du donateur.

Lorsque le donateur était mort sans avoir révoqué la
donation, qu'il avait faite à son conjoint, mais était devenu insolvable, deux solutions étaient possibles. Où
donner aux créanciers l'action Paulienne et annuler la

donation entre époux, qu'autant que ceux-ci auraient prouvé la mauvaise foi du donateur (D. quœ in fraud. cred. 1.6, § 11), en un mot agir dans ce cas comme pour tout acte juridique diminuant le patrimoine du *de cujus*.

Où appliquer les règles concernant les donations *mortis causa* qui, à l'instar des legs, étaient sans valeur aucune à l'égard des créanciers, quand elles émanaient d'un débiteur insolvable(D. de mort. caus. donat. 1. 17).

Dans le cas d'insolvabilité du donateur nous croyons, étant donné la tendance de la jurisprudence, une fois le sénatus-consulte, d'assimiler les donations entre-vifs *inter virum et uxorem* aux donations *mortis causa*, qu'on devait adopter la seconde solution et déclarer dans ce cas les donations entre époux nulles de plein droit: *quasi testamento sit confirmatum quod donatum est* (L. 32, § 1 in fine. h. t.). Dans ce cas donc, malgré la persévérance du donateur dans ses mêmes intentions de libéralité vis-à vis de son conjoint le sénatus-consulte ne pouvait s'appliquer.

ic. La question avait embar-
APPENDICE I

RÉFORMES DE JUSTINIEN

Justinien avait décidé que désormais les donations
entre vifs pourraient se former par simple pacte (C. de
donat. 1. 35, § 5). La question de savoir si cette nouvelle
règle s'appliquait aussi aux donations entre époux était
douteuse, on aurait pu fort bien décider, étant donné l'assimilation de ces donations aux donations *mortis causa*,
qu'il était nécessaire pour les parfaire de recourir comme
pour ces dernières à une tradition, à une promesse ou
à un tout autre acte juridique. La question avait embar-
rassé le barreau d'Illyrie, il la soumit à l'empereur. Justinien décida que les règles de la donation entre vifs
devaient s'appliquer aussi aux donations entre époux,
en conséquence la convention de donner entre époux
produisait effet indépendamment de tout acte juridique,
et l'époux donataire avait une *condictio ex lege*. C'est en
les termes suivants que Justinien fait cette innovation :
Et sancimus et traditionem ipsam (sive intervenit) dare

*ipsi exceptionem, sive non intervenit, præbere et exactio-
nem, si quidem stipulatio intervenit : per ex stipulato :
sin minus per ex lege condictitiam ad consequendum
id, quod donatum est* (Nov. 162, cap. I, § 1).

Par cette décision Justinien fit rentrer ces donations
dans leur véritable nature de donations entre vifs. Cette
innovation ne fut pas la seule, ce prince soumit encore
ces donations entre époux à la formalité de l'insinuation.

Avant cet empereur les donations entre époux n'a-
vaient pas besoin d'être insinuées. L'insinuation des
donations était déjà usitée avant le quatrième siècle,
mais n'était pas obligatoire (F. V. §§ 266, 268) elle ne fut
imposée que par l'empereur Constance Chlore (C. Th.
de sponsal. l. 1), mais cet empereur dispensa de cette
formalité les donations faites entre les *personæ exceptæ*
de la loi Cencia, or nous avons déjà vu que parmi ces
personnes figuraient les époux.

Constantin conserva la règle édictée par son père
Constance-Chlore, et l'étendit à toutes les donations. Il
semblerait donc résulter qu'une fois cette réforme de
Constantin, les donations entre époux devront aussi être
insinuées, il n'en était cependant rien pour la raison
que le sénatus-consulte de Caracalla, qui régissait alors
ces donations, n'avait pas aboli en principe l'ancienne
prohibition des donations entre époux, mais avait simplement apporté un tempérament à cette règle, or il en
résultait que jusqu'à la mort du donateur il n'y avait

pas de donation valable comment donc alors aurait-on pu l'insinuer.

Il fallait pour cela une loi. Cette loi fut faite par Justinien en 528 et constitue la loi 25 de notre titre ou Code. Cette empereur décide que les donations faites par un époux à l'autre ne seront valables que si jusqu'à sa mort le donateur ne les a pas révoquées et que si elles ont été insinuées, lorsqu'elles dépassent ou atteignent la somme qui exige l'insinuation.

Qu'elle était cette somme ? Elle fut fixée d'abord conformément aux règles qui régissaient alors l'insinuation à deux cents solides (C. Th. de sponsal, 1. 1 § 2) Puis Justinien en 526 n'exige l'insinuation que pour les donations dépassant trois cents solides (C. de donat, 1. 34 pr.) enfin ce même empereur en 531 porta cette somme à cinq cents solides (C. de donat. 1. 36 § 3.)

La règle signifie donc que les donations entre époux excèdant cinq cents solides n'étaient valables que si elles avaient été insinuées. Faute d'insinuation elles ne pouvaient valoir que jusqu'à concurrence de cinq cents solides. Mais si le donateur les confirmait spécialement dans un acte de dernière volonté on les admettait comme valables, qu'elles aient ou non été insinués, cependant, encore dans ce cas, il y avait une différence suivant que la confirmation ait été où non précédée de l'insinuation. Lorsque la donation avait été régulièrement insinuée, ou dispensée de cette formalité comme ne dépassant pas cinq cents solides la confirmation résultant du prédécès du donateur ou d'un acte de dernière volonté la faisait rétroagir suivant la régle générale au jour même de la convention, ou de l'insinuation. Simplement confirmée la donation ne valait que pour l'avenir à partir seulement du moment de la confirnation. Par cette loi Justinien revenait au droit antérieur à l'*oratio Antonii* car il exigeait une confirmation expresse par acte de dernière volonté tandis que le sénatus-consulte se contentait d'une simple présomption basée sur la non révocation du donateur (C.1.25, h.t.).

Ajoutons que les donations faites par l'empereur à l'impératrice étaient valables sans aucune formalité, exception que le rang des personnes suffit à expliquer. (C.1. 26 h. t.).

Voici donc les innovations de Justinien, elles ont pour but, avons-nous dit, de rendre aux donations entre époux leur véritable caractère de donation entre-vifs et de repousser l'assimilation qui avait été faite par la jurisprudence de ces donations aux donations *mortis causa*.

Pourtant Justinien n'a pas été jusqu'à abroger la nullité, qui en principe frappait les donations entre époux et jusqu'à les déclarer valables dès le principe sauf révocation, comme devait le faire plus tard le code civil en son article 1094. — La réforme de Justinien a été seulement, dans le cas de confirmation tacite du donateur résultant de sa persévérance dans la même intention jusqu'à sa mort, de faire produire à la donation ainsi confirmée tous les effets d'une donation entre-vifs.

Cela résulte des termes de la constitution 25. Cette constitution examine, comme nous venons de le voir, l'hypothèse où une donation a été faite entre époux ; dans l'hypothèse en question on suppose que la donation a été faite comme donation entre-vifs, autrement elle serait valable, qu'elle a été insinuée et que le donateur a persévéré dans la même intention jusqu'à sa mort, en conséquence la donation se trouve confirmé en vertu du S. C, mais avec une pleine rétroactivité aussi complète, dit notre loi, que celle qui résulte de l'approbation des actes d'un gérant d'affaires : *sicut ad alias ratihabitiones negotiorum gestorum ad illa reduci tempora oportet.* Mais cette ratification, aussi complète que la suppose la loi, ne peut changer la nature qu'avait l'acte à l'origine, or cet acte était une donation entre-vifs par suite de la suppression de la nullité qui le frappait, il est valable, mais toujours comme donation entre-vifs.

Le système de Justinien se rapproche beaucoup de celui suivi par le code civil. Une différence pourtant existe.

Dans le système de Justinien c'est par suite du principe de la rétroactivité que la donation entre époux produit les effets d'une donation entre vifs, au contraire dans le système du code la donation entre époux constitue par elle-même et des le moment où elle a été faite une donation entre-vifs.

APPENDICE II

———

DES SECONDS MARIAGES

Il nous reste un mot à dire de l'influence qu'avait la condition d'époux remarié sur nos donations.

Au début, cette qualité d'époux remarié n'entraînait aucune incapacité ; le conjoint remarié pouvait sans aucune limitation faire des donations à son nouvel époux. Cette faculté concordait avec l'ensemble des mesures prises par les lois Julia et Papia Poppœa en vue de favoriser les mariages et d'augmenter ainsi le nombre des citoyens romains

Le droit des enfants du premier lit était ainsi sacrifié, il y avait là une situation digne d'intérêt qu'il fallait protéger, les empereurs chrétiens ne manquèrent pas de le faire.

Gratien, Valentinien II et Théodose I réagirent contre cette liberté absolue laissée au conjoint remarié par une constitution datée de 382. Cette constitution forme la loi 3 du titre *de secundis nuptiis* au Code, elle est souvent dénommée sons le nom de constitution *fœmi-nœ quœ* d'après les premiers mots dont elle commence.

Voyons quelles sont les innovations qu'elles contient La femme qui se remarie après le temps fixé pour son deuil.[1], doit transmettre à ses enfants du premier lit toutes les libéralités de son premier mari : *quicquid ex facultatibus priorum maritorum sponsalium jure, quicquid etiam nuptialum jure, quicquid etiam nuptiarum solemnitate perceperint, aut quicquid mortis causa donationibus factis, aut testamento jure directo, aut fideicommissi vel legati titulo, vel cujuslibet munificœ liberalitatis prœmio, ex bonis (ut dictum est) priorum maritorum fuerint adsecutœ id totum ita ut perceperint integrum ad filios, quos ex prœcedente conjugio habuerint transmittant.* (C. l. 3, eod. tit.) Cependant elle pouvait transmettre tous ces biens à l'un seulement de ses enfants du premier lit.

La femme conserverait néanmoins l'usufruit de ces biens, si elle venait à les aliéner elle devait les rempla-

[1] Cette durée du deuil était fixée à un an, cette règle étant fort ancienne l'année dont il est en question fut probablement la primitive année romaine de dix mois (F. V. § 321). Sous les empereurs chrétiens ce temps fut porté à douze mois (Nov. 39, cap. 2). Si la femme se remariait avant ce temps elle encourait l'infamie. Dans ce cas les mêmes empereurs avaient déjà décidé en 380 (C. de secund. nup. l. 1) que la femme ne pourrait donner à son second mari en dot ou par testament plus du tiers de ses biens et qu'elle serait privé de tout ce que son premier mari lui avait laissé par acte de dernière volonté.

cer sur ses propres afin que tous ces biens, dit la loi, parviennent intacts aux enfants du premier lit (C. 1. 3, pr. h. t.).

Si un enfant du premier lit venait à mourir la mère remariée ne pouvait rien recueillir ab intestat ou par testament de cet enfant, tous ses biens allaient à ses frères et sœurs germains.

Jusqu'à présent nous avons supposé que la femme remariée avait eu des enfants de son premier mariage, dans le cas au contraire où elle n'en aurait pas eu, ou, ce qui revenait au même, s'ils étaient tous morts, elle conservait la pleine propriété de tous les biens que lui avait donnés son premier mari et pouvait les aliéner ou en disposer par testament en faveur de qui bon lui semblerait (C. 1. 3 § 1, h. t.). Les empereurs Théodose II et Honorius décidèrent dans la suite par une loi datée de l'an 422 (C. 1. 4, h. t.) que les enfants du second lit recueilleront seuls les libéralités que leur mère avait reçues de son second mari. Cette loi ne faisait en somme qu'appliquer par un juste sentiment de réciprocité la constitution *feminæ quæ* aux enfants des autres lits, et à l'imitation de cette loi elle décidait que dans le cas où le second mariage n'aurait pas donné d'enfants, les libéralités faites lors des fiançailles par le second mari à sa femme lui appartiendraient en toute propriété, quand bien même il serait prouvé que ce dernier les avait laissées aux enfanfs nés du premier mariage.

Les constitutions que nous venons de citer ne visaient que les veuves. Les empereurs Théodose II et Valentinien III décidèrent en 444 que leurs dispositions s'appliqueraient aussi aux veufs (C. l. 5 h. t.).

Ces empereurs décidèrent en outre par la même constitution que les enfants, pour profiter des avantages que leur donnaient les précédentes lois, n'auraient pas besoin d'accepter l'hérédité de leur père ou mère qui était mort le premier, il leur suffisait d'accepter la succession de celui qui mourait le dernier ; *scilicet si ejus qui posterior moritur hereditatem crediderint abeundam* (C. l. 5 § 1 h. t.).

Ces différentes lois ne conservaient aux enfants du prémier lit que les biens venant de leur père ou mère prédécédé et ceux qu'avait donnés à l'époux survivant son premier conjoint. Ce n'était pas encore une protection suffisante car leur auteur remarié pouvait donner tous ses autres biens à son nouveau conjoint. Les empereurs Léon et Anthemius par une constitution datée de 469 connue sous le nom de constitution *hoc edictali* (C. l. 6. h. t.) remédièrent à l'abus que pouvait donner cette liberté laissée au conjoint remarié. Ils décidèrent que l'époux qui se remarierait, *pater materve*, ne pourrait donner à son nouvel époux soit par testament ou codicille, soit à titre de legs ou de fidéicommis, soit à titre de dot ou de donation *ante nuptias* soit par donation à cause de mort ou entre-vifs une part supérieure à celle qui devait revenir aux enfants du premier mariage,

Lorsque les enfants n'avaient pas tous la même part,
la quotité dont pouvait disposer l'époux remarié était
égale à ce qui devait revenir à l'enfant le moins prenant, enfant qui ne pouvait jamais avoir moins que la
légitime, qui se trouvait ainsi fixer dans cette hypothèse la quotité disponible entre époux remariés. Lorsque la donation excédait la quotité permise elle était
censée non écrite pour ce qui dépassait cette quotité, et
le surplus était partagé entre les enfants.

De plus, ces empereurs, pour garantir aux enfants la
part qui leur revenait ainsi des biens de leur mère, frap-
pèrent tous les biens de cette dernière d'une hypothèque
en leur faveur (C. 1. 6 § 2 h. t.).

Justinien apporta de son côté différentes modifications à cet état de choses existant à son avénement.

Il décida que la mère n'aurait plus le droit que lui
donnait la constitution *feminœ quœ* de laisser tous les
biens qui lui venaient de son premier mari à un seul
des enfants du premier lit, tous durent à l'avenir recevoir ces biens d'une façon égale : *et nullam esse licen-
tiam matri alios quidem filiorum eligere, alios autem
exhonorare* (Nov.2. c. 1).

Les enfants n'eurent plus besoin d'accepter la succession du dernier mourant de leur père ou mère (Nov. 23
c. 26 § 1).

Les constitutions *feminœ quœ* et *generaliter* ne visaient que le cas de prédécès de l'un des époux. Justi-

nien les appliqua au cas de divorce (C. 1. 9 § 1, h. t.—
Nov. 22 c. 30).

Ce prince modifia complètement le droit que donnait
la constitution *feminœ quœ* à la mère de succéder à
l'usufruit seulement des biens laissés par ses enfants
du premier lit. Il décide que si l'enfant avait fait un
testament, il pouvait par cet acte donner la pleine propriété de tous ses biens à sa mère (Nov. 22 C. 46 § 1).
si l'enfant mourait intestat on distinguait dans sa succession les biens qui provenaient de son père et ceux
qu'il avait acquis à un autre titre, la mère ne pouvait
recueillir que l'usufruit des premiers, mais en revanche
elle acquérait en toute propriété les seconds [1] (§ 2).

Par une constitution de 528 (C. 1. 8 § 4 h. t.) il frappa
d'hypothèque le bien du père remarié comme l'avaient
déjà fait pour les biens de la mère remariée les empereurs Léon et Anthémius en 469 (C. 1. 6 § 2 h. t.)

Nous avons vu que la constitution *hoc edictali* attribuait aux seuls enfants du premier lit la portion
retranchée comme excessive à l'avantage fait par leur
père ou mère à son nouvel époux. En 486 par la constitution *quoniam* (C. 1. 9 h. t.) Justinien attribue une
part égale de cette portion retranchée à tous les enfants
indistinctement tant du premier que du deuxième lit.

---

[1] Nous supposons ici que l'enfant n'a pas laissé de descendants,
car dans ce cas ce serait ces derniers et non pas la mère qui héri-
teraient (C. 1. 9 auth. — 1. 8. h. t.)

Plus tard il revint au droit antérieur et annula cette constitution : *Namque ex secundis nuptiis filios participari etiam horum, scriptum quidem in quadem constitutione est non tamen, etiam nunc nobis placet* (Nov. 22, C. 27).

Cette même novelle décide encore en son chapitre 28 que pour calculer l'avantage auquel le second époux peut prétendre, il faut considérer le patrimoine du disposant non au moment de la donation mais au moment de sa mort : *Scribunt itaque homines et horum quœ habent amplius, scribunt autem et minus : evenientes autem fortunœ contrariös eventus sœpius operantur.*

Enfin au chapitre 31 elle déclare que la femme ne pourra diminuer sa dot ou la donation *propter nuptias* en cas de remariage lorsqu'il y aura des enfants du premier lit, même si ces donations dépassent la quotité fixée par la constitution *Hoc edictali*. La raison en est la suivante : si on permettait dans ce cas à la femme de réduire ces donations, elle recouvrerait la faculté de disposer du surplus et ainsi diminuerait d'autant ce qui doit revenir aux enfants ; *et diminuat dotem aut antenuptialem donationem nequaquam lucrum erit filiis qucd donatum est, sed licebit lucrari aut vitricum aut novercam filiis secundum hoc lœsis.*

Justinien décida encore que l'époux qui ne se remariait pas vu l'intérêt qu'il méritait dans ce cas, avait droit à une part de biens égale à celle de ces enfants (Nov. 127, c. 3).

Dans le cas où un conjoint riche laissait après sa mort son époux dans la misère, parceque ce dernier n'avait pas aucune fortune personnelle et qu'il n'avait eu ni dot ni donation *ante nuptias* on lui accordait un quart des biens du *de cujus* ou le complément de ce quart si un legs d'une somme inférieure lui avait été fait (Nov. 53. c. 6). C'est ce qu'on a surnommé le quart du conjoint pauvre. Ce droit fut restreint par la Novelle 116 chapitre 5 pour la veuve, elle n'obtint plus dans le cas où il y avait plus de trois enfants qu'une part virile. Cette part dans le cas où un des enfants était d'elle ne lui était accordé qu'en usufruit, dans le cas où elle n'était la mère d'aucun elle la recueillait en toute propriété.

Telles sont en quelques mots les règles régissant les libéralités entre époux remariés, certes leur application la plus fréquente avait lieu lorsqu'il s'agissait de donations faites avant le mariage. En effet l'époux veuf désireux de se remarier est porté à faire à son nouveau conjoint de nombreuses libéralités, nul doute que dans la plupart des cas, ce dernier ne préfère se faire donner avant le mariage les biens que lui destine son conjoint, ces libéralités *ante nuptias* n'étant pas comme les donations *pendente matrimonio* toujours soumises à un changement de volonté du donateur, changement qui d'après le sénatus-consulte de Caracalla était suffisant pour entraîner leur révocation. Pourtant le cas de donation pendant le mariage pouvait parfois se présenter, dans

cette hypothèse donc, ces constitutions avaient une cer·
taine influence en ce qui concerne nos donations.

De plus les règles qu'elles édictaient ne furent pas
sans exercer encore une certaine influence sur les donations que peuvent se faire les époux non remariés, en
effet la constitution *Feminæ quæ* défendait à la veuve
remariée de donner à son nouvel époux tout ce qu'elle
avait reçu de son précédent mari par donation entre-
vif, soit dans le cas où cette donation était permise, soit
dans ceux où on la considérait comme confirmée en
vertu de l'*oratio Antonii*. Grâce à cette nouvelle loi les
donations entre époux se trouvent ainsi en cas de remariage de la femme donataire frappées d'indisponibilité
en faveur des enfants en ce qui concerne la nue-propriété des biens qui les composaient. Nous savons que
la constitution *Generaliter* étendit aux veufs ces dispositions.

C'est là une particularité intéressante à signaler, qui
doit nécessairement avoir comme conséquence de rendre plus fréquentes les donations entre époux pendant
le mariage. L'époux donateur étant alors certain qu'en
cas de son décès les biens donnés resteraient, quand à
la nue propriété, la possession de ses entants et ne deviendrait pas ainsi la propriété d'étrangers.

De même lorsque la donation qu'avait faite le mari
à sa femme consisfait en usufruit, cette dernière perdait
le droit à cet usufruit en cas de convol. Ajoutons toutefois que cette règle édictée en 392 par Valentinien II,

Théodose I et Arcadius fut abolie par Justinien dans la Novelle XXII chapitre 32. Toutefois si le mari avait stipulé spécialement que l'usufruit qu'il avait donné à sa femme, cessât en cas de remariage, on suivait sa volonté et on décidait dans ce cas que l'usufruit ferait retour au nu propriétaire.

DES DONATIONS ENTRE ÉPOUX

PENDANT LE MARIAGE

INTRODUCTION

Nous avons divisé cette partie de notre étude en trois sections.

Dans la première nous énumérerons rapidement les dispositions que contenait l'ancien droit au sujet des donations entre époux, tant dans les pays de droit écrit que dans les pays de coutumes.

Dans la seconde nous parlerons des innovations qu'il introduisit en cette matière le droit intermédiaire.

Enfin dans un dernière partie nous examinerons les dispositions du code civil : C'est sur cette partie que nous nous étendrons le plus, les deux autres n'étant en quelque sorte que l'introduction de cette dernière.

Nous avons divisé ce qui concerne le droit moderne en différents chapitre.

Nous étudierons d'abord la nature des donations entre époux faites pendant le mariage, puis les conditions de capacité et de forme, ce qui nous amènera à parler des libéralités indirectes et déguisées, nous poursuivrons notre étude en examinant ce qui concerne la révocation de ces donations et nous terminerons en disant seulement quelques mots de la quotité disponible entre époux, quotité qui concerne aussi bien les donations faites faites par contrat de mariage que pendant le mariage.

ANCIEN DROIT

CHAPITRE I

Pays de droit écrit

Pendant que dans le nord de la Gaule le droit coutumier prenait naissance, les pays du sud de la Loire sur lesquels la domination romaine avait plus fortement marqué son empreinte, adoptaient le droit romain comme règle générale à défaut des dispositions expresses contenues dans les coutumes.

Sans rechercher les causes diverses qui firent conserver au droit romain dans ces pays sa prépondérance, il nous suffira de remarquer que le droit romain suivi à l'origine en ces pays n'était pas celui de Justinien. Ce droit se composait surtout des trois codes Grégorien, Hermégonien et Théodosien, et de différentes lois barbares, telles que la loi romaine des Visigoths.

Cette loi contenait certaines dispositions concernant les donations entre époux [1] Elle distinguait si les époux avaient ou n'avaient pas d'enfants communs. Dans le premier cas elle décide que la femme ne peut jouir des

---

[1] Loi des Visigoths, liv. V, tit. II, § § 4, 5, 7.

biens que lui a donnés son mari que jusqu'à la mort
de ce dernier, une fois veuve elle devra les restituer
sauf un cinquième qu'elle peut conserver pour elle.
Les fruits des biens donnés lui sont définitivement
acquis [1]. Dans l'hypothèse où il n'y a pas d'enfants
communs, la femme a le droit de disposer des biens à
elle donnés, si elle meurt, sans en avoir disposé ils feront retour au mari ou à ses héritiers [2]. Mais, si la
femme se rend coupable d'adultère, elle perd tous ses
droits et la donation fait retour de plein droit soit aux
enfants, soit aux héritiers du donateur [3]. Enfin la donation devait avoir lieu par écrit portant la signature
de deux ou trois témoins ingénus [4].

[1] Liv. 5, tit. II, §4 : « Si filii de eodem conjugio fuerent procreati, mulier usque ad diem obitus sui et secundum voluntatem
vel ordinationem testatoris secura possideat, et de quinta tantum-
dem parte earum rerum faciendi quod voluerit potestatem obti-
neat. Fructus tamen sicut testator ipse, qui hoc testavit, expendi
vel utendi potestatem habere potuit.

[2] Ibid. Quod si ex ipso conjugio filii non fuerint procreati, quicquid mulier de rebus sibi donatis, juxta prescriptum testatoris
ordinem facere elegerit, liberam hobeat potestatem. Ceterum si in-
testata descesserit ad maritum ejus si superstes extiterit donatio
revertatur. Si autem maritus non fuerit ad heredes mariti qui
donationem conscripsit eadem donatio pertinebit.

[3] Liv. 5, tit. II, § 5. Si autem per adulterium vel per inhones-
tam conjunctionem se miscuisse convincitur quicquid de facultate
mariti sui fuerit consecuta totum incunctanter amittat et ad heredes donatoris vel ad filios legitimos revertatur.

[4] Liv 5, tit. II, § 7. Maritus si uxori suæ aliquid donaverit de hoc

Dès lors, lorsque le droit romain de Justinien sous l'impulsion d'Irnérus se répandit au douzième siècle, l'on conçoit facilement qu'il dut trouver dans ces pays· où il n'avait pour ainsi dire pas cessé d'être appliqué[1], quoique fortement modifié, un terrain bien préparé pour y reprendre son influence, et qu'il n'y eut pas de mal à détrôner les lois romaines moins parfaites qui y étaient appliquées.

Comme conséquence de cette renaissance du droit romain il s'en suit que les donations entre époux faites pendant le mariage se trouveront dans les pays de droit écrit régies par le dernier état du droit romain, tel qu'il avait été fixé par le sénatus-consulte de Caracalla et par les novelles de Justinien.

Les anciens auteurs sont unanimes sur ce point. Maynard[2] dit en parlant de la jurisprudence du parlement de Toulouse : « On tient en droit et il est communément résolu par les interprètes qu'une donation entre mariés est confirmée par mort. » Ce qui est on s'en souvient le système de la confirmation, système introduit par *l'oratio Antonii.* François[3], dit de même en commen-

quod ipsa habere voluerit, scripturam manus suæ subscriptione vel signo confirmer : ito ut duo aut tres testes ingenui subscriptiones vel signa facientes accedunt et sic voluntas ipsuis habeat firmitatem.

[1] Savigny. Histoire du droit romain au moyen âge.

[2] Maynard. Notables et singulières questions de droit écrit jugées au parlement de Toulouse. Tome I page 428.

[3] François. Observations des coutumes de Tholose. P. 886

tant la coutume de Toulouse : « Etant la donation valable entre mariés quand le donateur y pérsévère et n'y contredit jusqu'au dernier soupir de sa vie on la confirme par sa dernière volonté ». La même idée se retrouve encore dans Furgole[1] qui, pour indiquer les règles suivies en pays de droit écrit en cette matière, reproduit le droit romain.

La coutume pourtant dans ces pays avait introduit une insiitution nouvelle, l'augment de dot[2]. Cette innovation consistait en ce que par contrat de mariage le mari permettait à sa femme dans le cas de son prédécès de prendre une certaine somme en plus de la dot qu'elle avait apporté. Le mari survivant avait un droit analogue appelé contre-augment, nous ne nous étendrons pas sur cette institution qui se trouve en dehors de notre sujet.

Furgole[3] nous signale une autre particularité concernant les pays de droit écrit. Le parlement de Toulouse n'exigeait l'insinuation qu'en vue de l'intérêt des créanciers et des tiers acquéreurs et admettait que les donations étaient valables à l'égard du donateur et de ses héritiers malgré le défaut d'insinuation, comme conséquence de cette façon de voir il validait les donations entre époux dépassant 500 écus même si elles n'étaient pas insinuées, à condition toutefois que le donateur mourut sans les avoir révoquées.

[1] Furgole. Observations sur l'ordonnance de 1731. p. 357. et suiv.

[2] V. Argou. Institution au droit français liv. III. ch. X.

[3] Loc. cit. p. 361.

Lorsque l'ordonnance de 1731 fut publiée, une question s'éleva au sujet de savoir si les donations entre époux étaient encore permises. Le droit romain en effet avait à une certaine époque assimilé les donations entre époux aux donations à cause de mort, or l'ordonnance de 1731 disait en son article 3 : « Toutes donations à cause de mort à l'exception de celles qui se feront par contrat de mariage ne pourront dorénavant avoir aucun effet dans les pays même où elles sont expressément autorisées par les lois ou les coutumes que lorsqu'elles auront été faites dans les mêmes formes que les testaments ou les codicilles, en sorte qu'il n'y ait à l'avenir dans nos états que deux formes de disposer de ses biens à titre gratuit dont l'une sera celle des donations entre vifs et l'autre celle des testaments et des codicilles. » Se basant sur cet article, Pothier[1] admettait qu'à l'avenir les donations entre epoux étaient interdites. Mais il ajoute que les parlements de droit écrit n'admettaient pas cette façon de voir et continuaient même après cette ordonnannce à appliquer les principes du droit romain. Furgole[2] est d'avis au contraire que cette ordonnance n'a rien innové en ce qui concerne les donations entre époux, il base son opinion sur l'article 46 de la même ordonnance, article ainsi conçu : « N'entendons comprendre dans les dispositions de la présente ordonnance

---

[1] Traité des donations entre mari et femme, n° 6.
[2] Furgole. Loc. cit.

ce qui concerne les dons mutuels et autres donations
faites entre maris et femmes autrement que par le contrat de mariage, à l'égard de toutes lesquelles donations
il ne sera rien innové jusqu'à ce qu'il y ait été autrement
par Nous pourvu. » « Ceci, dit-il commentant cet article,
se rapporte non seulement aux pays coutumiers ou il est
permis aux mariés de se faire des avantages, constante
matrimonio, autrement que par don mutuel, mais aussi
aux pays de droit écrit. » En conséquence il décide que
le droit romain doit toujours s'appliquer en pays de
droit écrit et que l'ordonnance n'a rien changé à ce sujet, ce qui, du reste, nous apprend Pothier [1] lui-même,
avait été expressément reconnu par le parlement de Toulouse dans l'article 40 de ces réponses qu'il avait faites
aux questions posées depuis l'ordonnance de 1731 par
le chancelier d'Aguesseau.

De tout ceci on peut donc conclure que jusqu'à la ré-
volution les pays de droit civil restèrent soumis au droit
romain en ce qui concerne nos donations.

[1] Loc. cit.

CHAPITRE II

SECTION I

Premier droit coutumier français

Chez les peuples barbares d'origine germanique, nous
trouvons différentes donations entre les époux, toutes
ont lieu soit avant, soit à l'occasion du mariage. Ce sont
d'abord l'*osculum*, don qui se fait au moment des fiançailles, puis la *dot*, qui n'était autre au début que le prix
que payait le mari pour acquérir le mundium, puissance
qu'avait sur sa future femme soit le père de cette dernière, soit son plus proche parent paternel, soit le roi
Enfin le *morgensgabe*, véritable donation que faisait le
mari à sa femme le lendemain du mariage.

Nous ne dirons rien des deux premières donations
qui sont en dehors de notre sujet, quant au *morgensgabe*
nous en dirons quelques mots. Cette donation bien
que faite à l'occasion du mariage avait lieu quand il

avait été célébré, pour cette raison elle rentre donc jusqu'à un certain point dans le cadre de notre étude.

Cette libéralité était considérée comme un *pretium virginitatis,* en conséquence les veuves remariées ne pouvaient en bénéficier; toutefois, on avait admis pour elle à l'imitation du *morgensgabe,* une libéralité nommée *abensgabe* don du soir.

Cette donation que faisait le mari à sa femme n'était d'abord limitée par aucune loi, ensuite par crainte d'abus on réagit contre cette liberté, la loi Lombarde de Luitprand la réduisit au quart des biens laissés par le mari à son décès (Liv. II. cap. I). Ce don jouissait d'une grande faveur et en cas de contestation entre la femme et les héritiers de son mari, lorsqu'il n'avait pas été rédigé d'écrit relatif au montant du *morgengahe* celle-ci était crue sur serment jusqu'à concurrence de douze sous. (Loi des Alamans tit. LVI).

Le *morgengasbe* à l'origine n'était pas une convention matrimoniale et la femme ne devenait propriétaire que par tradition : *in morgangeba traditum* comme dit le § 2 du titre XXXVII de la loi das Ripuaires.

Le *morgensgabe* disparut dans la suite, et en se combinant avec la dot il prit le caractère d'un don de survie et devint le douaire légal ou coutumier.

En dehors de cette donation du matin, dont nous venons de dire quelques mots, était-il permis aux époux de se faire une donation pendant le mariage ? La loi Lombarde de Luitprand (L. VII cap. XLIX) défendait au mari de donner quoique ce fut à sa femme, en dehors de la dot et du *morgensgabe*. La loi des Ripuaires au titre 48, les capita extravagantia de la loi salique, titre VIII et les formules XII du livre 1er et VII du livre 2e de Marculfe admettent au contraire les donations irrévocables entre époux. M. Pardessus[1] en ce qui conserne la loi Salique admet que les donations entre époux étaient permises, que la réciprocité n'était pas nécessaire, que les biens donnés pouvaient être non seulement les conquets du mariage mais encore des biens provenant des pères et mères des époux ou acquis à un tout autre titre. Cet auteur ajoute enfin que ces donations ne pouvaient porter que sur l'usufruit, en conséquence, l'époux donataire ne pouvait les transmettre à ses héritiers, on lui permettait seulement de prendre sur ces biens de quoi faire un legs pieux.

Lorsque les lois barbares tombèrent en désuétude et firent place au droit coutumier les donations qui avaient lieu à l'occasion du mariage devinrent le douaire. A cette époque de notre premier droit coutumier, les donations entre époux durant le mariage furent-elles autorisées ? Les décisions que nous trouvons dans les monuments de cette époque à ce sujet sont contradictoires et ne permettent pas de faire une réponse catégorique.

D'une part Pierre de Fontaines et Baumanoir ad-

---

[1] Textes de la loi salique. Treizième dissertation, sect. 2 in fine.

mettent en termes formels la possibilité pour les époux de se faire de telles donations.

Dans son livre intitulé Conseil à un amy[1] Pierre de Fontaine dit textuellement : « Ce qu'on peut lessier à estrange persone, on peut en lessier à un de ses enfanz et a sa feme meisme ».

Beaumanoir de son côté dans la coutume de Beauvoisis[2] est du même avis : « Il est costume bien approuvée, dit-il, que li hom, toutes ces cozes dessus dictes, puet lessier à sa feme ou la feme à son seigneur ».

D'autre part les Etablissements de St-Louis[3] ne permettent les avantages entre époux que pour le tiers des biens seulement par testaments et dans le cas où il n'existe pas d'enfant mâle. « Dame ne puet rien donner à son seigneur en ausmosne tant come soit siene que li dons fuest pas estables, car, par avanture, elle ne l'aurait pas faiten sa bone volonté ; ainsi li aurait donné pour ce que il ne li en fist pis, ou par le grant amor que ele aurait à luy et pour ce ne li puet ele rien doner de son mariage. Mes avant que ele l'eust pris ele li pourrait bien donner le tiers de son héritage, ou a sa mort quand elle serait malade, pour qu'il n'y eust hoir masle ».

---

[1] Conseil à un amy. Ch. 33 XIV, Ci parole de testaments et de lois.

[2] Coutumes de Beauvoisis. ch. 12 des testaments §§ 4 et 10.

[3] De don entre fame et home. I. chop. 114.

Les Assises de Jérusalem[1] ont une règle dans le même sens. « Bien sachés, disent-elles, que nul hom ne puet faire don à ne moulier puis que il l'a prise, se il ne le faict à sa mort ou en son testament, et, se autrement le faict, ne vaut rien celui don pour ce que la choze est ausi soné come se ne l'eust ya donée ».

Etant donné ces textes l'on peut dire que la faculté de se donner entre époux semble plutôt être la règle la plus suivie. Ce n'est, ce qui est certain, qu'après le treizième siècle, lorsque la renaissance du droit romain eut lieu, que nous voyons apparaître la prohibition des donations entre époux. Les idées romaines exercent sur les jurisconsultes de cette époque une influence très grande en matière de donation entre époux pendant le mariage. Ces jurisconsultes déclarent belles et élevées les idées sur lesquelles les Romains avaient prohibés les donations entre époux.

Ces idées ne heurtaient pas le droit, coutumier loin de là au contraire il y trouvait un appui pour maintenir les biens propres dans le patrimoine des époux. Car c'est à cette époque que l'on voit apparaître le système des récompenses et ensuite la pratique de plus en plus usuelles des clauses restreignant la communauté aux acquets, il était donc naturel de songer aussi à restreindre les donations entre époux.

A Paris, au quatorzième siècle, nous voyons la juris-

Cour aux bourgeois, ch. CLIII.

prudence par un arrêtde 1310 annuler pour la première
fois une donation faite par la femme à son mari pendant le mariage. A cette époque Bouteillier traduit et
enseigne les dispositions du droit romain mais surtout
celles qui prohibent. Le grand Coutumier et Jean
Desmares nous indiquent nettement que les donations
entre époux ne sont pas permises. Ces auteurs n'admettent seulement que le don mutuel entre époux.
Pour éviter les redites nous étudierons seulement les
textes qui concernent le don mutuel dans un chapitre
suivant [1], que nous avons consacré à cette libéralité et
nous allons passer maintenant à l'époque des coutumes rédigées.

SECTION II

EPOQUE DES COUTUMES RÉDIGÉES

La divergence, que nous avons rencontrée dans le
premier droit coutumier au sujet des donations entre
époux pendant le mariage, se retrouve dans les différentes dispositions que contenaient les coutumes une
fois rédigées.

Pothier [2] divisait à ce point de vue les coutumes en
quatre classes. Nous allons, en suivant cet auteur, les
énumérer d'abord, puis nous nous étendrons sur les

[1] Voir *infrà*, page 168.
[2] Traité des donations entre mari et femme n° 18 et suiv.

dispositions de la coutume de Paris. Cette coutume étant arrivé à former le droit commun en pays coutumier avait acquis une importance telle qu'il nous suffira de signaler en passant les points sur lesquels les autres coutumes se séparaient d'elle.

La première classe comprenait les coutumes, qui défendaient toutes donations et avantages directs ou indirects pendant le mariage entre les époux. Cette prohibition s'appliquait aussi bien aux testaments qu'aux actes entre-vifs. Cette classe comprenait le plus grand nombre des coutumes et notamment les coutumes d'Orléans et de Paris. La plupart de ces coutumes admettaient pourtant la possibilité pour les époux de se faire pendant le mariage un don mutuel.

La *seconde classe* comprenait les coutumes qui, en plus du don mutuel, permettaient aux époux les donations par testaments.

Les coutumes offraient de grandes différences, les unes comme celles Chartres, Chateauneuf, Péronne, etc. permettaient des dispositions testamentaires qu'il y eut ou non des enfants, les autres comme celle de Mantes ne les admettaient que dans l'hypothèse où il n'y avait pas d'enfant, d'autres enfin distinguaient comme celle d'Amiens, qui permettait dans le cas où il ne restait pas d'enfants de disposer en faveur de son conjoint de tout ce que l'on pouvait donner à un étranger, mais qui lorsqu'il y avait des enfants ne permettait entre époux les dispositions testamentaires que pour l'usufruit.

Pothier admettait que si les coutumes, qui défendaient les donations entre vifs entre conjoints pendant le mariage, ne s'étaient pas expliquées au sujet des libéralités testamentaires entre époux, il fallait les ranger dans cette deuxième catégorie.

Cet auteur ajoute que bien que la coutume de Paris et plusieurs autres défendent les libéralités testamentaires entre époux aussi bien que les donations entre vifs on ne peut voir là le droit commum coutumier car beaucoup de coutumes admettaient les dispositions testamentaires sans admettre les donations entre vifs, que tel enfin était l'avis de Coquille dans son commentaires de la coutume du Nivernais, avis basé sur un arrêt de 1531 qui décidait expressément en ce sens.

La troisième classe comprend les coutumes qui admettent non seulement les libéralités testamentaires entre époux, mais aussi les donations entre vifs lorsque le conjoint donateur est mort sans les avoir révoquées.

Parmi ces coutumes qui suivaient le sénatus-consulte de Caracalla se trouvaient celles de Poitou et de Touraine, cette dernière toutefois exigeait qu'il n'y eut pas d'enfants.

La quatrième classe enfin comprenait les coutumes qui autorisaient les donations entre vifs entre époux, dans certains cas et sous certaines conditions.

Telles étaient les coutumes d'Angoumois, de Montfort, de Noyon, de St Jean d'Angély, dont les dispositions variaient sur la quotité et la nature des biens dont pouvaient disposer les époux, quand ils laissaient des enfants.

La coutume d'Auvergne faisait une distinction spéciale, elle permettait au mari de donner entre vifs à sa femme tous ses biens, sauf la légitime des enfants, et défendait à la femme de donner à son mari quoi que ce soit.

Les dispositions des coutumes concernant les donations entre époux réglaient-elles la disponibilité des biens ou la capacité des personnes, ou ce qui revient au même constituaient-elles des statuts réels, ou des statuts personnels ? Ricard[1] à ce sujet après avoir reconnu que l'on rencontre des arrêts contradictoires s'exprime ainsi : « J'estime l'opinion qui soutient, que l'on doit seulement considérer le domicile des conjoints indubitable ; d'autant que les coutumes permettront les donations en général et les interdiront à l'égard de certaines personnes, cette restriction est un statut personnel, qui a pour fondement une raison civile et politique, qui considère seulement la personne et non la chose, à l'égard de laquelle la loi a disposé par une disposition générale, permettant la donation des choses qui sont sous une puissance, de sorte que si elle l'a interdit en particulier aux conjoints, il résulte de cette

[1] Du don mutuel, nos 325, 326, 327. 328.

prohibition une simple incapacité personnelle qui ne prend nullement son origine dans la chose, puisque de soi elle est incapable d'être comprise en la donation, mais simplement de la considération de la personne, qui doit par conséquent être régie par la coutume qui a empire sur lui, qui est celle de son domicile. »

Pothier[1] au contraire admet que ces dispositions rentrent dans les statuts réels en conséquence dit-il : « Suivant la nature des statuts réels, c'est la seule loi qui régit chacun des biens des conjoints, qui doit décider s'il leur est permis ou défendu de se les donnner l'un à l'autre. »

En conséquence les époux bien que domiciliés dans un pays dont la coutume permettait les donations entre époux ne pourraient se donner les biens qu'ils possédaient dans une autre province dont la coutume interdisait ces donations.

Si les époux venaient à changer de domicile, ce changement était important au sujet des meubles qui suivaient leur propriétaire partout où il allait et qui pouvaient ainsi être compris grâce à la coutume du nouveau domicile dans la donation, mais pour cela il fallait que ce changement de domicile fut sincère du moins quant à l'intention.

De ces deux opinions nous préférons l'opinion de Pothier, elle nous semble tenir un compte plus juste du

[1] Loc. cit. n° 18 et suivants.

but auquel tendaient en cette nature les coutumes, celles-
ci par ces diverses dispositions avaient surtout en vue
de conserver les biens dans les familles ; en n'admettant pas le statut réel pour ces dispositions on serait
arrivé à annuler complètement le but qu'elles se propo-
saient.

Nous avons dit que la coutume de Paris avait grâce
à sa situation de coutume de la capitale plutôt qu'à son
étendue acquis une autorité incontestée en pays coutumier ; nous allons ici étudier les dispositions qu'elle
contient au sujet de nos donations, nous laisserons pour
la section suivante tout ce qui à rapport au don mutuel.

La coutume de Paris défend aux époux de se faire
pendant le mariage aucun avantage direct ou indirect,
elle s'exprime ainsi en son article 282 : « Homme et
femme, conjoints par mariage, constant icelui, ne se
peuvent avantager l'un l'autre par donation entre-vifs,
par testament au ordonnance de dernière volonté, ne
autrement directement ne indirectement sinon par don
mutuel comme dessus. »

1° *Personnes comprises dans la prohibition.* — La
prohibition frappait tous les époux même ceux séparés
de biens où d'habitation, elle s'appliquait aussi aux personnes unies par un mariage nul, et à celles vivant en
concubinage. Ces dernières n'étaient pas comprises dans
les termes de notre article, néanmoins étant donné l'es-

prit de la loi Pothier [1] n'hésitait pas à leur appliquer la prohibition. Certaines coutumes même, comme celle de Tours, bien que permettant les donations entre mari et femme les défendaient entre concubins. Si les concubins régularisaient dans la suite leur situation par un mariage légitime on leur permettait de se faire une donation par contrat de mariage à condition toutefois qu'elle ne soit pas excessive.

2° *Libéralités comprises dans la prohibition.* — Nous diviserons ces libéralités en suivant en cela Pothier en libéralités directes et en libéralités indirectes.

A. *Libéralités directes.* — De même qu'à Rome toutes les donations de pleine propriété, d'usufruit, de possession, la remise gratuite d'une dette ou d'une servitude, la remise anticipée de la dot ou des reprises matrimoniales auxquelles la femme avait droit, constituaient des libéralités directes tombent sous la prohibition.

La donation que l'un des conjoints avait faite à l'autre pendant le mariage était nulle, même si les héritiers présomptifs du donateur avaient donné leur consentement, car le but de la prohibition était de protéger les époux eux-mêmes et non leurs héritiers : Demoulin commentant un arrêt rendu en ce sens disait : *Et bene quia videtur consensus exortus quia alios donaret aliis extraneis ; tum quia ut non fit amor conjugum venalis.*

---

[1] Loc. cit. nᵒˢ 31, 32. Une ordonnance de 1629 rendue sous Louis XIII avait défendu les donations entre concubins.

La raison qu'il donne est empruntée au droit romain
et nous l'avons déjà signalée en étudiant les motifs
qui poussèrent la coutume à introduire la prohibition
de ces donations en droit romain.

Toutefois cette règle n'était pas absolue, la coutume
de Bourgogne faisait exception, elle permettait les libéralités entre époux lorsque les plus proches parents,
qui devaient succéder au donatenr y donnaient leur
consentement, mais c'étaient là une disposition toute
spéciale, qu'on ne saurait étendre, d'après Pothier [1], en
dehors du ressort de cette coutume.

Lorsque la donation prohibée consistait en un immeuble, la tradition n'en transférait pas la propriété et
dans cette hypothèse le donateur avait deux actions : la
revendication et l'action personnelle qui tendaient à lui
faire rendre l'immeuble donné ou à obtenir la valeur.
L'action en revendication pouvait être exercée contre
tout possesseur, même contre le donataire et ses héritiers, mais si elle était exercée contre des tiers ceux-
ci pouvaient opposer la prescription, faculté que n'a-
vaient pas le donataire et ses héritiers [2].

---

[1] Loc cit. n· 44

[2] Pothier. Loc cit. nn. 55, 56. Dans la coutume de Paris le
temps requis pour prescrire était de dix ans entre personnes domi-
ciliées dans la même province et de vingt ans entre personnes do=
miciliées dans des provinces différentes, lorsque le possesseur
était de bonne foi et produisait un juste titre ; dans le cas contraire on exigeait trente ans.

On suivait encore les mêmes règles et on donnait les mêmes actions au donateur lorsque la donation consistait en meubles. Toutefois si la donation était d'une somme d'argent on ne donnait alors que l'action personnelle sans distinguer comme en droit romain si la donation avait ou non profité au donateur [1].

Si c'était une créance sur un tiers qui faisait l'objet de la donation, le paiement fait par le tiers au donataire était valable, mais le donateur avait contre ce dernier, soit une action réelle, si la chose donnée en paiement était un corps certain, soit une action personnelle si elle consistait en une somme d'argent [2].

La remise de la dette *donandi animo* et la promesse de donation ne produisaient aucun effet. Dans le premier cas les actions et les droits restaient au donateur et à ses héritiers; dans le second, tout ce que l'on avait payé en exécution de la promesse faite, pouvait être répété, à l'exception toutefois de ce qu'auraient donné les héritiers du donateur, qui étaient censé avoir obéi à une obligation naturelle, en exécutant la promesse du de cujus [3].

B. Libéralités indirectes. — Ces libéralités pouvaient se présenter de quatre façons différentes. Les époux pouvaient se faire des libéralités prohibées: 1° A l'aide

[1] Pothier. Loc. cit. nos 65 à 71.
[2] Pothier. Loc. cit. nos 71 à 74.
[3] Pothier Loc. cit. nos 74, 75, 76.

de contrats faits pendant le mariage qui sans s'annon-
cer comme de véritables donations contenaient néanmoins des avantages réels ; 2° A l'aide de différents actes
contenant des libéralités indirectes ; 3o En interposant
certaines personnes ; 4° enfin, en faisant bénéficier de la
donation, les enfants que l'un des conjoints avait eu
d'un précédent mariage. Nous allons examiner successivement ces quatre espèces de libéralités indirectes.

1° En ce qui concerne cette première catégorie. Dumoulin [1] disait en commentant la coutume de Paris
*Nullum ergo contractum etiam reciprocum facere pos-
sunt nisi ex necessitate.* Comme conséquence de ce
principe on décidait que les époux ne pouvaient pendant
leur mariage établir entre-eux une communauté de biens
que le mari ne pouvait vendre à sa femme pendant le
mariage un de ses biens propres, ni en faire un conquet
sous la condition que la femme lui paierait le prix
de la portion, qu'elle devait recueillir comme commune [2].

On s'écartait de la règle suivie en droit romain qui
n'annulait dans ce cas la vente que dans la mesure de
la remise du prix faite à la femme.

[1] Dumoulin. Commentaire de la coutume de Paris art 156 n° 5.
[2] Dumoulin. Loc. cit. n° 4 : « An possit maritus justo pretio vendere,
puto quod demus proprio veri erit communis et capiet tantum vir,
vel ejus hœres mediam pretii propriam ? Respondit, non : tum
quia uxor non potest hoc facere viro, qui totum possit alienare,
ergo nec ipse uxori.

2º Pothier range dans cette catégorie tous les faits qui renferment des avantages indirects défendus entre époux, tels que la fausse estimation par laquelle le mari reconnaît avoir reçu de sa femme plus qu'elle ne lui a vraiment apporté, la suppression des preuves, des reprises et récompenses qu'auraient pu exercer les héritiers du donateur, le refus d'une succession dans le but d'avantager son conjoint lorsque le conjoint est du degré suivant, la dispense de rendre compte lorsque c'est le conjoint survivant, qui est exécuteur testamentaire de l'époux prédécédé.

Dans ces cas notre auteur annule ces différents actes comme contraires à la règle prohibitive de la coutume.

3º Certaines coutumes en ce qui concerne les personnes interposées avaient des dispositions formelles, ainsi les coutumes du Bourbonnais et d'Auvergne défendaient aux époux de faire des donations aux parents de leur conjoint dont ce dernier était héritier. Dans les coutumes, qui ne possédaient pas de telles dispositions, on considérait comme personnes interposées les pères et mères et autres ascendants des conjoints, car le donateur en faisant une telle donation voulait surtout gratifier son conjoint qui était appelé tôt ou tard à bénéficier de la donation. On pouvait encore craindre que les ascendants ne se prêtent aisément à des fidéicommis tacites. Cette crainte avait son fondement dont l'affection qui reliait les ascendants aux conjoints,

4º La coutume de Paris disait en son article 283: « N e

peuvent les dits conjoints donner aux enfants l'un de
l'autre d'un précédent mariage, au cas qu'ils, ou l'un
d'eux, aient enfants. »

Pothier [1] explique ainsi cet article : « Dans la coutume de Paris hors ces deux cas, c'est-à-dire, lorsque
l'un des conjoints n'a aucuns enfants, ni de son mariage avec l'autre conjoint, ni des mariages précédents, il
lui est permis de donner aux enfants que l'autre conjoint a d'un précédent mariage. Cette interprétation a
été confirmée par un arrêt de 1583, rendu en forme de
réglement, qui a jugé que dans la coutume de Paris
celui des conjoints qui n'avait pas d'enfants pouvait
donner aux enfants de l'autre. »

Dans les autres coutumes, un époux ne pouvait en
aucun cas faire de donations aux enfants qu'avait eus
son conjoint d'un précédent mariage.

Ajoutons que dans le cas d'interposition de personnes on pouvait toujours présenter des preuves contraires, sauf au juge à se montrer fort circonspect en cette
matière ; de plus, outre les cas où l'interposition était
légalement présumée les parties intéressées pouvaient
démontrer qu'elle existait par tout moyen de preuve,
car ce que l'on cherchait avant tout c'était d'atteindre
toute fraude ayant pour but de tourner les dispositions
de la loi.

[1] Pothier. Loc. cit. n° 112.

SECTION III

Don mutuel

Le don mutuel existait déjà dans l'ancien droit coutumier, les textes de cette époque le mentionnaient :
« Homs et femes conjoincts par mariage, dit Desmares [1],
ne peuvent rien donner l'un à l'autre en leur testament
par voie directe, combien qu'il puissent faire entre vifs
don mutuel de leurs meubles et conquets et non autrement »

Bouteillier [2] dans la Somme rurale mentionne ces
mêmes dons qu'il dénomme *revestissemests*.

Le grand coutumier [3] en parle aussi à diverses reprises : « Nota cautum, dit-il, esse quod sibi maritus et
mulier faciunt donationem mutuam et æqualem, morte
confirmater ». Un peu plus loin il ajoute : « Ad hoc quod
donatio mutua inter virum et uxorem valeat, oportet
quod sit equalis et quod utraque sane stonti sit facta ».

Lors de la rédaction des coutumes le don mutuel fut
maintenu, seulement cette institution présenta de nombreuses différences suivant les coutumes [4].

---

[1] Desmares, 235me décision.

[2] Somme Rurale. p. 1518. Ed. de L.Charondas de Caron.

[3] Grand coutumier .Edition de L.Charondas de Caron, pp. 220
et 221.

[4] Pothier. Loc. cit. n° 118 et suiv.

Les unes, comme celles de Paris, d'Orléans, et la plupart des autres permettaient le don mutuel dans le seul cas où les deux époux n'avaient pas d'enfants.

D'autres comme celles de Reims et de Péronne l'autorisaient dans tous les cas. Celle de Chartres défendait expressément le don mutuel entre époux, celle d'Auvergne avait une disposition spéciale que nous avons déjà signalée elle permettait au mari de donner à la femme et non à la femme de donner au mari, on peut donc l'assimiler à celle de Chartres et dire que ces deux coutumes défendaient le don mutuel.

Celles de Mantes et du Poitou ne permettaient qu'un don absolument révocable du vivant du donateur, leurs dispositions furent abrogées par l'article 3 de l'ordonnance de 1731 qui prohibait les donations à cause de mort. La coutume du Dunois exigeait que le don mutuel fut confirmé par testament « *fait ensemblement.* » disait-elle en son article 68.

Les coutumes même qui, comme celles de Paris et d'Orléans, autorisaient le don mutuel lorsque les époux ne laissaient pas d'enfants à leur mort exigeaient en plus les unes qu'il n'y eut pas une différence d'âge très grande entre les époux, celle d'Auxerre ne tolérait que quinze ans de différence, celle du Nivernais dix ans ; les autres comme celles de Bretagne et de Chateauneuf voulaient que le conjoint survivant ne se remarie pas.

Les coutumes ne variaient pas seulement quant aux conditions exigées pour que le don mutuel fut possible, on retrouve encore les mêmes variantes au sujet des biens que les époux pouvaient ainsi se donner. Le don mutuel pouvait seulement comprendre, dans les coutumes d'Orléans et de Paris, l'usufruit des biens de la communauté, dans d'autres coutumes en plus des biens de la communauté le don mutuel pouvait porter sur tous les biens meubles propres ou conquets, dans d'autres enfin il pouvait consister en une partie des propres. En général on ne pouvait donner que l'usufruit de ces biens, cependant certains coutumes permettaient lorsqu'il n'y avait pas d'enfants, de donner ces biens en toute propriété.

La délivrance du don mutuel était faite à Paris et à Orléans par les héritiers après que l'époux survivant a fourni une caution. D'après la coutume du Bourbonnais le donataire était saisi de plein droit par le décès de son conjoint, ajoutons enfin que certaines coutumes, comme celle de Blois [1], n'exigeaient pas de caution et se contentait d'un simple serment.

Étant donné cette grande variété dans les décisions des coutumes nous suivrons seulement la coutume de Paris, nous diviserons en deux paragraphes tout ce qui concerne en cette coutume le don mutuel, dans le premier nous étudierons le don mutuel ordinaire ou

---

[1] Cette coutume néanmoins exigeait la caution en cas de remariage du donataire.

par acte exprès et dans le second le don mutuel, dans
le contrat de mariage des enfants.

§ I. — Don mutuel ordinaire par acte exprès.

Nature du don mutuel. — L'article 280 de la coutume de Paris relatif au don mutuel était ainsi rédigé : « Homme et femme conjoints par mariage, étant
en santé, peuvent faire donation mutuelle l'un à l'autre
également de tous leurs meubles et conquêts fait durant et constant leur mariage, et qui sont trouvés à eux
appartenir et être communs entre eux à l'heure du trépas du premier mourant desdits conjoints, pour en
jouir par le survivant sa vie durant, en baillant caution suffisante de restituer les biens après son trépas ;
pourvu qu'il n'y ait enfants, soit des deux conjoints ou
de l'un d'eux, lors du décès du premier mourant. » Les
commentateurs de la coutume de Paris n'étaient pas
d'accord au sujet de la nature du don mutuel, Ricard
voyait là un contrat onéreux, Pothier une donation.
Ricard[1] développait ainsi son opinion : « Je demande
donc à savoir si la donation mutuelle doit être considérée comme un titre lucratif ou si elle doit passer au
rang des contrats onéreux ? Je dis premièrement que
si le don mutuel est égal de part et d'autre en toutes les
circonstances, qu'il ne retient rien de la qualité des do-

---

[1] Don mutuel n° 2.

nations, que le nom ; que c'est un contrat irrégulier do
ut des, une espèce d'échange fait avec le hasard de la
survie et un moyen d'acquérir de part et d'autre, qui
doit par conséquent passer au rang des contrats onéreux, d'autant que les parties en le faisant, n'ont nullement pour motif la libéralité qui est l'âme de la donation,
mais au contraire ils y sont portés par un esprit de
profiter au préjudice l'un de l'autre ; ce qui est entièrement opposé à la donation et celui qui par l'événement
parvient à la qualité de donataire peut dire qu'il ne possède pas les biens, par la libéralité de celui que l'on
appelle donateur, mais par l'espérance que celui-ci s'était
proposée qu'il profiterait d'autant de biens comme donataire, en cas qu'il le survécût. C'est le hasard auquel
s'est mis le donataire de perdre autant de ses biens,
en cas de prédécès, qui fait qu'il profite de ceux du donateur par la survie, c'est ce qui fait le prix du contrat
et qui est cause qu'il doit être placé au nombre des
contrats onéreux. » Pothier[1] définit ainsi le don mutuel : « Un don entre-vifs égal et réciproque que deux
conjoints par mariage se font réciproquement l'un à
l'autre et en cas de survie, de l'usufruit des biens de
leur communauté aux charges portées par les coutumes. » Cet auteur voit dans le don mutuel un
véritable contrat à titre gratuit. « La raison de cette
décision, dit-il[2], est tirée de ce principe, que c'est prin-

[1] Pothier, loc. cit. n° 129.

[2] Pothier, loc. cit. n° 130 bis.

cipalement l'intention qu'ont eue les parties en contractant qui règle la nature du contrat. » Pour lui l'intention des époux était de se faire une donation et non
pas comme le disait Ricard de courir la chance de recueillir certains biens en cas de prédécès de leur conjoint. Pothier ajoutait pourtant que le don mutuel
n'était pas une donation aussi pure et aussi parfaite
que la donation ordinaire. L'ordonnance de 1731 soumit par son article 20 le don mutuel à l'insinuation et le
rangea ainsi parmi les donations. Par cette disposition
elle fit cesser toute controverse à ce sujet.

Caractères du don mutuel. — Avec Pothier nous distinguerons dans le don mutuel trois caratères distinc-
tifs : 1° l'irrévocabilité, 2° l'égalité des choses données,
3° l'égalité d'espérance.

1° *Irrévocabilité*[1]. — L'irrévocabilité empêchait que
l'un des deux époux put détruire le contrat à son gré,
même s'il s'en était expressément réservé le droit. Si
l'on avait introduit une telle clause, le don mutuel était
nul comme n'étant pas irrévocable. Comme autre conséquence de cette irrévocabilité nous voyons que si les
époux s'étaient réservé la faculté de disposer d'une partie de leurs meubles par testament, ceux-ci même dans
l'hypothèse où les époux n'en avaient pas disposé restaient toujours en dehors du don mutuel.

[1] Pothier. Loc. cit. n°s 132 à 141.

Pour que le don mutuel fut possible il fallait que les époux se fussent seulement conservés la faculté de disposer de leurs meubles ou acquets non par testaments mais par acte entre-vifs. La raison de cette distinction était la suivante : le don mutuel devait se composer des meubles et acquets que le donateur laissait à sa mort, le don entre-vifs à la différence du testament ayant effet de suite ne portait pas atteinte à l'irrévocabilité du don mutuel qui, au moment où il se réalisait ne pouvait porter sur des biens qui étaient sorti du patrimoine de l'un des époux de son vivant.

2° *Egalité des choses données* [1]. — On appliquait la condition d'égalité des choses données avec rigueur, ainsi si l'une des deux choses données était supérieure à l'autre on annulait le don mutuel pour le tout, on se séparait ainsi de la règle suivie en matière de legs excessifs que l'on réduisait seulement. Ricard [2] expliquait ainsi cette différence : on ne mérite pas, disait-il, le reproche de modifier l'intention du testateur en réduisant un legs par lui fait, tandis qu'en rétablissant l'égalité d'un don que les époux savaient et avaient fait exprès inégal on courait risque de ne pas tenir compte de leur volonté qui avait été de traiter dans des conditions inégales, dans ce cas la seule solution possible était d'annuler le don en entier. Lorsque l'un des époux avait donné une quote part de ses biens futurs à son conjoint

[1] Pothier. Loc. cit. 141 à 144.
[2] Ricard. Loc cit. nos 216, 217.

par contrat de mariage, il ne pouvait faire avec ce dernier un don mutuel par lequel, en échange de ce qui lui restait disponible, il aurait pu recueillir la totalité des biens de celui-ci, on voyait là une inégalité des choses données.

Quand le contrat de mariage portait que l'un des conjoints devait se contenter d'une certaine somme pour tout droit de communauté, le don mutuel était aussi impossible[1]. Cependant si le contrat au lieu de stipuler un forfait de communauté divisait la communauté inégalement, mais par quotité de telle sorte que l'un des conjoints ne prenne pas une certaine somme mais une part inégale dans la communauté, le don mutuel était possible dans ce cas, mais jusqu'à concurrence seulement de la part de l'époux le moins prenant, Ricard[2], qui admettait avec Pothier cette décision, s'écartait de la doctrine professée par d'Argentré sur l'article 221 de la coutume de Bretagne. Pour ce dernier auteur si les conjoints ne sont pas absolument communs aux termes de la coutume et que la portion de l'un d'eux fut par le contrat de mariage moindre que la moitié, bien qu'elle soit d'une quote part comme du tiers ou du quart le don mutuel était impossible même jusqu'à concurrence de la part du moins prenant.

3° *Egalité d'espérance*[3]. — L'article 280 de la coutume

[1] Ricard. Don mutuel nos 163 et 164. Pothier. loc. cit. nos 148, 149.

[2] Ricard loc. cit, no 166.

[3] Pothier. Loc. cit. 151.

de Paris portait ces mots « étant en santé », on pouvait entendre cette partie de phrase de trois manières différentes : 1° la coutume exige l'absence de toute maladie quelque légère qu'elle soit, 2° le don mutuel ne peut être valablement fait pendant une maladie dangereuse de l'un des conjoints, dont il est mort où dont on croyait qu'il mourrait, 3° impossibilité seulement de faire un don mutuel pendant la dernière maladie dont l'un des conjoints est décédé.

Pour le premier et le troisième sens pas de difficulté, le don est valable en cas de maladie légère, et nul en cas de maladie mortelle. Pour le second sens lorsque le donateur est revenu à la santé les auteurs ne sont pas d'accord. Lemaitre déclarait le don mutuel valable, cet auteur basait son opinion sur les décisions des coutumes de Laon, Chalons, Montfort, Grand Perche. Duplessis et Pothier au contraire annulaient le don mutuel dans ce cas, car disaient-ils, peu importe que l'époux revienne ou non à la santé l'acte étant nul ab initio ne saurait être validé par un événement postérieur. La nullité du don résultait de la coutume qui exigeait une chance de survie égale chez les deux époux, égalité qui n'existait plus en cas de maladie grave.

Conditions du don mutuel. — La première condition exigée était l'existence d'un mariage légitime, pas de don mutuel possible en cas de mariage nul, pourtant si le mariage quoique nul, avait été contracté de bonne foi, on un mot si c'était un mariage putatif, le don était valable [1].

Il fallait en outre que les époux fussent communs en biens et que la communauté fut continuée jusqu'à leur mort. Le don mutuel n'était pas possible si les époux étaient séparés de biens ou mariés sous un régime d'exclusion de communauté, ou encore si dans la suite, la communauté avait été dissoute par une sentence de séparation de biens.

Lorsque la femme survivante avait stipulé la reprise de ses apports en cas de renonciation à la communauté, avait elle droit en cas de don mutuel à l'usufruit de tous les biens, qui cessaient d'être communs, ou seulement à l'usufruit de la moitié de ces biens ? Ricard [2] décidait que la femme, ne pouvait avoir l'usufruit que de la moitié des biens, cet auteur justifiait son opinion en disant que le mari n'avait pu par un don mutuel, donner plus à sa femme qu'il n'était appelé à en recevoir, or ce dernier ne pouvait recevoir que la moitié de la communauté. Pothier [3] au contraire décidait que la femme avait l'usufruit de la totalité des biens car, par suite de sa renonciation, ses apports étaient censés représenter sa part de communauté et le reste des biens la part du mari, dans ce cas donc rien n'empêchait alors

[1] Pothier. Loc. cit. nᵒˢ 145, 146.
[2] Don mutuel nᵒ 175 et 176.
[3] Loc. cit. nᵒ 166.

de lui donner l'usufruit de tous les biens restants; c'est cette opinion qui semble avoir prévalu.

En cas de précédès de la femme le mari avait-il, en cas de don mutuel, l'usufruit des apports de la femme, lorsque la reprise en avait été stipulée? On décidait en faveur de l'usufruit au profit du mari pour les mêmes raisons.

Une deuxième condition était exigée, c'était l'absence d'enfants au moment du décès des époux. L'enfant dosthume rendait nul par sa naissance le don mutuel, mais en revanche les enfants frappés de mort civile, les enfants naturels et ceux que les deux parents avaient exhérédés ne portaient aucune atteinte au don mutuel. La condition d'absence d'enfants au décès du prémourant n'était pas censé réalisée lorsque les enfants renonçaient à la succession du de cujus car, dans cette hypothèse, Pothier[1] nous apprend qu'ils étaient un obstacle, il en était encore de même si les enfants mouraient, sans laisser de postérité, avant l'époux survivant.

Formes du don mutuel. — Le plus ordinairement le don mutuel était fait par un seul et même acte, dans tous les cas l'acte devait être passé devant notaire. Lorsqu'il avait lieu par deux actes distincts les auteurs n'étaient pas d'accord au sujet de savoir si la femme avait besoin d'être autorisée par son mari. Ricard[2] n'exi-

[1] Loc. cit. n· 192.
[2] Don mutuel n·, 135 136.

geait pas cette autorisation, Pothier [1] au contraire déclarait cette condition indispensable.

L'article 284 de la coutume de Paris exigeait en ces termes, l'insinuation du don mutuel : «... Et pour être recevable doit être insinué dans les quatre mois du jour du contrat et l'insinuation faite par l'un d'eux vaut pour tous deux. Après laquelle insinuation ledit don mutuel n'est revocable sinon du consentement des deux conjoints. »

Au sujet de cet article nous avons deux points à examiner ; premièrement voir qu'elle avait été la raison qui avait fait exiger cette insinuation, deuxièmement savoir si avant l'insinuation dans le délai de quatre mois l'un des époux pouvait seul révoquer le don.

Ricard [2] nous fournit la réponse au premier point. L'insinuation, fait remarquer cet auteur, n'avait pas été exigée dans l'intérêt des créanciers ou des héritiers, mais dans l'intérêt de la femme, car si le mari n'avait pas été forcé de faire insinuer l'acte au greffe du domicile conjugal, il aurait pu, en faisant faire l'acte par un notaire inconnu de sa femme, empêcher cette dernière, en cas où il prédécéderait, de recueillir le bénéfice du don, celle-ci n'étant pas à même de retrouver le notaire.

Quant au second point Pothier et Ricard [3] n'admettent

---

[1] Loc. cit. n· 178.

[2] Ricard, Don mutuel, n· 71.

[3] Pothier. Loc. cit. n· 173, Ricard, Don mutuel, n· 72.

pas que l'un des deux époux put dans l'intervalle des quatre mois laissés pour faire l'insinuation révoquer le don mutuel. Ces auteurs font remarquer que le mari étant chargé lui-même de faire l'insinuation il ne pouvait être question de lui laisser le droit de révoquer le don à lui seul ; la femme, d'autre part, étant donné sa condition de donatrice ne pouvait invoquer contre sa propre donation le défaut d'insinuation, principe général qui fut plus tard formulé par l'ordonnance de 1731 en son article 27.

Ajoutons pour finir que si l'insinuation avait été faite passé ce délai de quatre mois, le don était néanmoins valable. Le mari avait le droit de faire insinuer la donation tant que vivait sa femme, toutefois si celle-ci mourait après les quatre mois sans que l'insinuation fut faite, ses héritiers pouvaient opposer au mari cette absence des formalités requises et lui faire perdre ainsi le bénéfice que le don mutuel réalisé par le prédécès de sa femme aurait pu lui procurer.

Effets du don mutuel. — Le don mutuel, nous apprend l'article 284 de la coutume de Paris, ne saisissait pas de plein droit le donataire auquel on devait faire délivrance du don. L'époux survivant devait encore fournir caution, c'est ce qui résulte des termes de l'article 283 de la même coutume, article ainsi conçu : « Le donataire mutuel ne gagne les fruits que du jour qu'il a présenté caution suffisante, demeurant les fruits à l'héritier, jusqu'à ladite caution présentée, laquelle caution il peut présenter en jugement de la première assignation ».

Pour savoir si la mort civile donnait ouverture au don mutuel il faut distinguer deux époques. Jusqu'en 1747 on décidait [1], en se basant sur un arrêt rendu en 1549, que la mort civile ne pouvait donner ouverture au don mutuel. Mais, une fois l'ordonnance de 1747 sur les substitutions, on assimila les morts civiles à la mort naturelle et on décida que le don mutuel devait dans ce cas s'exécuter.

Charges du don mutuel. — Elles sont indiquées par l'article 286 de la coutume de Paris : « Le donateur mutuel est tenu d'avancer et payer les obsèques et funérailles du premier décédé, ensemble la part et moitié des dettes communes dues par ledit premier décédé, lesquelles obsèques et funérailles et moitié des dettes lui doivent être déduite sur sa part et portion dudit premier décédé. Toutefois n'est tenu payer les legs et autres dispositions testamentaires.»

De plus comme usufrutier l'article 287 lui imposait les charges suivantes : «Ainsi est tenu celui qui veut jouir du don mutuel faire faire les réparations viagères étant à faire sur les héritages sujets au dit don mutuel et payer les cens et charges annuelles, les arrérages tant de rentes foncières que les autres rentes constituées pendant la

[1] Ricard, Don mutuel n° 116.

communauté échues depuis la jouissance dudit don mutuel sans espérance de les recouvrer. »

Extinction du don mutuel [1]. — Le don mutuel prenait fin par toutes les mêmes causes qu'un usufruit ordinaire.

Lorsqu'il consistait en deniers et effets mobiliers, la mort de donataire donnait ouverture à une action, que les héritiers de l'époux le premier décédé ou leurs successeurs exerçaient contre l'héritier du donataire pour obtenir la restitution de la somme qui composait le don mutuel.

A moins de condition expresse, le remariage de l'époux survivant ne faisait pas cesser le don mutuel.

§ II. — Du don mutuel dans le contrat de mariage des enfants.

Cette seconde façon de procéder entre époux pour ce faire un don mutuel nous est indiquée par l'article 281 de la coutume de Paris : « Père et mère, disait cet article, mariant leurs enfants, peuvent convenir que leurs dits enfants laisserons jouir le survivant des dits père et mère des meubles et conquets du prédécédé, la vie durant du survivant, pourvu qu'il ne se remarie, et n'est réputé tel accord avantage entre lesdits conjoints. »

Cette seconde façon de procéder offrait plusieurs dif-

---

[1] Pothier. Loc, cit. nos 252 à 256.

férences avec celle que nous avons précédemment indiquée.

1° Tout d'abord le don mutuel ordinaire n'était possible
qu'autant que les époux n'eussent pas d'enfants, celui-ci
au contraire exigeait nécessairement l'existence d'un
enfant, puisque c'était dans le contrat de ce dernier que
les époux se faisaient un don mutuel.

Il y avait controverse pour savoir si les ascendants
pouvait se faire un don mutuel dans le contrat de leur
petit fils, lorsqu'ils ne l'avaient pas fait dans le contrat de leur fils. Deux hypothèses sont à examiner suivant que le fils est ou non prédécédé.

Supposons d'abord le cas où le fils est mort, Pothier[1]
admettait que la donation était possible, pour cet auteur les termes père et mère comprennent les aïeuls, mais
il fallait toutefois que ceux-ci donnent une nouvelle dot.
Lemaître et Laurière au contraire n'admettaient pas le
don mutuel dans ce cas, pour eux l'on ne pouvait étendre
les dispositions de l'article 201 aux aïeuls car les dispositions des coutumes en matières de donations étaient de
droit étroit.

Supposons maintenant le fils vivant, dans ce cas, les
grands parents devaient faire intervenir le fils; autrement le don n'aurait pu exister, le petit-fils étant dans
l'impossibilité de promettre à l'époux survivant de ne
pas provoquer le partage, puisque c'était le fils qui était

[1] Loc. cit. n· 273.

héritier. L'intervention du fils à l'acte écartait cette impossibilité et était motivée par l'avantage qu'il trouvait à voir une dot donnée à son enfant par les grands parents, dot que sans cela il aurait été forcé de donner lui-même.

Dans le cas, où un seul des enfants avait été doté et avait promis de ne pas réclamer au survivant de ses parents la part qui lui revenait des meubles et conquêts de son auteur prédécédé, Pothier[1] décidait que la demande en partage formée par les autres enfants ne le relevait pas de sa promesse. Car on ne peut pas dire dans ce cas que l'égalité entre les enfants est violée, en effet l'enfant doté a reçu en compensation de sa promesse, la jouissance de la dot, dot qu'on lui a donnée depuis longtemps peut-être, et de préférence aux autres enfants.

2° Le don mutuel ordinaire était possible tant que durait le mariage ; celui-ci, au contraire, ne pouvait avoir lieu que dans le contrat de mariage des enfants. Pourtant on pouvait en augmentant la dot après le mariage de l'enfant, stipuler que cette augmentation ne serait valable qu'autant que l'enfant ne provoquerait pas à la mort d'un de ses auteurs le partage des biens par lui laissés. Ainsi on arrivait à constituer un don mutuel après le contrat de mariage de l'enfant, car si l'enfant demandait le partage, la dot était perdue pour lui. Pothier[2] déclarait valable cette façon de procéder.

[1] Loc. cit. n° 287.
[2] Loc. cit. n° 265.

3º Une dernière différence[1] existait encore. Le don mutuel ordinaire ne cessait pas par le remariage du conjoint survivant, l'article 281 au contraire exigeait formellement le non remariage du donataire.

Le second mariage faisait cesser le bénéfice du don mutuel pour l'avenir seulement, et l'époux remarié n'était pas tenu de restituer les fruits qu'il avait perçus pendant son veuvage. De plus, comme le don mutuel était perdu à l'avenir pour lui, on lui permettait de reprendre la part qu'il avait donné en dot à l'enfant comme l'ayant donnée pour une cause qui avait pris fin.

[1] Pothier. Loc. cit. nos 278, 279.

CHAPITRE III

DE L'ÉDIT DES SECONDES NOCES

Les libéralités que les conjoints pouvaient se faire à
l'occasion d'un remariage étaient soumises à des restrictions spéciales. On craignait de voir, sous le couvert de
la communauté légale ou conventionnelle en cas de
remariage, sacrifier l'intérêt des enfants. Ceux-ci n'é-
taient protégés par leur douaire que contre le remariage
de leur père et non contre celui de leur mère.

Pourtant cette défiance contre les seconds mariages
ne fait pas naître de suite des dispositions légales. Au
treizième siècle, Beaumanoir se préoccupe des donations
en cas de remariage et constate que la coutume ne contient aucune disposition à ce sujet. A Paris, il en était
de même, on ne trouve aucune restriction lors de la
première rédaction de la coutume, on hésite à appliquer sur ce point les dispositions du droit romain, ce
n'est qu'au quinzième siècle que l'on se décide à faire
revivre les dispositions prises par les empereurs du
Bas-Empire.

En 1560 sous l'inspiration du chancelier de l'Hôpital
François II rendit le célèbre édit des secondes noces
qui reproduit presque textuellement les constitutions
Hoc edictali et *Feminæ quæ*. Cet édit fut motivé par
un scandale que les lois alors existantes n'avaient pu
empêcher. Une certaine dame Anne d'Aligre, veuve et
mère de huit enfants avait épousé en secondes noces un
homme plus jeune qu'elle Georges, de Clermont, et
comme prix de cette union lui avait fait une donation
considérable. Le chancelier de l'Hôpital saisit cette occasion pour faire signer au roi l'édit de juillet 1560
dont le préambule fait allusion à ce fait : « Comme les
femmes veuves, y est-il dit, ayant enfants sont souvent invitées et sollicitées à nouvelles noces, et, ne con-
naissent pas être recherchées plus pour leurs biens que
pour leur personne, elles abandonnent leurs biens à
leurs nouveaux maris, sous prétexte et faveur du mariage, leur font des donations immenses, mettent en
oubli les devoirs de la nature envers leurs enfants, de
l'amour desquels tant s'en faut qu'elles s'en dussent
éloigner par la mort des pères ; que les voyant desti-
tués des secours et aide de leur père, elles devraient
par tous moyens s'exercer à leur faire l'office de père et
de mère ; lesquelles donations, outre les querelles et di-
visions entre mari et enfants, s'ensuit la désolation des
bonnes familles et conséquemment diminution de la
fortune de l'état public, à quoi les empereurs ont voulu

pourvoir par plusieurs bonnes lois et constitutions sur ce par eux faites... »

L'édit avait deux chefs, nous allons les étudier successivement en deux paragraphes distincts.

§ I. — Du premier chef de l'édit.

Le premier chef de l'édit reproduisait à peu près les dispositions de la constitution *hoc edictali*, il était conçu en ces termes : « Ordonnons, que femmes veuves ayant enfants si elles passent à nouvelles noces, ne peuvent et ne pourront, en quelque façon que ce soit, donner de leurs biens, meubles, acquets ou propres, à leurs nouveaux maris, père, mère, ou enfants desdits maris, ou autres personnes qu'on puisse présumer être par dol où fraude interposées, plus qu'à l'un de leurs enfants ou enfants de leurs enfants ; et s'il se trouve division inégale de leurs biens, faites entre leurs enfants, ou enfants de leurs enfants, les donations par elles faites à leurs nouveaux maris seront réduites et mesurées à la raison de celui des enfants qui en aura le moins ».

Application du premier chef. — Le premier chef de l'édit ne visait que les femmes, la jurisprudence. (Arrêt de réglement du 18 juillet 1587), l'étendit au veufs. En décidant ainsi elle s'inspira de l'esprit plutôt que la lettre même de l'édit qui reproduisait une constitution applicable aux veufs et aux veuves. « Les veufs ne devaient

pas, fait remarquer Ricard, se plaindre de cette extension, attendu qu'elle ne les regarde qu'en tant qu'ils
témoignent autant de faiblesse que les femmes. »

L'Edit, par suite d'une présomption d'interposition de
personnes défendait aussi à l'époux qui se remariait de
faire une donation aux père, mère ou enfants du nouveau
conjoint. Pothier [1] décidait que cette défense devait
aussi s'étendre aux autres ascendants. Il se basait sur
ce que souvent sous le nom de père et mère on comprend les ascendants et citait à l'appui de son opinion
les lois 51 et 201 *de verborum significatione* au Digeste [2].

Quant aux actes qui tombaient sous la prohibition de
l'édit, aucune difficulté ne s'était élevée au sujet des
donations directes, il les atteignait toutes, même si elles
étaient rémunératoires, mais dans ce dernier cas alors on
n'annulait que la partie de la donation qui dépassait la
valeur nécessaire du service rendu [3].

En ce qui concerne les donations réciproques et
d'égale valeur il y avait eu doute, on s'étaient demandé,
comme elles offraient le même avantage à chaque époux,
si on ne devait pas les tolérer. Un arrêt du 23 mai 1586

---

[1] Pothier. Traité du contrat de mariage nº 539.

[2] L. 51: *Appellatione parentis, non tantum pater sed etiam
avus et proavus, et deinceps omnes superiores continentur : sed
et mater, et avia et proavia.*

L. 201: *Et patris nomine avus quoque demonstrare intelligatur.*

[3] Pothier. Loc cit. nº 544.

trancha la question en faveur de la prohibition. Cet arrêt était conforme, comme le fait remarquer Pothier[1], à la lettre de l'édit qui portait : « ne peuvent et ne pourront en quelque façon que ce soit donner » et de plus il sauvegardait l'intérêt des enfants du premier lit qui sans cet arrêt, auraient pu être méconnu dans le cas où leur auteur prédécéderait. Les donations indirectes entre les époux remariés pouvaient résulter des conventions matrimoniales. Ainsi l'Edit ne permettait pas l'inégalité des apports, car le conjoint dont les apports étaient les plus grands serait arrivé ainsi à faire une donation indirecte à son époux, ces apports tombant dans la communauté et augmentant par là même la part du nouvel époux. Mais Pothier[2] déclarait que les successions mobilières recueillies pendant la communauté et y tombant ne constituaient pas un avantage indirect car, d'après lui, il n'y avait là rien qui fut le fait de l'époux remarié.

Le douaire conventionnel restait permis à condition de ne pas dépasser le douaire coutumier, on le considérait comme une charge du mariage et non comme une libéralité, c'est ce qui résulte de deux arrêts rendus le premier le 18 juillet 1615, le second le 10 juillet 1656.

Au sujet du douaire, Ricard[3] voulait que lorsque la

[1] Loc. cit. n° 546.

[2] Loc. cit. 553.

[3] Traité des donations, 3ᵉ partie n° 1221 à 1223.

femme qui épousait un veuf était d'une position bien
inférieure à celle de son mari, on restreignit le douaire
coutumier de façon à ne pas avantager cette femme contrairement à l'édit. Pothier [1] repousse avec raison cette
opinion et fait remarquer que le douaire de la femme
avait justement pour but de permettre à la veuve de
soutenir le rang, que lui avait donné son mari et que
par conséquent plus elle était pauvre, plus le douaire
lui était nécessaire et que l'on aurait été absolument
contre le but de cette institution en réduisant le douaire
dans cette hypothèse, le même auteur [2] ajoute que la
somme promise par contrat de mariage à une seconde
femme pour son deuil n'est soumise à la réduction de
l'Edit qu'autant qu'elle dépasse la somme due en tenant
compte des rang et faculté du mari.

Sanction du premier chef de l'Edit.— Lorsque la donation faite à l'époux dépassait la part de l'enfant le moins
prenant, elle était sujette à réduction.

La quotité disponible était égale, avons nous dit, à
celle de l'enfant le moins prenant, et quand tous les
enfants prenaient une part égale, le nouvel époux avait
par conséquent droit à une part virile. On faisait entrer
dans le nombre des enfants aussi bien ceux du premier
lit que ceux qui étaient communs. Lorsque les enfants
venaient en concours avec des petits enfants le partage

[1] Loc cit n· 558.
[2] Loc cit n· 559.

avait lieu par souche et l'époux avait droit à une part égale à celle de chaque souche.

Mais lorsque les héritiers ne se composaient que de petits fils d'un fils unique prédécédé deux solutions étaient possibles. La première donne à l'époux survivant une part de petits fils seulement, c'est celle adoptée par la plupart des auteurs tels que Ricard, Lebrun et Pothier[1]. L'autre apprécier la part de l'époux d'après ce qu'aurait eu le fils prédécédé, un arrêt du parlement de Toulouse du 16 mai 1619, avait décidé dans ce sens. De ces deux solutions nous préférons la première qui tient mieux compte du texte de l'édit qui met sur la même ligne les enfants ou enfants de leurs enfants.

Les enfants exhérédés et indignes n'étaient pas comptés, mais seulement ceux qui avaient le droit de venir à la succession du donateur qu'ils acceptassent ou non[2]. Ajoutons enfin que l'enfant le moins prenant ne pouvait jamais recevoir moins que sa légitime, qui se trouvait ainsi fixer le minimum de ce qu'un époux pouvait disposer en faveur de son nouveau conjoint.

Quand il y avait lieu à réduction, à quels enfants l'action appartenait-elle? Les pays de droit écrit suivaient la novelle 22 de Justinien, chapitre 27, et, conformément à cette loi, n'accordaient l'action en réduction qu'aux

---

[1] Ricard. loc cit n° 1272. — Lebrun. Successions, liv II chapitre VI sect I distinction V n· 22. — Pothier. Loc. cit. n· 565.

[2] Pothier. Loc. cit. n° 260.

seuls enfants du premier lit. Les pays de coutume se
tenaient à la constitution *quoniam* et décidaient que la
réduction devait profiter à tous les enfants indistinctement[1].

Pour exercer l'action en réduction fallait-il être héritiers ou bien était-ce là un droit non successoral résultant de l'édit et non subordonné à la qualité d'héritier ?
Ricard, Lebrun, Pothier[2] se déclaraient en faveur d'un
droit spécial résultant de l'Edit. Et, ce qui cadre moins
bien avec cette solution, nous voyons Pothier[3] refuser
ce droit aux enfants exhédérés et Ricard[4] à la fille
dotée, exceptions qui sembleraient toutes naturelles si
ces auteurs assimilaient ce droit à un droit successoral
mais que l'on ne peut expliquer dans leur système que
par une véritable exception à la règle générale.

L'action en réduction pouvait être exercée contre le
donataire lui-même, et contre les tiers acquéreurs des
biens donnés, ces derniers n'ayant pu acquérir du donataire plus de droits qu'il n'en avait lui-même[5].

Cette action était une action personnelle réelle, Po-

---

[1] Ricard. Loc. cit. n° 1288. — Lebrun. Successions liv. II,
chap. IV, sect. I, dist. III, n°s 14 à 17.

[2] Ricard. Loc. cit. n° 1301. — Lebrun. Successions. liv. II,
chap. VI, sect. I, dist. III, n° 2. — Pothier. Loc. cit. n° 568.

[3] Pothier. Loc. cit. n° 569.

[4] Ricard. Loc. cit. n°s 1305 et 1306.

[5] Pothier. Loc. cit. n° 573.

thier [1] admet dans le cas, où c'était la femmequi s'était remariée que l'hypothèque légale des femmes la garantissait.

La réduction avait lieu d'après la valeur qu'aurait eue les biens s'ils étaient restés dans le patrimoine du donateur, on ne tenait pas compte dans cette estimation de la plus-value résultant du fait du donataire, plus-value dont on lui laissait le bénéfice.

Lorsque la réduction était opérée, devait-on, sur la partie réduite, donner aussi une part d'enfant à l'époux donataire, qui venait d'être réduit? Nous trouvons sur ce point deux systèmes. Le premier suivi par Ricard et Pothier [2] refuse sur les biens réduits une part quelconque à l'époux donataire. Ces auteurs s'appuient sur la constitution *Hac edictili* et la novelle 22 chapitre 27 [3] qui décident expressément que les enfants seuls bénéficient de tout ce qui dépasse la quotité disponible entre époux remariés. Le second système voulait au contraire que

[1] Pothier. Loc. cit. n° 589.

[2] Ricard, loc. cit. n°s 1319 et 1320. — Pothier, Loc. cit. N° 594.

[3] Constitution *Hac edictali, pr. in fine* : *Sin vero plus quam statutum est, aliquid novercæ vel vitrico relictum, vel donatum aut datum fuerit : id quod plus relictum, vel donatum aut datum fuerit : tanquam non scriptum neque derelictum vel donatum aut datum sit, ad personas deferri liberorum et inter eos dividi jubemus.*

Nov. 22 chap. 27 : *Et hoc decernens recte intulit : quia quod plus est in eo quod retictum aut datum est omnino aut novercæ aut* l’époux eut droit à une part dans ces biens retranchés Lebrun et Renusson [1] suivaient ce système. Renusson défendait ainsi son opinion. « C’est que si l’édit, disait-il, ne voulait pas que l’époux eut davantage que l’enfant le moins prenant, il ne prétendait pas pour cela qu’il en eut moins, or il aurait eu moins en est venant pas au partage des biens retranchés. » A cet argument les partisans du premier système, que nous préférons, répondaient : que l’enfant le moins prenant, même lorsqu’on lui donne une part des biens retranchés, n’a rien de plus que le second mari, car pour estimer la part à laquelle a droit ce dernier, on envisage seulement les biens que recueille l’enfant à titre de succession, or la partie des biens retranchés qu’on lui donne, il la tient de la loi et non pas à titre de succession de sa mère, qui au contraire a voulu le dépouiller de ces biens pour les donner à son second mari.

L’époux donataire, pour calculer la part qui lui revenait, avait droit d’exiger des enfants le rapport des biens qu’ils avaient reçus en avancement d’hoirie. Pothier [2] décidait que ce rapport devait être réel. Denisart [3]

---

vitrico, vac si neque scriptum, neque relictum, aut datum, vel do natum, competit filiis : et inter eos solos ex æquo dividitur, ut opertet. •

[1] Lebrun. Successions, liv. II, chap. VI, sect. I, dist. III, nos 19 à 21. — Renusson: Communauté part. IV, chap. III, n· 67.

[2] Pothier, Loc. cit. n· 603.

[3] Denisart. Collection de décisions nouvelles. Rapport. n· 71.

au contraire ne voyait là qu'un rapport fictif permettant
à l'époux de calculer la part de l'enfant le moins prenant.

L'époux qui se remariait pour éviter l'action en réduction, donnait souvent à son nouvel époux une part d'enfant le moins prenant[1]. C'était là une donation de bien à
venir, une institution contractuelle, qui devenait caduque
par le prédécès du donataire, quand ce dernier ne laissait
pas d'enfants . Dans le cas où il laissait des enfants on
les considérait comme tacitement substitués. Quand il
ne restait pas d'enfant au donateur que devait comprendre la donation d'une part d'enfant? Lebrun[2] décidait
qu'elle devait comprendre la totalité des biens, Ricard[3]
et Pothier, s'appuyant sur la loi 164 § 1 de verb. signif.
au Digeste[4], ne voyaient là qu'une donation de la moitié
des biens.

En cas de plusieurs mariages successifs voici ce que
décidait Pothier[5] sur la question de savoir si l'époux
remarié pouvait donner une part d'enfant à chaque
nouvel époux, ou si toutes les donations faites aux
différents époux ne devaient pas dépasser cette part

[1] Pothier, Loc. cit. 595 à 604.

[2] Succession, liv. II, chap. VI, sect. I, dist. II, n° 14.

[3] Ricard. Loc. cit. n° 1281.

[4] D. *de verbe sign.* l. 164 § 1 : *Partitionis nomen.... sed si non
fuerit portio adjecta, dimidia pars debetur.*

[5] Loc. cit. n° 566.

d'enfant. « Lorsqu'une femme, dit-il, ayant des enfants
d'un précédent mariage, a passé successivement à différents mariages, et qu'elle fait des donations à ses
second, troisième et quatrième maris, il n'est pas nécessaire pour qu'il y ait lieu à la réduction de l'Edit, que
la donation faite à l'un desdits maris excède la part de
l'enfant le moins prenant, il suffit que toutes ces donations excèdent ensemble cette part, car l'Edit ne dit
pas : ne peuvent donner à leurs nouveaux maris plus
qu'à un de leurs enfants. Ainsi si la femme avait donné
à son second mari quelque chose qui équivalait à cette
part, les donations faites aux autres seraient complètement nulles. »

§ II.— Du second chef de l'Edit.

Le second chef de l'Edit reproduisait à peu de chose
près la constitution *Feminæ quæ*, il était conçu en ces
termes : « Et au regard des biens à icelles veuves acquis par dons et libéralités de leurs défunts maris, elles
ne peuvent et ne pourront faire aucune part à leurs
nouveaux maris, ains elles seront tenues les réserver
aux enfants communs entre elles et leurs maris, de la
libéralité desquels iceux biens leur seront advenus. Le
semblable voulons être garde ès bien qui seront venus
aux maris par don et libéralités de leurs défuntes femmes, tellement qu'ils n'en pourront faire don à leurs
secondes femmes ; mais seront tenus les réserver aux

enfants qu'ils ont eus de leurs premières. Toutefois n'entendons par ce présent notre Edit bailler auxdites femmes plus de pouvoir et liberté de donner et disposer de leurs biens qu'il ne leur loist par les coutumes des pays auxquelles par ces présentes n'est dérogé, en tant qu'elles restraignent plus avant la libéralité desdites femmes. »

Bien que l'Edit ne parlât que de biens acpuis par dons et libéralités, on faisait entrer dans la prohibition tous les avantages résultant pour l'époux remarié de son précédent contrat de mariage. Ainsi le préciput conventionnel en cas de remariage prenait un caractère de libéralité et tombait sous le second chef de l'Edit, de même lorsque l'époux défunt avait apporté plus à la communauté que le survivant, ce dernier ne pouvait en cas de remariage disposer du surplus en faveur de son nouveau conjoint. Le douaire conventionnel donné par un veuf remarié à sa seconde femme et pris sur les biens provenant de la première était nul, d'une nullité absolue. Mais le douaire légal était toujours permis.

En cas de donation faite contrairement à l'Edit, il n'y avait pas lieu, comme dans le cas du premier chef, à réduction mais à nullité totale.

L'Edit quoique laissant à l'époux remarié la pleine propriété des biens provenant de son précédent conjoint l'obligeait de les conserver aux enfants, cette disposition de l'Edit était interprétée avec rigueur ainsi nous voyons un arrêt de règlement du 19 août 1715 décider que l'époux décédé ne peux dispenser le donataire de cette charge de conserver et de rendre aux enfants les biens donnés.

Si les enfants du premier lit ou l'un d'eux était décédé leurs enfants venaient à leur lieu et place et empêchaient le conjoint remarié de disposer de ces biens. Ils n'avaient pas besoin d'être héritier pour conserver leurs droits sur ces biens, c'est ce que décident Ricard, Lebrun et Pothier en suivant en cela leur opinion que nous avons déjà rapportée dans le paragraphe précédent.

Les enfants recueillaient ces biens lorsque c'étaient des immeubles en qualité de propres paternels ou maternels suivant la qualité du donateur, ces biens s'imputaient sur la légitime que le donateur devait à ces mêmes enfants, enfin les enfants seuls du premier lit étaient appelés sans avantage possible pour l'un d'eux à recueillir ces biens, les enfants des autres lits n'y pouvaient rien prétendre puisque ces biens ne provenaient pas de leur auteur[1].

Toutefois on n'appliquait ni la Novelle 22 chapitre 46, qui réservait aux enfants du premier lit les biens qu'avait recueillis leur mère lorsque celle-ci avait succédé ab intestat ou en vertu d'un testament à un enfant du premier lit[2], ni la constitution 4 *de secundis nuptiis* qui par réciprocité attribuait exclusivement aux enfants du second lit les biens provenant du nouvel époux; pourtant,

---

[1] Pothier Loc. cit. n°ˢ 613 à 621.

[2] Pothier. Loc. cit. n° 609. — Ricard. Loc. cit. n° 1363.

en cas d'un troisième mariage du même époux, ils auraient été protégés contre le troisième époux car dans
cette hypothèse ils étaient dans la même situation que
les enfants du premier lit dont parle l'Edit.

Pothier [1] décidait, conformément à la Novelle 2 chapitre 2, que les aliénations faites par la femme antérieu-
rement au nouveau mariage étaient révoquées par ce mariage.

L'épouse remariée avait naturellement le droit de disposer des biens provenant de son premier époux, lorsque
les enfants du premier lit étaient tous décédés. En était-
il de même lorsque cet époux était redevenu veuf et que
les enfants du premier lit existaient encore ? Lemaître
était d'avis que la femme avait le droit de disposer de
ces biens, car le convol de la femme ne pouvait alors
causer aucun préjudice aux enfants du premier lit puisque leur mère redevenait dans le même état que si elle
ne s'était pas remariée. Lebrun [2] partageait cet avis, mais
la veuve, pour lui, recouvrait le droit de disposer de
ces biens pour l'avenir seulement.

Pothier [3] au contraire n'accordait à la femme dans ce
cas le droit de disposer des biens qu'en cas de décès
des enfants du premier lit.

Les coutumes de Paris et d'Orléans avaient étendu

---

[1] Loc. cit. n· 647

[2] Lebrun Successions. Liv II chap VI sect II dist I n· 15.

[3] Loc. cit n· 627

les dispositions de l'Edit à la part de biens que la femme veuve recueillait dans la communauté. La coutume de Paris, article 279, disait : « Femme convolant en secondes ou autres noces, ayant enfants ne peut avantager son second mari de ses propres et, acquets plus que l'un de ses enfants ; et quant aux conquêts faits avec ses précédents maris n'en peut disposer aucunement au préjudice des portions dont les enfants des dits premiers mariages pourraient amender de leur mère ; et néanmoins succèdent les enfants des subséquents mariages aux dits conquets avec les enfants des mariages précédents, également venant à la succession de leur mère ; comme aussi les enfants des précédents lits succèdent pour leurs parts, et portions aux conquets faits pendant et constant les subséquents mariages. Toutefois si le dit mariage est dissolu ou que les enfants du précédent mariage décèdent, elle en peut disposer comme de sa chose ».

L'article 203 de la coutume d'Orléans révisée contenait la même idée : « Et quant aux conquêts faits avec ses précédents maris, disait-elle en parlant d'une femme convolant en secondes à autres noces, n'en peut aucunement avantager son second ou autre mari ; toutefois peut disposer d'iceux à autres personnes, sans que telle disposition puisse préjudicier aux portions dont les enfants desdits premiers mariages pourraient amender leur mère. »

De ces deux textes il résulte : 1° que la femme veuv

qui se remarie, ne peut disposer d'une part quelconque de ses conquêts en faveur de son second époux ; 2° qu'elle peut disposer de ses conquêts en faveur d'autres personnes, à condition toutefois de ne pas toucher à la part qui devait en revenir aux enfants.

En employant les mots conquêts la coutume entendait-elle parler seulement des immeubles, ou bien cette expression de conquêts comprenait-elle aussi les biens meubles ? Un arrêt rendu le 4 mars 1697 trancha la question, il décida que le mot conquêt comprenait les meubles aussi bien que les immeubles. Cet arrêt fut rendu après un plaidoyer de d'Aguesseau [1], concluant dans le même sens. Les partisans de l'opinion adverse faisaient remarquer que les mots conquêts ne se disait ordinairement que des immeubles communs, que la disposition de la coutume étant d'une rigueur excessive vis-à-vis de la femme on ne pouvait étendre la prohibition par un argument d'analogie aux meubles et qu'enfin une telle décision rendrait impossibles le plus souvent les remariages. A ces arguments d'Agueseau répondait 1° que l'on ne pouvait soutenir que le mot conquêt ne comprit que les immeubles, puisque la coutume, dans les articles où elle parle des immeubles de la communauté emploie douze fois l'expression conquêts et indique spécialement, que dans ces articles le mot conquêt doit se restreindre aux immeubles, ce

---

[1] D'Aguesseau Œuvres (éd. 1764) tome IV, 41ᵐᵉ plaidoyer.

qui permet d'affirmer par un argument a contrario
que sans cette réserve le mot conquêt doit s'entendre
aussi des meubles ; 2⁰ que la disposition de la coutume
n'était pas inspirée par une sévérité rigoureuse envers
les femmes qui se remariaient, mais par le désir seul
de protéger les enfants ; 3° en ce qui concerne l'entrave
apportée aux remariages que c'était justement là le but
auquel tendaient l'Edit et la coutume.

La prohibition frappait-elle aussi les biens apportés
à la communauté par la femme elle-même ? Pothier nous
apprend que la jurisprudence avait plutôt une tendance
à décider dans le sens de la prohibition, en faisant toutefois une distinction entre les apports mobiliers pro-
prement dits et les immeubles ameublis. La femme
pouvait disposer de ces derniers.

La donation de conquets faite par la femme à son
second mari était nulle pour le tout, l'action en révocation des avantages faits au nouvel époux n'appartenait
seulement qu'aux enfants du premier lit, mais l'action
une fois exercée par ces enfants, on appelait à bénéficier de la réduction tous les enfants indistinctement.

Quand la femme donnait les conquets à un étranger,
les enfants seuls du premier lit pouvaient faire réduire
la donation comme dépassant la part, qui devait leur
revenir, mais cette réduction ne profitait pas comme

____

[1] Loc cit n· 632, 633.

dans l'hypothèse précédente aux enfants des autres
lits.

Pour exercer l'action en révocation contre le nouveau
mari ou les tiers, les enfants n'avaient pas besoin d'être
héritiers de leur mère [1].

Les coutumes de Paris et d'Orléans ne parlaient dans
leurs articles que nous avons reproduits que des veuves,
l'arrêt de 1697 dont nous avons déjà parlé étendit ces
articles aux veufs, se basant sur ce que l'Edit des secondes noces dont ces articles n'étaient qu'une extension
s'appliquait aux veufs et aux veuves.

Ajoutons qu'à la différence de l'Edit dont les dispositions avaient une application générale, les dispositions
des coutumes de Paris et d'Orléans ne s'appliquaient
qu'aux biens situés dans leurs ressorts.

Au sujet des remariages nous trouvons encore une
disposition dans l'ordonnance de Blois rendue par
Henri III en 1579. L'article 182 de cette ordonnance décide dans le cas, où des femmes veuves ayant des enfants
de leur premier lit ont épousé des hommes indignes de
leur condition, que toutes les donations qu'elles ont faites
à ces seconds maris sont nulles et de nul effet. De plus
ces femmes pouvaient être privées à l'avenir de la disposition de leurs biens.

[1] Pothier. Loc, cic. n° 645.

DROIT INTERMÉDIAIRE

CHAPITRE UNIQUE

Le droit, intermédiaire, en ce qui concerne les donations entre époux pendant le mariage, abandonna complétement le système suivi dans l'ancien droit. Au lieu
de la prohibition, qui était en quelque sorte la règle générale des coutumes et que celles-ci avaient emprunté ou
droit romain, le droit intermédiaire permit aux époux
de se faire des donations et les déclara irrévocables
quand elles seraient faites par acte entre-vifs. Toutefois
il fixa, quand il y avait des enfants, une quotité que les
époux ne pouvaient dépasser, cette quotité était de la moitié
en usufruit des biens laissés par l'époux décédé, si
l'époux avait fait don à son conjoint de la pleine propriété d'un meuble ou d'un immeuble, on n'annulait
par la donation, mais on la réduisait à l'usufruit de
la moitié des choses données. Tel est le système
suivi pendant cette période.

Les dispositions législatives concernant notre matière
ne furent pas nombreuses, car pendant la période révolu-
tionnaire nous trouvons seulement deux lois qui, sans

s'occuper exclusivement des donations entre époux contiennent néanmoins certaines dispositions les concernant.

La première date du 5 brumaire an II (26 octobre 1793)
la seconde du 17 nivôse an II (6 janvier 1794).

La loi du 5 brumaire an II ne contient qu'un article
concernant les donations entre époux, il nous suffira de
le citer, la loi du 17 nivôse suivant ayant reproduit
cet article tout en abrogeant néanmoins la loi. « Les
avantages stipulés entre les époux encore existants,
disait la loi du 5 brumaire an II en son article 2, soit
par leur contrat de mariage, soit par des actes postérieurs, ou qui se trouveraient établis dans certains lieux
par les coutumes, statuts ou usages, auront leur plein
et entier effet ; néanmoins s'il y a des enfants de leur
union, ces avantages, au cas qu'ils consistent en simple jouissance, ne pourront s'élever au delà de la moitié
du revenu des biens délaissés par l'époux décédé ; et s'ils
consistent en des dispositions de propriété, soit mobilière soit immobilière, ils seront restreints à l'usufruit
des choses qui en sont l'objet, sans qu'ils puissent jamais
excéder la moitié du revenu de la totalité des biens ».

La loi du 17 nivôse an II reproduisit cet article qui
devint l'article 13 de cette nouvelle loi, et déclara en
outre dans son article 61 qu'étant donné les dispositions
qu'elle venait de prendre le décret du 5 brumaire précédent était déclaré non avenu.

Cette abrogation par la loi de nivôse de celle de brumaire est toute naturelle, ces deux lois étaient deux

variantes du même chapitre du code civil, que le comité de législation préparait.

Dès le 9 août 1793, Combacérès avait présenté au nom de ce comité un projet complet de code en trois livres comprenant chacun les dispositions concernant les personnes, les propriétés et les conventions. Le premier livre fut voté et adopté provisoirement dans les séances des 22, 24 et 29 août. La discussion du livre II fut commencée le 2 septembre mais on ne la continua pas ; toutefois Combacérès présenta le 5 brumaire an II un projet spécial sur les successions qui fut adopté par la convention, cette loi contenait les mêmes principes que celle du 17 nivôse, qui rendue plus complète abrogea cette première loi.

La loi du 17 nivôse an II déclarait, dans son article premier, que les donations entre vifs faites depuis et y compris le 14 juillet 1789 étaient nulles, et elle ajoutait dans l'article 16 : « Les dispositions générales du présent décret ne font point obstacle pour l'avenir à la faculté de disposer du dixième de son bien, si l'on n'a des héritiers en ligne directe, ou du sixième, si l'on a que des héritiers collatéraux, au profit d'autres que des personnes appelées par la loi au partage des successions. »

On peut dire, étant donné l'esprit général de la loi et en se basant particulièrement sur ces deux articles, que le but de cette loi était de restreindre le plus possible les dispositions gratuites entre étrangers et même entre parents.

Il semblerait alors tout naturel de rencontrer dans cette loi en ce qui concerne les époux des dispositions analogues. Il n'en est rien pourtant, quelle que soit sa sévérité pour les donations faites aux étrangers et aux autres parents, elle les permet aux époux.

Deux articles dans cette loi concernent les époux, ce sont les articles 13 et 14. L'article 13, avons nous déjà dit, n'est que la reproduction de l'article 2 de la loi du 5 brumaire précédent. Son premier paragraphe est ainsi conçu : « Les avantages singuliers ou réciproques stipulé entre les époux encore existants soit par leur contrat de mariage, soit par des actes postérieurs ou qui se trouveraient établis dans certains lieux par les coutumes, statuts ou usages auront leur plein et entier effet nonobstant les dispositions de l'article 1ᵉʳ auquel il est fait exception sur ce point. » Le second paragraphe n'est que la copie de la fin de l'article 2 de la loi de brumaire, toutefois il assimile aux enfants communs des époux, ceux que l'un d'eux ou que tous les deux auraient eus d'un précédent mariage, ce que ne faisait pas la loi de brumaire. L'article 14 était ainsi rédigé : « Les avantages légalement stipulés entre époux dont l'un est décédé avant le 14 juillet 1789 seront maintenus au profit du survivant. A l'égard de tous autres avantages échus ou recueillis postérieurement ou qui pourront avoir lieu à l'avenir, soit qu'ils résultent des dispositions matrimoniales, soit qu'ils proviennent d'institutions, dons entre vifs ou legs faits par un mari à sa femme ou par une femme à son mari, ils obtiendront également leur effet, sauf néanmoins leur conversion ou réduction en usufruit de moitié dans le cas où il y aurait des enfants conformément à l'article 13 ci-dessus. »

L'époux qui avait donné à son conjoint l'usufruit de la moitié de ses biens pouvait, conformément à l'article 16, donner suivant la distinction de cet article le dixième ou le sixième de ses biens à un étranger ; ce point fut formellement reconnu par la loi du 18 pluviôse an V en son article 6.

La loi de Nivôse an II n'abrogeait pas seulement par son article 61 la loi de Brumaire mais aussi toutes les coutumes alors sxistantes : « Toutes lois, ajoutait cet article, coutumes, usages et statuts relatifs à la transmission des biens par succession et donation sont également déclarés abolis sauf à procéder au partage des successions échues depuis et y compris le 14 juillet 1789 et de celles à venir selon les règles qui vont être ci-après établies.»

Cette loi du 17 nivôse an II donna lieu à plusieurs difficultés, elles furent l'objet de questions, adressées au législateur par l'autorité judiciaire, qui provoquèrent la loi du 9 fructidor an II. Cette loi dans la réponse, qu'elle faisait à la vingt quatrième question déclara que l'article 61 ramenait tout à l'uniformité par l'abolition des coutumes et que notamment il avait aboli le douaire coutumier.

En plus du douaire coutumier, les autres avantages matrimoniaux ou gain de survie résultant des coutumes furent aussi abolis par cet article, et ne purent exister pour les époux mariés depuis la loi. (Cass. 20 oct. 1087 Sir. 1807. 1. 565.— Cass. 6 mai 1811. Sir. 1811 1. 105).

Ajoutons toutefois que l'article 61 ne visait que les avantages matrimoniaux et les gains de survie, et qu'il ne s'appliquait pas aux règlements de la société entre époux, qui a lieu de droit par suite de la collaboration commune. Aussi le statut normand qui attribuait à la femme la moitié des conquêts faits durant le mariage n'a pas été abrogé par cet article (Cass. 25 mars 1819. Sir. 1819. 1. 409).

La loi de nivôse ne parlait pas d'une façon expresse du cas de remariage, aussi se demanda-t-on bientôt si elle avait aussi abrogé l'Edit des secondes noces :

En ce qui concerne le premier chef de l'edit qui défendait de donner au nouvel époux plus d'une part d'enfant le moins prenant, on admit sans difficulté que l'article 13 de la loi de nivôse en permettant de donner l'usufruit de la moitié au cas où il y avait des enfants soit communs, soit d'un précédent lit, avait abrogé ce premier chef.

Le second chef de l'édit ordonnait à l'époux remarié de conserver aux enfants du premier lit les gains nuptiaux qu'il avait recueillis de son premier mariage. Ce chef était-il aussi abrogé par la loi de nivôse, qui dans

son article 61 abolissait toutes les dispositions anté
rieures concernant la transmission des biens par succession et donation ? On aurait pu le soutenir en
voyant dans le second chef de l'édit une protection et
une faveur pour les enfants du premier lit qui se tra-
duisait pour eux par une sorte d'extension de leur réserve
et de leurs droits successoraux. Cette solution ne fut
pas admise par la jurisprudence qui décida que la loi
du 17 nivôse n'était relative qu'à la simple transmission
des biens et n'avait pas eu en vue l'abolition soit expresse
soit tacite des lois pénales rendues pour les cas éven-
tuels des seconds mariages. La jurisprudence fut fixée
sur ce point par un arrêt de la Cour de Cassation du 2
mai 1808 (Sir. 1808. 1. 364) qui confirmait un arrêt
rendu dans le même sens le 12 décembre 1806 par la
cour de Nîmes.

La loi de nivôse fut modifiée plus tard en ce qui concerne les donations entre étrangers par la loi du 4 germinal an VIII, qui permit de disposer d'une part d'enfant
pourvu qu'elle n'excédât pas le quart des biens. Cette
loi de germinal n'innova rien en ce qui concerne les
donations entre époux et déclare par son article 6 que
la loi de nivôse continuerait à les régir.

DROIT MODERNE

Le législateur de 1804 en ce qui concerne les donations entre époux pendant le mariage, abandonna le système de la loi de nivôse, qui, en assimilant complétement les donations entre époux aux donations ordinaires et en les déclarant irrévocables, ne tenait pas compte suffisamment de l'influence que pouvait prendre un époux sur l'autre, influence qui permettait à l'époux le plus fort de se faire consentir une donation par le plus faible. Il ne revint néanmoins pas au système suivi par les coutumes, la prohibition absolue des donations entre époux, qui résultait des coutumes avait le tort grave de blesser les conjoints de leurs affections les plus tendres, de plus, en revenant à ce système, il était à craindre qu'en pratique les époux ne cherchassent par mille moyens détournés d'éluder cette prohibition.

Il adopta en cette matière comme en beaucoup d'autres un terme moyen éloigné de ces deux extrêmes. Il déclara permises les donations entre époux, mais il en autorisa toujours la révocation : « *Toutes donations*, dit-il en l'article 1096, *faites entre époux pendant le mariage,*

quoique qualifiées entre-vifs, seront toujours révocables.
La révocation pourra être faite par la femme, sans y
être autorisée par le mari ou par justice. »

On revenait ainsi en quelque sorte à la règle suivie
par le sénatus-consulte de Caracalla après avoir passé
successivement comme en droit romain par une période
de liberté, et une période de prohibition, avec cette différence toutefois qu'à l'inverse du droit romain la période
de liberté avait suivi la période de prohibition.

CHAPITRE I

NATURE DE LA DONATION FAITE ENTRE ÉPOUX PENDANT
LE MARIAGE.

L'article 1096 après avoir qualifiées les libéralités entre époux de donations, les déclare révocables. Etant
donné les termes de cet article on pourrait être tenté de
voir dans ces donations une sorte d'acte mixte partici-
pant à la fois des donations entre vifs et des legs, mais
devant l'article 893 qui n'admet que deux manières de
disposer de ses biens à titre gratuit, à savoir la donation entre vifs ou le testament, on est bien forcé d'admettre que la donation entre époux pendant le mariage
doit entrer dans l'une ou l'autre de ces deux espèces de
dispositions à titre gratuit, dont à défaut de dispositions
expresses elle empruntera les règles.

Quelques auteurs se basant sur la révocabilité qui ca-
ractérise les donations entre époux pendant le mariage,
se refusent à les ranger parmi les donations entre-vifs
dont le caractère principal est, d'après l'article 894, de
dépouiller actuellement et irrévocablement le donateur

de la chose donnée, et les considèrent comme de véritables dispositions testamentaires, révocables comme elles *ad nutum* nonobstant toute clause contraire, en conséquence ils leur appliquent en ce qui concerne la capacité, la réduction et la caducité, les règles suivies en matière de legs.

Cette façon d'envisager les donations entre époux est repoussée par le plus grand nombre des auteurs. Ceux-ci, dont nous préférons le système, rangent les donations entre époux parmi les donations entre-vifs et répondent ainsi aux arguments du premier système. On ne peut. dit le premier système, ranger parmi les donations entre-vifs les donations entre époux, parce qu'il leur manque le caractère d'irrévocabilité qui est la marque distinctive des donations entre-vifs. Mais, répondent les partisans du second système, l'irrévocabilité qu'exige le code pour les donations entre-vifs est-elle un caractère si essentiel pour ces donations que sans lui on ne saurait les comprendre? Nullement, car on peut fort bien concevoir une donation entre-vifs révocable. Certes avec ce caractère, la donation entre-vifs offrira des choses de gain moins grandes au donataire sans toutefois les lui ôter complètement, car de ce qu'elle admet pour le donateur le droit de révocation, il ne s'ensuit pas forcément que ce dernier en usera, en conséquence la chance que court le donataire de voir la donation non révoquée constitue encore un certain bénéfice appréciable. Le code civil du reste en exigeant, dans son article 894, la condition d'irrévocabiltté pour les donations entre-vifs n'a fait que reproduire une règle de l'ancien droit, que celui-ci avait admise poussé par des motifs puissants d'intérêt pratique, or, rien n'empêche le même code de dispenser de cette condition qui, nous venons de le voir n'a rien d'absolue, les donations entre époux pendant le mariage, sans leur ôter pour cela le caractère de donations entre-vifs. On objecte à cette façon de voir que le code lui-même dénie aux donations entre époux, pendant le mariage, la qualité de donations entre-vifs, ne dit-il pas effectivement dans son article 1096 : « Toutes donations faites entre époux pendant le mariage, *quoique qualifiés entre-vifs*, seront toujours révocables » d'où on a conclu que si le code prévoit dans cet article que les époux pourront qualifier ces donations : donations entre-vifs, c'est qu'elles n'ont pas ce caractàre par elles-mêmes. Le défaut de cette réplique est de supposer comme évident que les donations ont été quálifiées d'actes entre-vifs par les époux eux-mêmes. Or rien n'est moins certain et l'un peut fort bien soutenir que le texte doit se lire comme s'il y avait : « Quoique qualifiées entre-vifs par le code. » L'article 1096 ferait alors allusion à l'article 893 qui donne aux donations entre époux implicitement la qualité de donations entre-vifs, allusion justifiée par cette raison que dans la fin de phrase il déroge à la règle suivie en matière de donations entre-vifs et énoncée par l'article 894,

En assimilant la donation entre époux pendant le mariage à un legs, qui est une disposition unilatérale ne
produisant d'effet qu'après la mort du testateur, on ne
tient pas compte de ce que la donation entre époux
exige le concours de deux volontés et que le plus souvent elle aura un effet immédiat. Ajoutons que la donation entre-vifs parmi laquelle nous rangeons la donation
entre époux est moins défigurée par le caractère de révocabilité, qu'on lui prête dans cette hypothèse, que le legs
auquel il faudrait alors donner le caractère de convention
et faire produire un effet immédiat. Or est-il possible de
supposer un legs qui produirait effet du vivant du disposant, non seulement le texte de l'article 895 s'oppose
à une telle supposition, mais encore si cet article n'existait pas l'idée de libéralité *post mortem* qui a sa source
dans la nature même de cette libéralité suffirait à la faire
rejeter.

Ajoutons encore que si les donations entre époux
n'étaient pas de véritables donations entre-vifs l'article
1096 dans son dernier paragraphe n'aurait pas eu besoin
de dire ; « les donations ne seront point révoquées par la
survenance d'enfants, » alors qu'un tel événement ne saurait révoquer une disposition testamentaire (art. 1046).
Mais comme, au contraire cette survenance d'enfant an-
nulé les donations entre-vifs ordinaires (art. 960) l'article
1096 ne présente aucune redite en admettant que ces
donations sont des donations entre-vifs.

L'article 1097 est encore plus formel dans notre sens,

il défend aux époux de se faire pendant le mariage des donations mutuelles entre-vifs par un seul et même acte, a contrario donc il leur permet de se faire des donations entre-vifs par actes séparés.

L'article 947 placé dans le chapitre des donations entre-vifs décide que les articles 943, 944, 945, 946 ne s'appliquent pas aux libéralités faites entre époux pendant le mariage, il en résulte que tous les autres articles concernant les donations entre-vifs, quant à la femme et aux conditions qu'on exige d'elles, s'appliquent à ces libéralités, d'où l'on peut conclure qu'elles sont de véritables donations entre-vifs.

Enfin la loi du 24 juin 1843 soumet par son article 2 les donations entre époux faites pendant le mariage aux mêmes formalités que les donations entre-vifs.

Cette question de savoir quelle est la nature véritable des donations entre époux a un intérêt capital au sujet des règles qui leur sont applicables. Ceux qui pensent, avec nous, que ces libéralités constituent de véritables donations entre vifs, n'hésitent pas à leur appliquer les règles concernant ces dernières. Ainsi, ils n'exigent pas dans ce cas la condition de survie du donataire, ce qui, dans la théorie opposée. semblerait devoir être exigée. Ce point est fort controversé, nous allons examiner les arguments que font valoir les deux systèmes en présence ; nous distinguerons pour cela le cas où la donation consiste en biens présents et celui où elle consiste en biens à venir.

A. Lorsque la donation entre époux ne comprend que des biens présents le prédécès du donataire ne saurait l'annuler (Cass. 18 juin 1845. Sir. 1845. 1. 638. — Toul, 20 février 1861. Sir. 1861. 2. 227). On a soulevé plusieurs objections contre cette façon de voir, nous allons les indiquer successivement en essayant de les réfuter à mesure.

Tout d'abord on fait remarquer que le législateur ayant déclaré d'une façon toute spéciale dans l'article 1092 que la donation de biens présents faite entre époux par contrat de mariage n'est pas censée subordonnée à la condition de survie de l'époux donataire, on peut conclure qu'il exige cette condition de survie du donataire dans le cas de donations faites entre époux pendant le mariage, puisque dans les articles qui les concerne, il ne reproduit pas cette règle.

L'argument a contrario que l'on tire de l'article 1092 ne nous semble pas très décisif, car pour lui reconnaître quelque valeur il faudrait admettre comme démontré que les donations entre époux sont en général et de leur nature censées faites sous la condition de survie de l'époux donataire. Ce qui ne nous paraît nullement établi, effectivement, les articles 1092 et 1093 qui envisagent les donations faites entre époux par contrat de mariage, contiennent au sujet de la condition de survie de l'époux donataire des solutions complètement opposées suivant que la donation consiste en biens présents ou en biens à venir, non seulement ces articles diffèrent quant aux

solutions qu'ils donnent, mais l'article 1093 prend soin
de déclarer expressément que les donations de biens à
venir ne seront pas transmissibles aux enfants issus
du mariage, en cas de prédécès de l'époux donataire, ce
qui serait tout au moins inutile, si le législateur avait
exigé comme condition de validité pour les donations
entre époux la survie du donataire, puisque les donations en question auraient naturellement été soumises
à la règle générale, par ce seul fait qu'à la différence
des donations de biens présents elles n'en avaient pas
été exceptées. Du reste il ne faut pas perdre de vue que
ces deux articles ne concernent que les donations faites
par contrat de mariage, et que, par conséquent, laissent
tout à fait indécise, la question quant aux donations faites
pendant le mariage. Dans ces circonstances, on ne saurait tirer de l'article 1092 et par un raisonnement à contrario une règle concernant ces derniers, la seule conclusion a contrario possible étant celle que le législateur
a pris soin lui-même de formuler dans l'article 1093.

On soulève une autre objection, l'article 1093, dit-
on, qui déclare non transmissibles aux enfants issus du
mariage en cas de décès de l'époux donateur, les donations de biens à venir ou de biens présents et à venir
faites par contrats de mariage, doit à fortiori s'appliquer aux donations mêmes de biens présents, faites
entre les époux pendant le mariage, puisque ces dernières sont essentiellement révocables tandis que les
premières sont irrévocables,

Cette objection revient à dire que le législateur à
défaut de disposition expresse à entendu soumettre
aux règles des donations irrévocables, les donations révocables, la disposition de l'article 1092, qui exempte
de la caducité pour cause de prédécès de l'époux donataire, les donations de biens présents faites par contrat
de mariage, constituant alors une exception à la règle
générale, qui serait contenue dans l'article 1093.

Cette façon d'envisager l'article 1093 nous semble
inexacte, dans cet article le législateur déclare seulement caduques, les donations de biens à venir faites
entre époux par contrat de mariage, en cas de prédécès
du donataire, donc, en donnant cette solution, il a, nous
croyons, l'intention de poser une règle spéciale en vue
seulement de la nature des biens qui forment l'objet de
la donation, et non l'intention de formuler une loi générale, on ne peut donc conclure logiquement de cet article que les donations entre époux pendant le mariage
doivent, à cause de leur caractère de révocabilité, être
soumises à la règle qu'il établit alors même qu'elles
ont pour objet des biens présents. Tout ce qu'il est
possible d'induire de cet article en ce qui concerne les
donations faites pendant le mariage, c'est que le prédécès de l'époux donataire les rend caduques comme celles
qui sont fait par contrat de mariage lorsqu'elles portent
sur des biens à venir, ce qui nous semble exact et que
nous admettons un peu plus loin, lorsque nous nous

occupons des donations de biens à venir faites entre époux pendant le mariage.

On soulève encore une dernière objection en rapprochant les articles 1086 et 1089 de l'article 1093. Voici comme on la formule; la faculté de révoquer inhérente aux donations faites entre époux pendant le mariage est, dit-on, plus large que la faculté de disposer d'un ou de plusieurs objets que le donateur se serait réservée dans une donation faite par contrat de mariage, or l'article 1089 décide que ces donations deviendront caduques si le donateur survit au donataire et à sa postérité et l'article 1093 renchérissant sur l'article précidé décide que les donations ne seront pas transmissibles aux enfants issus du mariage en cas de décès de l'époux donataire avant l'époux donateur, d'où l'on peut conclure que cette condition de survie du donateur est naturellement attachée à toutes les donations faites entre époux pendant le mariage.

L'objection dernière que l'on formule en rapprochant ces trois articles nous semble prêter à la critique à deux points de vue. Tout d'abord il ne nous paraît pas possible de conclure de l'article 1093 qu'une donation de biens présents faite entre époux par contrat de mariage devienne caduque par le prédécès de l'époux donataire même en supposant, ce qui serait l'hypothèse la plus favorable à l'objection, qu'elle a eu lieu sous la réserve de la part de l'époux donateur de pouvoir disposer des biens qui en forment l'objet, puisque cet article s'occupe seulement des donations de biens à venir, ce qui résulte des premiers mots par lesquels il commence et que sa disposition est ainsi que nous l'avons déjà fait remarquer précisément fondée sur la nature des biens donnés. D'autre part et c'est là le second point critiquable, il n'est pas exact de dire que les causes de caducité établies pour les donations absolument irrévocables ou qui ne sont soumises qu'à une irrévocabilité restreinte doivent à fortiori s'appliquer dans les donations qui sont révocables d'une façon absolue. En effet le législateur dans ces deux sortes de donations n'a pas eu à sauvegarder les mêmes intérêts. Ainsi, dans le cas d'une donation irrévocable, le donateur ne pouvant, sauf bien entendu l'application des causes ordinaires de révocation, rentrer dans les biens donnés que par l'effet de la caducité, le législateur, pour éviter de voir passer les biens donnés à des étrangers du vivant même du donateur, a été forcé dans certaines circonstances d'admettre cette cause de caducité des donations, à savoir le prédécès ; du donataire, et en agissant ainsi il avait pour but de faciliter le plus possible les libéralités par contrat de mariage ; le donateur étant certain de voir ses biens lui revenir dans le cas, où la personne qu'il entendait spécialement gratifier viendrait à mourir sans laisser de postérité.

Mais ces raisons n'existent plus dans le cas de donations faites entre époux pendant le mariage, le législateur n'a pas, à la différence de celles faites par contrat de mariage, à les faciliter. En décidant que celles-ci feront

retour dans certains cas au donateur, il a pour but
d'encourager les mariages, cette raison n'existe plus
pour les donations faites pendant le mariage. D'ailleurs
comme l'époux donateur est toujours maître de révoquer
la donation quand bon lui semble, il peut toujours empêcher que les biens par lui donnés à son conjoint
passent de son vivant à des étrangers, et s'il ne révoque pas, comme il en a le droit, la donation après la
mort de son conjoint, c'est qu'il a l'intention de gratifier les héritiers de ce dernier.

B. Si les donations de biens présents offrent certaines
controverses pour savoir si elles sont annulées par le
prédécès du donataire, il n'en est pas de même pour
les donations de biens à venir et les donations de
biens présents et à venir, ces donations sont annulées
par le prédécès de l'époux donataire.

Les textes ne permettent aucun doute, l'article 1093,
qui déclare caduques les donations de biens à venir
faites par contrat de mariage doit s'appliquer ici à fortiori, il est écrit en vue de donations irrévocables on ne
saurait soulever aucune objection pour l'appliquer à
nos donations qui sont révocables.

Ajoutons du reste que les donations de biens à venir
faites soit par contrat de mariage, soit pendant le mariage ayant d'ordinaire pour objet une quote-part de
l'hérédité du disposant, il est nécessaire que le donataire
par conséquent devienne le successeur universel de ce

dernier, il est tout naturel alors que son prédécès rende
dans les deux cas la donation caduque.

Les règles concernant les donations entre époux pendant le mariage doivent-elles s'appliquer aussi aux
étrangers mariés et vivant en France? Pour la négative
on pourrait soutenir que ces règles ayant surtout en
vue la qualité des personnes du donateur et du donataire ne doivent s'appliquer qu'aux époux français. La
cour de cassation par un arrêt en date du 4 mars 1857
(Sir. 1857.1.247) a repoussé cette façon de voir. Dans
l'espèce il s'agissait d'un sujet sarde qui avait épousé
en France une française et lui avait fait une donation
pendant leur mariage. A la mort du mari, ses héritiers
demandèrent l'annulation de la donation, sous prétexte
que la loi Sarde ne permettait entre les époux que les
libéralités par acte de dernière volonté. La cour suprême
repoussa leur demande en ces termes : « Attendu qu'en
admettant, comme le prétendent les demandeurs, que
la prohibition de l'article 1185 du code civil sarde ait
pour objet de restreindre la disponibilité des biens
entre époux afin d'en assurer la conservation aux héritiers du sang, elle ne constituerait encore qu'un statut
réel en harmonie avec le statut prohibitif de la communauté conjugale, empreint du même caractère et cir-
conscrit quant à son application dans les mêmes limites ; d'où il suit qu'en décidant que la donation dont il
s'agit recevrait son effet sur les biens délaissés en

France par F., l'arrêt attaqué s'est, encore sous ce rapport, conformé aux principes de la matière et n'a violé ni l'article 3 du code civil ni aucune autre loi.Rejette. » Nous préférons le système de la cour de cassation. En faisant des règles qui concernent la donation un statut réel, elle nous semble tenir un compte plus exact du but principal pour lequel elles ont été édictées, but qui est surtout de permettre aux époux de disposer de leurs biens en faveur de leur conjoint, et lorsque ces biens seront situés en France ils devront être soumis aux dispositions de la loi française, conformément à ce qui avait lieu en pareille matière dans notre ancien droit ainsi qui résulte de différents passages de Pothier cités plus haut[1].

[1] Voyez suprà page 160.

CHAPITRE II

DE LA CAPACITÉ EXIGÉE CHEZ LE DONATEUR ET LE DONATAIRE

Au sujet de la capacité exigée de l'époux pour faire une donation à son conjoint pendant le mariage, on applique les régles suivies en matière de donations entre vifs.

Ainsi l'époux mineur quoique plus âgé de 16 ans ne peut faire à son conjoint pendant le mariage aucune donation (Cass. 12 avril 1843. Sir. 1843.1.273. Bordeaux, 18 déc. 1866. Sir. 1867.2.145). Cette solution est basée sur l'article 904, qui ne permet au mineur âgé de 16 ans de disposer de ses biens par testament que, dans une certaine mesure et qui par conséquent lui interdit toute donation entre-vifs. On pourrait objecter que, la donation entre époux étant révocable comme le testament, il n'y aurait pas d'inconvénient à la permettre dans les limites fixées par l'article 904 ; à cela il est facile de répondre que ce n'est pas à cause de sa seule révocabilité que l'on a permis le testament au mineur, mais qu'en décidant ainsi la loi a eu surtout en vue de permettre au mineur dans l'hypothèse d'une mort prochaine de disposer d'une partie de ses biens suivant sa volonté, or la donation entre époux bien que révocable nous semble tout à fait en dehors du cas prévu par la loi puisque l'époux n'y aura recours que lorsque l'hypothèse d'une mort prochaine ne se présentera pas, autrement le testament lui permet suffisamment d'avantager son conjoint.

Un des époux peut se trouver soumis à l'autorité d'un conseil judiciaire, dans ce cas il faudra encore suivre le droit commun en matière de donations entre-vifs et décider que l'époux pourvu d'un conseil judiciaire ne pourrait faire une donation à son conjoint sans l'assistance de son conseil, conformément à l'article 513. La cour de Bruxelles a néanmoins décidé le contraire par un arrêt[1] en date du 3 avril 1886, sous prétexte qu'une semblable donation qui est essentielle-révocable constitue une donation à cause de mort tout au moins lorsque, comme dans l'espèce soumise à la cour elle n'est faite que sous condition de survie. Nous ne saurions nous ranger à l'avis de cet arrêt qui ne nous paraît pas tenir compte de ce que l'article 893 a complétement aboli les donations à cause de mort..

Toujours en vertu de la même règle, il faudrait encore décider que la femme mariée sous le régime dotal est incapable de donner pendant le mariage ses biens

Sirey, 1888.4.13.

dotaux à son mari. En effet la loi ne permet à la femme dotale de disposer de ses biens dotaux que par testament, ou dans l'un des cas exceptionnels prévus par les articles 1555 à 1559. Or la donation entre époux n'entre pas dans l'un de ces cas et de plus nous avons vu qu'elle n'était pas un testament.

À quel moment cette capacité est-elle exigée ? Le plus souvent la donation entre époux aura lieu par un seul et même acte qui contiendra l'offre du donateur et l'acceptation du donataire. Dans ce cas il suffira que les époux soient capables au moment de la passation de l'acte, c'est-à-dire qu'ils soient sains d'esprit (art. 901) et exempts de toute incapacité juridique absolue telle que l'incapacité qui frappe les condamnés à une peine afflictive perpétuelle. (L. 31 mai 1854, art. 3 al. 1) ; toutefois la loi du 25 mars 1873 qui règle la condition des déportés, permet à l'époux déporté de disposer de ses biens en quelque lieu qu'ils soient situés en faveur de son conjoint par donation entre-vifs dans les limites des articles 1094 et 1098, à condition que son conjoint habite avec lui (art. 13). Ajoutons que, si l'un des époux est frappé d'une peine afflictive perpétuelle, il peut néanmoins recevoir une donation de son conjoint à titre d'aliment (L. 31 mai 1854 art. 3 al. 1) et que le gouvernement peut le relever de cette incapacité de disposer (art. 4).

Dans l'hypothèse, où l'acception aurait lieu par acte séparé, il faudrait que le donateur fut capable au mo-

ment de la notification de l'acceptation, et aux deux
époques de l'offre qu'il a faite au donataire et de l'acceptation de la donation par ce dernier.

Etant donné le caractère de révocabilité qui caracté-
rise la donation entre époux pendant le mariage,
certains auteurs ajoutent encore aux moments, où
nous exigeons la capacité du donateur, celui de son décès ; de telle sorte que, s'il mourait ayant encouru une
peine afflictive perpétuelle, la donation serait caduque.
Cette doctrine nous semble contredite par ce fait que
le Code attribue à la donation entre époux pendant le
mariage un effet immédiat sauf révocation ultérieure.

CHAPITRE III

BIENS QUI PEUVENT FAIRE L'OBJET DES DONATIONS ENTRE
ÉPOUX PENDANT LE MARIAGE

La donation entre époux faite pendant le mariage
peut comprendre soit des biens présents, soit des biens
à venir, soit à la fois des biens présents et des biens à
venir (art. 947), elle se sépare sur ce point des donations
entre-vifs ordinaires qui ne peuvent comprendre que
les biens présents du donateur.

La donation entre époux faite pendant le mariage
alors qu'elle ne comprend que des biens à venir seulement n'en constitue pas moins une véritable donation
entre-vifs. (Cass. 22 juill. 1807. Sirey. 1807. 1. 361.
Cass. 5 décembre 1816. Sirey. 1818. 1. 50). En conséquence même dans cette hypothèse elle devra être faite
par acte notarié et acceptée d'une façon expresse, le tout
à peine de nullité.

Lorsque la donation consiste en objets mobiliers et
est une donation de biens à venir, faut-il exiger l'état
estimatif dont parle l'article 948? Pour l'affirmative,
on a soutenu en se basant sur les termes d'un arrêt de

la cour de Cassation du 16 juillet 1817 (Sir. 1818. 1.
379), que l'article 948 contient une règle générale applicable à toutes les donations d'effets mobiliers sans exception. Nous préférons l'opinion contraire, car il est bien
difficile d'admettre qu'il soit possible de donner un état
d'objets mobiliers, lorsque l'on de sait pas encore ceux
de ces objets qui feront partie de la donation ; devant
cette impossibilité nous croyons que l'on ne peut exiger
dans cette hypothèse l'application de l'article 948. Cette
façon de voir a été suivie par le tribunal de la Seine en
un jugement du 27 février 1833, que la cour de Paris à
confirmé par un arrêt daté du 29 août 1834 (Sirey 1834
2. 643).

Lorsque la donation comprend à la fois des biens
présents et des biens à venir la même solution s'impose
(Riom 5 déc. 1825. Sirey. 1826. 2. 43).

Dans le cas de donation de biens à venir, si les biens
donnés sont susceptibles d'hypothèque, il n'y aura pas
lieu de procéder à la transcription de la donation.

Les donations entre époux diffèrent encore des donations entre vifs ordinaires en ce que le donateur peut les
faire sous la condition pour le donataire d'acquitter
d'autres charges ou dettes, que celles qui existaient à l'é-
poque de la donation, ou qui seraient exprimées soit
dans l'acte de donation, soit dans l'état qui devrait y
être annexé. Elles peuvent être faites sous certaines conditions dont l'exécution dépend de la seule volonté du
donateur.

Enfin le donateur peut mettre comme condition le droit pour lui de disposer d'un effet compris dans la donation ou d'une somme fixe à prendre sur les biens donnés.

Ajoutons que le don manuel est permis entre les époux. La cour de Bordeaux dans un arrêt en date du 4 mars 1835 (Sir. 1836, 2, 568) a résumé ainsi les raisons qui militent en faveur de cette solution : « Considérant qu'un don manuel n'est autre chose qu'une donation d'objets mobiliers, par suite de laquelle la chose passe des mains du donateur dans celles du donataire ;—Considérant que la validité d'un don manuel, alors qu'il n'a pas pour but de frauder les lois ne saurait être raisonnablement contestée ; que donner de la main à la main ce dont on est légitimement propriétaire, est une faculté accordée par le droit naturel, que le code a du admettre ; qu'il admet ces sortes de donations et que de nombreux arrêts ont depuis longtemps fait cesser tous les doutes ;—Considérant qu'en pareille matière un acte n'est pas nécessaire, parce que, le dessaisisement une fois opéré, le titre du donataire est sa possession, conformément à ce principe du droit, qui enseigne qu'en fait de meubles, la possession vaut titre ; — Considérant que le don manuel n'est pas moins permis entre époux qu'entre personnes étrangères l'une à l'autre ; et que la distinction proposée à cet égard par O... n'est justifiée par aucun texte du code civil ; — Considérant que l'article 1096 de ce code porte expressément que toutes donations

faites entre époux pendant le mariage, quoique qualifiées entre-vifs, seront toujours révocables ; qu'il suit de
cet article que le don manuel entre époux peut être révoqué.... ; que n'ayant pas été révoqué ce don aux termes
des principes déjà rappelés doit produire tout son
effet..... » Pour ces raisons la cour confirme un jugement
qui avait précédemmeot jugé dans le sens de la validité
du don manuel entre époux.

La cour de cassation a admis la même façon de voir:
Dans un arrêt rendu par elle le 25 janvier 1859 (Sir.
1860.1.255) elle dit textuellement: « Attendu qu'il est reconnu en principe par les demandeurs en cassation
eux mêmes que le mari peut valablement, pendant le
mariage, faire un don manuel à sa femme...... »

Citons encore un arrêt de la cour d'Orléans du 21
juillet 1865 (Sir. 1866.2.126) dans le même sens.

CHAPITRE IV

Nous avons vu que les époux ont, pendant le mariage, deux façons de se faire des libéralités, ils peuvent procéder par voie de testament ou par donation. Dans l'hypothèse où ils emploient cette seconde façon de procéder (la seule dont nous nous occupons) ils doivent, croyons-nous se soumettre aux prescriptions exigées par les articles 931, 932, 939 et 948 du code civil concernant les donations entre-vifs.

Voyons successivement les conditions prescrites par ces différents articles. Tout d'abord l'article 931 exige que tout acte portant donation entre-vifs soit passé devant notaire dans la forme ordinaire des contrats et qu'il en reste minute, sous peine de nullité. La forme dont parle l'article 931 est déterminée par l'article 2 de la loi du 21 juin 1843, qui vise expressément le cas d'une donation entré époux pendant le mariage. Cet article exige que la donation soit faite ou devant deux notaires, ou devant un seul notaire assisté de deux témoins. Toutefois elle ajoute que la présence du notaire en se-

cond ou des deux témoins n'est requise qu'au moment
de la lecture des actes par le notaire et la signature du
contrat, mais elle doit être mentionnée dans l'acte à
peine de nullité.

L'article 932 exige que le donateur accepte la donation
en termes exprès, à défaut de cette acceptation le donateur n'est pas engagé. La jurisprudence exige cette condition d'une façon formelle pour les donations entre
époux (Rennes 20 mars 1841. Sir. 1841. 2. 418. — Amiens
24 nov. 1843. Sir. 1847. 2. 343). Elle décide avec raison que
les formalités exigées pour les donations entre-vifs doivent s'appliquer aux donations entre époux faites pendant
le mariage sauf les exceptions prévues par l'article 947.
A l'objection que l'on serait tenté de soulever en argu-
mentant de ce que l'article 1087 dispense la donation
faite par contrat de mariage de la nécessité de l'acceptation, elle répond fort judicieusement que cette exception
tire sa raison d'être de ce que la donation ne sera parfaite que par la célébration du mariage, qui tient en
quelque sorte ainsi lieu d'acceptation expresse, et que
par conséquent on ne saurait l'étendre aux donations
faites pendant le mariage.

Les donations entre époux faites pendant le mariage ne sont apposables à l'égard des tiers lorsqu'elles
ont pour objets des immeubles présents, que lorsque
les actes qui les renferment auront été transcrits conformément à ce qu'exige l'article 939.

Certains auteurs n'admettent pas la nécessité de cette

formalité, ils font remarquer que la transcription d'une
donation n'a pour but que d'avertir les tiers du dessai-
sissement irrévocable, qui empêche désormais le donateur entre vifs de disposer à nouveau de la chose par
lui donnée, or comme dans l'hypothèse d'une donation
entre époux pendant le mariage, l'époux donateur peut
fort bien disposer de la chose donnée même après la
transcription, puisque la donation n'est pas irrévocable et qu'alors dans ce cas l'aliénation par lui consentie de l'immeuble donné équivaut de sa part à une
révocation de la donation, la raison d'être de la formalité de la transcription n'existe plus puisque les
tiers n'en peuvent plus tirer quelque enseignement
utile.

Pourtant, dans ce cas, la transcription ne sera pas
inutile, elle empêchera que les condamnations prononcées contre le donateur frappent de l'hypothèque
judiciaire l'immeuble donné, car, aux termes de l'article 2123 al. 2, cette hypothèque ne peut s'exercer que
sur les immeubles actuels du débiteur et la transcription de la donation prouve à l'égard des tiers que l'immeuble ne fait plus partie des biens du donataire.

Si maintenant nous supposons que la donation faite
par l'un des époux à son conjoint pendant le mariage
ne consiste qu'en effets mobiliers, cette donation, conformément à l'article 948, ne sera valable qu'autant
qu'un état estimatif signé du donateur et du donataire
aura été annexé à la minute de la donation (Cass. 16

juillet 1817. Sir. 1818.1.379) Cette règle résulte, d'une part des termes absolus qu'emploie l'article 948 et, de l'autre, de la place qu'occupe cet article qui vient immédiatement après un article dispensant les donations entre époux de certaines formalités exigées des donations entre-vifs ordinaires. Toutefois si la donation comprenait à la fois des biens présents et à venir cette formalité ne serait plus exigée (Riom, 5 décembre 1825. Sir. 1827.2.43. Paris, 29 août 1834. Sir., 1834.2.643.) En effet dans de pareilles donations il est impossible de dresser un état du mobilier, puisque l'état ne pourrait comprendre que les effets existants au jour de la donation et que ce ne sont pas ces effets qui forment l'objet de la donation.

En plus des formalités exigées par les articles précités, l'art. 1097, décide que les époux ne pourront, pendant le mariage, se faire aucune donation mutuelle par un seul et même acte. Cette règle se conçoit facilement, étant donné que ces donations sont essentiellement révocables, il était nécessaire, pour éviter les difficultés, qui en cas de révocation de la part de l'un des époux, n'auraient pas manqué de surgir pour savoir si la donation faite au profit de cet époux devait être aussi annulée, de prendre une décision empêchant radicalement ce cas de se présenter, c'est ce que fit l'article 1097, qui reproduit une règle semblable à celle énoncée en matière de testaments par l'article 968. (Rennes, 15 fév. 1840, Sir., 1840.2.226. Cass. 26 mars

1855, Sir., 1855. 1. 353. Cass. 13 juillet 1863. Sir.
1863. 1. 439.)

Ajoutons que si la loi défend aux époux de se faire
une donation mutuelle par un même et seul acte, on ne
saurait étendre cette prohibition au cas où les époux
se seraient gratifiés réciproquement par des actes séparés quoique passés immédiatement l'un à la suite de
l'autre devant le même notaire, assistés des mêmes
témoins (Cass. 22 juillet 1807. Sir. 1807, 1. 361. — Cass.
16 juillet 1817. Sir. 1818. 1. 379.) La loi ne prescrit
aucun intervalle entre les deux actes, et décider que ces
actes sont nuls parcequ'il n'y a eu entre les deux aucun
intervalles, ce serait ajouter à la loi et ne pas tenir
compte de ce que même l'ancienne jurisprudence n'exigeait pas, en matière de testaments mutuels, sous l'empire de l'ordonnance de 1733 qui les interdisait (art. 77)
un ntervalle quelconque entre les deux testaments que
se faisaient réciproquement les époux, pour les déclarer
valables (Parlement de Bordeaux. Arrêts d'avril 1743 et
du 31 mars 1775).

Cette condition exigée par l'article 1097 ne vise que
la forme des donations entre époux et non la capacité
des époux, puisque aux termes de l'article 1096 ces derniers sont capables de se donner mutuellement par des
actes séparés, ce qui ne pourrait pas être s'ils étaient
frappés d'une incapacité légale, dont l'effet naturel et
nécessaire serait de les priver de la faculté de se faire,
de quelque manière que ce fut, des donations mutuelles.

En conséquence, il faudrait décider que l'article 1097 ne
s'applique pas aux donations mutuelles faites avant le
Code par un même et seul acte, encore que les donateurs ne soit décédés que depuis la promulgation du
Code, en supposant bien entendu que la loi à l'époque
où elles avaient été faites eut permis ces donations
mutuelles (Cass. 23 juin 1813. Sir. Coll. Nov. t. 4. 380.)
Et que les donations mutuelles que deux époux français
se sont faites par un seul acte dans un pays dont la législation admet cette façon de procéder sont valables
en France (Toulouse 11 mai 1850. Sir. 1850. 3. 529).

CHAPITRE V

Les époux désireux de s'avantager n'emploient pas
toujours les formes que nous venons d'indiquer; ils
procèdent parfois par voie de donations indirectes. Le
code a prévu le cas dans son article 1099 alinéa 1 où il
décide que les époux ne pourront se faire des donations
indirectes au delà de la quotité spéciale, qu'il vient de
fixer. Cet article admet donc que les donations indi-
rectesentre époux faites dans ces limites sont valables.

Quand y aura-t-il donation indirecte entre époux? Il
y aura donation indirecte entre époux lorsque la donation, bien que non faite en termes exprès par le donateur, résultera des effets d'un acte de nature différente
fait sans fraude ni déguisement, ni interposition de personne. Ainsi il faudra voir une véritable donation indirecte entre époux, lorsque les deux conjoints étant
cohéritiers, ou lorsque l'un d'eux est du degré suivant,
l'époux appelé à recueillir la succession y renonce, dans
le but de gratifier son conjoint, il en serait de même

en cas de legs. Citons encore la renonciation à une prescription acquise. Il faudrait aussi voir une donation indirecte dans toute stipulation en faveur du conjoint contenue dans un contrat à titre onéreux passé entre l'époux donateur et un tiers, contrat valide aux termes de l'article 1121 , tels que la constitution de rente viagère (art. 1973), le paiement des dettes, etc... Ces différents cas n'offrent aucune difficulté ; la donation excède-t-elle la quotité disponible, on la réduit à cette quotité, est-elle au contraire faite dans les limites de cette même quotité, elle est valable pour le tout.

Il n'en est pas de même au sujet de l'assurance sur la vie qu'un des deux époux à contracté en faveur de son conjoint. Que faut-il considérer dans cette hypothèse comme donation indirecte entre époux, est-ce le montant des primes payées, est-ce le capital assuré ? Cette question se rattache à la question plus générale des assurances sur la vie contractées au profit d'un tiers, qui est ici le conjoint. Sans entrer ici dans la discussion des différents systèmes que cette question a fait naître nous nous contenterons de les indiquer sommairement.

1er *Système.* — La jurisprudence admet maintenant que l'assurance sur la vie contractée au profit d'un tiers, constitue une stipulation pour autrui, valable d'après l'article 1121 du code civil, dont les termes sont les suivants : « On peut personnellement stipuler au profit d'un tiers lorsque telle est la condition d'une stipulation que l'on fait pour soi-même ou d'une donation que l'on fait à autrui. »

Elle justifie ainsi l'application de l'article 1121 : « Attendu, en droit, que le contrat d'assurance sur la vie, lorsque le bénéfice de l'assurance est stipulé au profit d'une personne déterminée, comporte essentiellement l'application de l'article 1121. C. civ.,c'est-à-dire les règles qui régissent la stipulation pour autrui ; — que vainement on voudrait prétendre, comme l'a fait l'arrêt attaqué que, dans un pareil contrat, l'assuré ne stipulant pas pour lui-même,les dispositions de l'article 1121 ne saurait être invoquées par le tiers bénéficiaire : attendu, en effet,que d'une part le profit de l'assurance peut, dans de certaines éventualités, revenir au stipulant et que, d'ailleurs, le profit moral résultant des avantages faits aux personnes désignées suffit pour constituer un intérêt personnel dans le contrat ; — que d'autre part, le stipulant s'engage à verser à la compagnie d'assurance des primes annuelles, de telle sorte qu'à quelque point de vue qu'on se place, il est impossible de soutenir que le stipulant ne stipule pas pour lui-même et que par suite l'article 1121 n'est pas applicable. Attendu, conformément à la dernière partie de cet article,que, lorsque le tiers spécialement désigné par la police d'assurance a déclaré vouloir profiter de la stipulation faite en sa faveur, il en résulte pour lui un droit personnel irrévocable, en vertu duquel le promettant sera tenu de lui payer le montant de l'assurance au moment du décès du stipulant, si d'ailleurs les primes ont été régulièrement payées, soit par ce dernier, soit à son défaut par le tiers lui-même[1] ».

On voit par les considérants de cet arrêt que la jurisprudence admet en outre que, dans l'hypothèse où le tiers bénéficiaire est indiqué dans la police d'une façon expresse, (c'est ce qui a lieu lorsque l'assurance est faite au profit d'un des deux époux par l'autre conjoint) et que ce tiers accepte la libéralité qui lui est ainsi faite, le capital assuré est réputé lui avoir toujours appartenu. En plus de l'arrêt déjà cité nous indiquerons dans ce sens : Cass. 6 et 22 février 1888 (Dalloz 1888. 1. 193,) Nancy 17 janv. 1888. (Dalloz 1888. 2. 153). Paris 19 mai 1890, (Dalloz 1893. 2. 185). Comme conséquence de cette façon d'envisager l'assurance elle admet que la donation ne peut porter que sur les primes.

2me *Systéme.* — Si la jurisprudence semble maintenant être fixée dans le sens du système précédent, il fut une époque où elle n'admettait pas qu'en vertu de l'article 1121 le tiers bénéficiaire était directement saisi. Le système qu'elle a abandonné décomposait l'assurance au profit d'un tiers déterminé en deux opérations distinctes réunies toutes deux dans un même acte qui est la police d'assurance.

L'assuré moyennant des primes périodiques qu'il s'en-

_____

[1] Cass. 16 janv. 1888 (Dalloz, 1888-1-77.)

gage à payer, acquiert, d'après ce système, contre l'assureur, un droit actuel dont l'exigibilité est retardée
jusqu'à l'arrivée d'un terme incertain, qui n'est autre
que sa propre mort; c'est là le premier contrat qui est
passé entre l'assuré et l'assureur, et dont les caractères
sont d'être un contrat à titre onéreux et synallagmati-
que (Cass. 15 décembre 1873. Sir. 1874. 1. 199). Ensuite
l'assuré par un second contrat, passé en même temps
que l'autre et qui fait en quelque sorte corps avec lui,
offre ce droit, qu'il vient d'acquérir contre l'assureur, à
un tiers déterminé, laquelle offre est indiquée par la dé-
signation de ce tiers que fait l'assuré dans la police (Cass.
arrêt précité. Cass. 2 mars 1881. Sir. 1881. 1. 143). Les
termes de ce dernier arrêt sont des plus formels, les
voici : « Attendu qu'en contractant avec la compagnie
d'assurance, B..., a d'abord acquis pour lui-même, puis
transmis à sa femme à titre de donation, conformément
au principe des articles 1121 et 1973 du Code civil, le
droit au capital assuré ». Dans ce système on fait porter
la donation sur le capital assuré. En conséquence ce
capital assuré devra être compté dans le patrimoine
de l'assuré pour faire le calcul de la réserve et de la quotité disponible (Cass. 9 juin 1881. Sir. 1881. 1. 337. Cass.
8 février 1888. Sir. 1888. 1. 129), et si le tiers se trouve
être un des héritiers de l'assuré, il devra faire à ses cohéritiers le rapport du montant du capital assuré. (Cass.
21 juin 1876. Dalloz, 1878. 1. 429).

3e Système[1]. Ce système explique le contrat d'assurance sur la vie à l'aide de la gestion d'affaires. L'assuré traite comme gérant d'affaires au nom d'autrui (lequel autrui n'est autre que le tiers bénéficiaire) avec l'assureur; en sorte que le véritable assuré est le tiers bénéficiaire. Si le tiers trouve que l'assurance faite par le gérant d'affaires, c'est-à-dire l'assuré, est une opération avantageuse pour lui, il la ratifiera, son consentement pourra être donné après la mort de l'assuré et aura un effet rétroagissant au jour du contrat d'assurance.

En admettant ce système, on trouve néanmoins une libéralité faite par l'assuré au tiers bénéficiaire : à la différence du deuxième système qui voyait une donation de la créance du capital, ce système réduit la donation aux primes payées par l'assuré ; il suppose que ce dernier en sa qualité de gérant d'affaires a payé ces primes *animo donandi*, sans avoir l'intention d'exiger leur remboursement.

4° Système[2]. — D'après ce système l'assurance sur la vie constitue un contrat *do ut facias*. L'assuré stipule de l'assureur qu'à sa mort il offrira au tiers le capital assuré. Le bénéficiaire en conséquence n'a privé la for-

---

[1] C'est le système de M. Labbé. Il est formulé dans différentes notes sous divers arrêts. Notamment à la page 393 première partie année 1877 du Sirey et à la page 6, première partie, année 1885 du même recueil.

[2] Thaller. Dalloz 1888. 2. 1. Note.

tune du stipulant que du montant des primes payées *ante mortem*, il ne sera donc donataire seulement que des primes.

Sans entrer dans la discussion de ces différents système, ce qui nous entraînerait loin de notre sujet, nous nous rangerons à la théorie, qu'a adoptée en dernier lieu la jurisprudence, et nous déciderons avec elle que l'assurance sur la vie qu'à contractée un époux en faveur de l'autre ne constitue pas une donation quant au capital assuré, mais seulement quant aux primes, nous trouverons plus loin dans le cas de faillite du mari, qui s'est assuré sur la vie en faveur de sa femme, une application de ce principe.

L'assurance sur la vie, comme les autres sortes de libéralités indirectes, que peuvent se faire les époux bien que constituant une donation entre époux, est dispensée des formalités qu'exigent les articles 931 et suivants pour les donations ordinaires et que nous énumérons dans le chapitre précédent. Cette exception se justifie facilement par l'analogie que présente cette donation, qui est comme toute l'accessoire d'un contrat à titre onéreux passé entre l'assuré et l'assureur, avec le cas prévu par l'article 1973. Cet article, dans la même hypothèse, lorsqu'il s'agit d'une rente viagère constituée au profit d'un tiers, décide que, bien que cette rente ait le caractère d'une libéralité, elle ne sera pas soumise aux formes requises pour les donations.

Nous avons vu que l'article 1097 défendait aux époux de se faire une donation mutuelle par un même et seul acte ; or il arrive parfois que les deux époux stipulent que l'assureur, moyennant une prime qu'ils paieront chacun par moitié donnera une somme de tant au survivant d'eux. De plus cette stipulation constitue généralement une police d'assurance unique. Doit-on dans ce cas admettre une telle stipulation ou la déclarer nulle en vertu de l'article 1097 ?

Le cas s'est présenté et successivement le tribunal de Cambrai, la cour de Douai et enfin la cour de Cassation eurent à se prononcer. Voici l'espèce : Les époux Théodat, par une police unique datée du 12 mai 1871, acquéraient moyennant une prime annuelle de 990 francs qu'ils s'engageaient à verser chacun pour moitié, le droit à une somme de 20,000 francs que la compagnie d'assurance le Monde s'engageait à verser au survivant d'eux. Le mari meurt le 7 mars 1875 après avoir été déclaré le 26 février précédent en faillite. Le syndic de la faillite attaque la veuve Théodat qui, après avoir renoncé à la communauté, prétendait toucher les 20,000 francs montant de l'assurance. Le tribunal de Cambrai par jugement en date du 26 août 1875 accueillit favorablement cette demande. Le jugement conclut que les époux Théodat étant communs en biens, toute acquisition faite par eux conjointement ou séparement doit-être commune, que l'article 1395 empêche d'attribuer en propre au survivant la part du prémourant dans l'assurance et que enfin, bien que cet article 1395 ne défende pas aux époux de se donner l'un à l'autre leur part dans la créance commune, on ne saurait voir dans l'espèce une donation valable, cette donation étant faite par un seul et même acte et étant par conséquent nulle en vertu de l'article 1097. En conséquence le bénéfice de l'assurance tombe dans la communauté et la femme ne peut plus rien y prétendre puisqu'elle a renoncé.

La veuve Théodat en appelle. La cour de Douai se prononce à son tour le 31 janvier 1876 (Sirey 1877. 2. 33 et la note de M. Lyon-Caen). Elle met à néant le jugement du tribunal de Cambrai. Voici les termes de son arrêt : « Attendu que le contrat d'assurance sus énoncé ne peut-être considéré comme renfermant une donation mutuélle et réciproque entre époux prohibée par l'article 1097 du Code civil, ce contrat étant à titre onéreux puisque chacun des époux consent à perdre sa part en cas de prédécès pour gagner en cas de survie le montant intégral de l'assurance. — Attendu que Théodat en assurant sur la tête du survivant des époux a nécessairement voulu que sa femme survivante recueillit le capital de 20.000 francs à titre de libéralité dans le cas où elle répudierait la communauté. Attendu que cette libéralité ne se rattache point à une libéralité réciproque, le mari ne recevant rien dans le cas donné, que par suite la disposition est valable vis-à-vis de la

femme comme elle le serait vis-à-vis du tiers.» Ainsi la
Cour de Douai écarte l'objection tirée de l'article 1097
sous prétexte que s'il y a eu libéralité il n'y en a eu
qu'une et non deux, l'article en question ne visant que
le cas de donations mutuelles et réciproques.

La cour de Cassation (Sirey 1877. 1. 393) à qui la
cause fut soumise se rangea à l'avis de la cour de Douai
« Attendu, dit elle, dans son arrêt du 28 mars 1877, que
de l'alternative prévue au contrat, est résulté pour chacun des époux un droit éventuel à la somme assurée,
soumis en même temps à la condition suspensive de
sa propre survie et à la condition résolutoire du prédécès
de son conjoint; que, l'alternative favorable à madame
Théodat s'étant réalisée par le prédécès de son mari, le
droit éventuel de ce dernier a été résolu et celui de la
femme survivante a été au contraire rendu définitif par
l'accomplissement de la condition suspensive à laquelle il avait été soumis. Attendu que, par suite, les droits
de la veuve Théodat doivent être réglés comme si l'assurance avait été conracté par Théodat seul sur sa propre vie et au profit de sa femme survivante. »

Ainsi la cour de Douai et la cour de Cassation ont
cru éviter l'objection en répondant que la stipulation
litigieuse constituait un contrat à titre onéreux ou que,
si elle constituait une libéralité, elle ne contenait qu'une
seule donation et non deux. Dans la note qu'il a publiée sous l'arrêt de la cour de Douai, M. Lyon-Caen
démontra fort bien le côté faible de cette argumentation.

« La manière subtile, dit-il, dont la Cour a envisagé l'opération est tout à fait erronée. Pour apprécier sa nature, pour déterminer si elle contient une seule libéralité, ou si elle en renferme deux, il faut se placer au moment où elle est intervenue et ne pas considérer exclusivement ses résultats, comme le fait, à tort selon nous, la cour de Douai. Il est, à nos yeux, certain qu'il y a bien eu deux libéralités. La preuve en est que le mari tout aussi bien que la femme aurait pu re cueillir le capital de l'assurance entier. Si, dans l'espèce, le mari n'avait rien à réclamer, c'est que la condition de survie sous laquelle la libéralité lui avait été faite ne s'est pas accomplie. En un mot, dans l'espèce, il y a bien deux libéralités ; mais ce sont des libéralités conditionnelles, et la condition de laquelle dépend l'une étant contraire à celle à laquelle est subordonnée l'autre, il est impossible que ces deux libéralités produisent leurs effets simultanément ». Il résulte donc qu'il y a deux donations faites en un seul et même acte ; faudra-t-il les annuler comme violant l'article 1097 ? Nous ne le pensons pas, car ici les libéralités qu'ont voulu se faire les époux ne sont que l'accessoire du contrat principal qu'ils ont passé avec la compagnie d'assurances.

Or nous croyons que lorsque les donations entre époux sont faites accessoirement à un contrat principal à titre onéreux, elles sont affranchies des formes habituelles (Arg. art. 1973. C. civ.) C'est ce que fait ressortir en ces termes M. Lyon-Caen dans la note précitée : « Or quand la donation ou les donations sont accessoires à un acte dont elles sont parties intégrantes, il y a dans le fond des choses une unité, une indissolubilité qui influe sur la forme. Le législateur en prescrivant une forme incompatible avec la notion de cette opération complexe, c'est-à-dire, en ordonnant d'isoler les donations, qui, étant subordonnées, doivent être exercées dans un acte principal unique ou ne pas être, prohibereit une combinaison très sage, très morale. Telle n'est certes pas son intention ».

CHAPITRE VI

DONATIONS DÉGUISÉES ENTRE ÉPOUX

La donation est déguisée lorsqu'elle est faite sous la forme d'un acte onéreux en apparence, mais qui, dans l'intention des parties, ne constitue qu'une simulation. Ce cas est prévu en ce qui concerne les époux par l'article 1099, alinéa 2, dont les termes sont les suivants : « Toute donation ou déguisée ou faite à personnes interposées sera nulle. » Il s'agit bien entendu de donation entre époux, le même article venant de dire dans son premier alinéa : « Les époux ne pourront se donner indirectement au-delà de ce qui leur est permis par les dispositions ci-dessus. »

On est loin d'être d'accord sur le sens qu'il faut donner à ce second alinéa, quatre systèmes se trouvent en présence nous allons les indiquer successivement.

1er *système.* — D'après ce système, les donations déguisées entre époux doivent être traitées comme les donations indirectes, en conséquence ces donations seront valables pour le tout si elles n'excèdent pas la quotité disponible et réductibles seulement si elles

l'excédent. L'article 1099 n'a voulu faire aucune dis-
distinction entre ces deux espèces de libéralités, en cela
il s'est conformé à la tradition, en effet ni le droit romain, ni l'édit des secondes noces, ni l'ancienne jurisprudence n'annulent les libéralités excessives. Les
expressions différentes qu'emploie cet article dans ces
deux paragraphes sont synonymes. Il en était ainsi
dans l'ancien droit, Pothier[1] énumérant les avantages
indirects défendus entre mari et femme range parmi
eux ceux, qui se font à l'aide d'interposition de personne.
Le code civil lui-même dans un autre article (843) en
décidant que tout héritier venant à une succession doit
rapporter à ses cohéritiers tout ce qu'il a reçu du défunt par donation entre vifs directement ou indirectement, assimile aussi les donations déguisées aux donations indirectes[2].

Par suite de la synonymie de ces deux expressions,
on ne saurait voir, dans l'article en question, une anti-
thèse quelconque entre les deux paragraphes ; le second
n'est en quelque sorte que le développement du premier,
développement justifié par le fait que le dernier alinéa

---

[1] Traité des donations entre mari et femme chap. II : « La troisième espèce d'avantages indirects, est de ceux qui se font par
personnes interposées ».

[2] C'est ce qui résulte de plusieurs arrêts de la cour de cassation
en date du 20 mars 1843 (Sirey 1843.1.451) du 10 nov. 1852 (Sirey
1853.1.289) du 18 août 1862 (Sirey 1863.1.265).

a pour but de renvoyer à l'article 1100 qui énumère certains cas d'interposition de personnes. Le système a été suivi par différents cours d'appel nous citerons spécialement. les arrêts Suivants : Bourges 29 mars 1836 (Sir. 1836. 2. 344). Paris 21 juin 1837 (Sir. 1837.2.322), Caen 13 novembre 1847 (Sir. 1848. 2. 677). Toulouse 26 février 1861 (Sir.1861. 2. 327). Lyon 18 novembre 1862 (Sir.1863.2.51). Orléans 10 février 1865 (Sir. 1865. 2. 168) et Grenoble 21 mars 1870 (Sir. 1870. 2. 240). Cette dernière cour abandonna par cet arrêt le système contraire qu'elle avait admis dans un arrêt du 19 mars de l'année précédente (Sir. 1869. 2. 129). Voici le principal considérant de son dernier arrêt du 21 mars 1870) : «Attendu en droit que la nullité absolue invoquée est en désaccord avec le texte formel de l'article 1099 C. Nap. qui défend aux époux de se donner indirectement au delà de la quotité disponible et qui permet dès lors ces libéralités pourvu que la quotité disponible ne soit pas dépassée ; que le second paragraphe du même article dit, il est vrai, que toute donation ou déguisée ou faite à une personne interposée sera nulle ; mais que cette disposition doit être entendue dans le sens qui seul peut la rendre conciliable avec celle qui précède, à savoir que la donation sera annulée pour la part dépassant la quotité disponible ; que la loi a voulu empêcher la fraude, sous quelque prétexte qu'elle se cache, mais non atteindre l'exercice même indirect d'un droit qu'elle vient de proclamer ; que cette interprétation seule logique et seule conforme au principe du Code Napoléon entraine le rejet des conclusions sur ce point ».

2° *Système.* — On distingue dans ce système si la donation excède ou n'excède pas, la quotité disponible. Si elle ne l'excède pas elle est valable ; si elle l'excède, elle est nulle pour le tout et non réductible comme dans le système précédent. C'est le système suivi par Troplong[1], cet auteur invoque en faveur de son système un arrêt de la cour de cassation en date du 7 février 1849 (Sir. 1849. 1. 165) ainsi conçu : « Attendu qu'après avoir fixé par l'article 1098 Code civil, la portion de ses biens dont un époux ayant des enfants d'un premier lit peut gratifier son second époux, le législateur prohibe, par les articles suivants, les donations indirectes qui excéderaient cette part et prononce la nullité de celles qui seraient déguisées ou faites par personnes interposées ; attendu qu'il suit bien de là qu'alors qu'une donation faite à une personne interposée excède la quotité disponible, elle est nulle et non pas seulement réductible, mais qu'on aurait tort d'en conclure que la libéralité faite à un enfant du second lit, dans les limites de la quotité disponible fixée par l'article 1098 précité doive être également annulée ; qu'il est en effet, de principe que les parties peuvent faire un choix entre plusieurs moyens d'atteindre leur but, lorsque ce but est licite en lui-même ; qu'ainsi l'interposition de personne n'est condamnable et ne peut

---

[1] Donations et testaments, tome IV. n° 2744.

même être supposée qu'autant qu'elle a pu couvrir une fraude à la loi. — Et attendu en fait qu'il a été reconnu par l'arrêt attaqué que le legs fait par V.. à la fille de sa seconde femme devait être pris sur la quotité disponible et que le testateur était même resté par l'ensemble de ses dispositions, au-dessous des limites fixées par l'article 1098 Code civil ; qu'il suit de là qu'en déclarant valable ledit legs, l'arrêt attaqué s'est conformé aux principes et n'a violé aucune loi, etc... ». Troplong remarque en outre que le système de l'article 1099 ainsi entendu diffère absolument de celui suivi par l'article 1595, ce dernier article déclare la vente absolument nulle encore même qu'elle n'excède pas les limites de la portion disponible. Pour cet auteur, la pensée du législateur aurait été de décider que lorsque le déguisement est pratiqué par toute autre voie que celle de la vente (par exemple par interposition de personne) l'acte doit subsister tant qu'il ne porte pas atteinte aux réserves légales.

3ᵉ *Système.* — Ce troisième système est voisin du précédent, comme lui il annule ou admet la validité de la donation déguisée suivant les cas. Voici en quoi il consiste, si la libéralité a été faite en vue d'excéder la quotité disponible, elle est nulle pour le tout ; mais si elle n'a pas été faite dans le but d'excéder cette quotité elle sera seulement réductible, c'est-à-dire qu'à la différence du second système qui ne s'attache qu'au résultat, ce nouveau système ne s'occupe que de l'intention.

En conséquence la libéralité ne serait que réduc-

tible, alors même qu'elle excéderait la quotité disponible, si elle n'avait pas été faite dans le dessein de
l'excéder, et cette même libéralité serait nulle alors même
qu'elle n'excéderait pas cette même quotité, si elle avait
été faite dans l'intention de l'excéder.

4° Système. — Ce dernier système que nous préférons décide que dans tous les cas la libéralité est nulle
pour le tout, soit qu'elle excède, soit qu'elle n'excède
pas la quotité disponible et sans qu'il y ait lieu de
rechercher quelle fut l'intention du donateur en déguisant sa donation.

Ce système nous semble tenir plus exactement
compte du texte même de l'article 1099 et des motifs
qui ont déterminé le législateur à l'édicter. Il voit
dans les deux paragraphes de l'article 1099, deux règles
différentes, contrairement au premier système qui prétend que le second alinéa n'est que le développement
du premier. Aux arguments que fait valoir ce premier
système on répond, qu'à la vérité si l'on peut admettre
que toute donation déguisée est une donation indirecte
la réciproque ne saurait être admise, qu'en conséquence
toute donation indirecte ne constitue pas une donation déguisée, l'une est le genre, l'autre l'espèce,
voici tout ce que l'on peut dire, et ce serait une faute
que de les confondre toutes deux ; qu'étant donné
la diversité de ces deux sortes de donations, il est
tout naturel que le code les traite différemment. Le
code déclare, ainsi que nous l'avons déjà vu, les do-

nations indirectes réductibles lorsqu'elles dépassent
la réserve, c'est le but qu'il vise dans son premier pa
ragraphe, dans son second au contraire il frappe les
donations déguisées de nullité sans faire aucune distinction. S'écarte-il dans cet alinéa de l'ancienne jurisprudence et du droit romain ainsi que le prétend
encore le premier système, il est permis d'en douter.
Pothier [1] lui-même, que l'on cite, ne dit-il pas, rappelant
le droit romain « Les contrats qui étaient simulés, qui
n'étaient faits que pour couvrir et déguiser une donation que l'un des conjoints voulait faire à l'autre
étaient déclarés nuls, les autres étaient valables, on
réformait seulement l'avantage prohibé qu'ils renfer-
maient, en obligeant celui au profit de qui il était fait
à supplèer le juste prix ».

Si le législateur avait voulu, ainsi que le prétend le
premier système, rendre seulement réductible les donations indirectes ou déguisées, puisque d'après ce système ces deux expressions sont synonymes, on ne
s'explique pas pourquoi après avoir énoncé cette règle
dans son premier alinéa, il juge utile d'y revenir dans
son second et cela en se servant d'expressions tout à
fait incorrectes, puisqu'il déclare nulle la libéralité qui
ne serait d'après lui que réductible.

Le premier système invoque encore l'article 911 qui
prononce la nullité de toute disposition faite au profit

---

[1] Loc cit n° 78

d'un incapable lorsqu'on la déguise sous la forme d'un contrat onéreux ou lorsqu'on la fait sous le nom de personnes interposées, il fait remarquer que, la rédaction étant la même dans cet article et l'article 1099 § 2 il y a lieu de donner la même portée à ces deux articles. Or il est admis, dit-il, qu'en cas d'incapacité partielle la donation n'est que réductible à la quotité dont on peut disposer à l'égard du donateur et même qu'elle est valable si elle n'excède pas cette quotité, il faut donc, conclut-il, donner ce sens à l'article 1099. A ceci nous répondrons que l'on est loin d'être d'accord sur la portée de l'article 911 et que, même en supposant que cet article doive avoir la portée que lui suppose le premier système, l'article 1099 diffère suffisàmment de l'article 911 pour pouvoir admettre une autre explication.

L'article 911 en effet ne dèclare nulle la donation déguisée ou faite par personnes interposées que lorsqu'elle est faite à un incapable. Or, il peut se présenter des personnes, qui ne sont incapables de recevoir que pour partie, un enfant naturel, par exemple. Supposons que la libéralité n'excède pas la quotité, dont on peutdi sposer en faveur de cet incapable, l'article 911 ne saurait l'atteindre; bien plus, supposons maintenant que la libéralité dépasse cette quotité, elle ne tombera sous l'application de l'article 911 que pour ce qui dépasse cette quotité, elle ne sera donc pas nulle, mais simplement réductible, puisque dans les limites de cette quotité le

donataire ne se trouve pas incapable. — Au contraire
l'article 1099 décide que toute donation déguisée ou
faite à personnes interposées est nulle lorsqu'elle a lieu
entre époux, c'est à cette qualité d'époux que se refert
cet article, on ne peut assimiler cette qualité à l'incapacité dont parle l'article 911 cette qualité d'époux
existe toujours, elle n'est pas susceptible de plus ou de
moins, donc toute donation qui a été faite entre époux
doit être toujours annulée nécessairement pour le tout.

Peut-on admettre, comme le second et le troisième
système, que la donation sera nulle seulement si elle
excéde la quotité disponible, ou si l'intention du donateur avait été de dépasser cette quotité permise? Nous le
pensons pas. Ces systèmes introduisent tous deux dans
le texte de l'article 1099 une distinction à laquelle résiste
la généralité de ses termes. Puis est-il possible en bonne
logique de subordonner la solidité de la donation déguisée
a cette circonstance que, soit en fait, soit dansl'intention
des parties, elle ne doive pas dépasser la quotité disponible à l'époque du décès du donateur, puisque la quotité disponible est toujours chose incertaine ; au moment
ou l'époux donataire fait une donation il ne sait et ne
peut savoir si elle dépasse ou non ce qu'il peut donner,
cela dépend du nombre d'enfants qu'il laissera à son
décès, d'autre part sa fortune peut augmenter ou diminuer, même par suite des circonstances fortuites. Dans
ces systèmes on arrive donc à admettre que la validité
où la nullité de la donation peut dépendre d'un pur

hasard. Nous pensons que l'article 1099 a son fondement dans une légitime suspicion contre les donations
déguisées faites entre époux, en conséquence l'augmentation ou la diminution du patrimoine doit être
sans importance. Il doit en être aussi de même de la
question de savoir s'il y a eu fraude ou bonne foi, cette
dernière distinction soulèverait des difficultés d'appréciation sans fin, ce qui serait contraire au but que le
législateur s'est proposé, à savoir une répression exem-
plaire et par conséquent inévitable de ces sortes de
donations.

Cette sévérité du législateur s'explique facilement par
ce fait que nulle prohibition légale n'est plus exposée à
la fraude que celle qui a pour but de renfermer dans
de sages limites les donations que peuvent se faire les
époux l'un à l'autre. Le droit romain, l'ancien droit
français en témoignent. Telle paraît son intention
enfin résultant des travaux préparatoires; à la séance du
9 floréal an XI, Joubert[1] disait devant le Tribunat au
sujet de l'article 1099. « La simulation des actes et l'interposition des personnes seraient de vains subter-
fuges », puis, après avoir donné lecture de l'article 1100,
il ajoutait : « Dans ce cas la donation sera nulle par
l'effet de la présomption légale seule. » Cette sanction,
si rigoureuse qu'elle soit, se justifie par ces motifs que
le droit de réduction n'eut formé qu'une défense illu-

---

[1] Locré législ. civil, tome XI, p. 486 n° 90.

soire. Le droit qui suffit amplement pour les libéralités
directes et les libéralités indirectes qui se font ouvertement, puisqu'il permet aux intéressés de demander la
réduction, ne saurait être ici d'aucun secours, le donateur en déguisant sa libéralité empêchera le plus souvent les réservataires d'en avoir connaissance, comment
donc admettre dans cette hypothèse que ces derniers
puissent en réclamer la réduction. Si le législateur
s'était seulement contenté de déclarer de telles donations réductibles, nul doute qu'on les eut vu se multiplier , qu'auraient risqué alors les époux : si la
donation n'était pas découverte, ils en recueillaient
tout le bénéfice ; était-elle découverte, on la réduisait
seulement. Cette crainte seule n'eut pas été suffisante
pour les arrêter.

Il n'y avait qu'un moyen de déjouer leur calcul,
c'était d'annuler la libéralité pour le tout c'est ce qu'a
fait le législateur. La crainte de voir la donation mise
complètement à néant empêchera les époux de frauder
la loi, ces derniers préféreront se donner ouvertement
dans les limites de la quotité disponible plutôt que de
courir la chance en la dépassant de voir leur libéralité
annulée pour le tout.

Le système de la nullité semble dominer dans la jurisprudence, la cour de cassation s'exprime ainsi dans
un arrêt du 30 novembre 1831. (Dalloz : 1831.1.371);
« Attendu qu'aux termes de la disposition pénale de l'article 1099 c. civ. toute donation faite par un époux

ayant des enfants d'un premier lit à son nouvel époux et qui excède la quote prescrite par l'article 1098 du même code n'est pas seulement réductible mais est frappée d'une nullité absolue lorsque cette donation est déguisée ou faite à personne interposée. Attendu qu'il résulte en fait des motifs du jugement de première instance adoptés par l'arrêt attaqué, qu'il s'agissait dans l'espèce d'une donation de cette nature, faite par un époux ayant des enfants d'un premier lit au profit de son nouvel époux, d'où il suit qu'en prononçant la nullité de cette donation l'arrêt denoncé n'a fait qu'une juste application des articles 1099 et 1098, c. civ. et n'a violé aucun des articles invoqués qui ne recevaient aucun application à l'espèce. Rejette etc. » Nous citerons encore les arrêts suivants : Cassation 11 novembre 1834 (Sir. 1834. 1. 769), Toulouse 30 mai 1835). Sir. 1833. 2. 392). Cet arrêt distingue en ces termes les deux hypothèses différentes prévues par l'article 1099 : « Attendu que s'il est de principe général que les libéralités excédant la quotité disponible ne sont pas nulles mais seulement réductibles, c'est parce qu'elles n'étaient pas frappés d'une nullité absolue, tandis que au contraire on voit dans le § 2 précité, qu'il présente une disposition spéciale contre la donation déguisée de la part de l'époux ayant des enfants du premier lit en faveur du nouvel époux et qui les déclarerant nulles sans aucune restriction, ne permet pas de les maintenir jusqu'à la quote disponible. Attendu que s'il en est autrement

dans le premier § de l'article 1099 où les libéralités indirectes ne sont prohibées qu'au delà de cette quotité, ce ne
peut être un motif pour que la nullité prononcée par
le second paragraphe doive subir la même modification.
Ce serait les confondre l'une avec l'autre ; le second ne
serait qu'une répétition insignifiante du premier ; confusion inadmissible, repoussée, d'ailleurs, par a diffé-
d'inexécution des charges et pour cause d'ingratitude
rence entre les donations indirectes et les donations
dèguisés. » Cet arrêt fut conformé par la cour suprème
le 29 mai 1838 (Sirey 1838. 1. 481). Indiquons encore :
Cass. 11 mars 1862 (Sir. 1862.1.404), Montpellier 28
février 1876 (Sir. 1876.2.241. Lyon 14 mai 1880. (Sir.
1881.1.38). Cass. 23 mai 1882, (Sir. 1883.1.72). Cass.
22 juillet 1884, (Sir. 1885.1.112).

Il nous reste maintenant deux questions à examiner
au sujet de l'article 1099, § 2 : premièrement à quelles
donations il s'applique, deuxièmement quelles sont les
personnes qui peuvent demander la nullité.

Voyons d'abord à quelles donations s'applique l'article 1099 § 2. Cet article s'applique à toutes les donations entre époux. Etant donné qui l'article 1099 vient
immédiatement après l'article, qui défend à l'époux
qui se remarie de donner à son nouveau conjoint plus
qu'une part d'enfant le moins prenant, sans que cette
part puisse dépasser en aucun cas le quart des biens,
on pourrait en induire que la sanction prononcée par

l'article 1099 s'applique seulement au cas prévu par l'article 1098 et concerne donc seulement les donations entre époux qui se remarient ayant des enfants d'un premier lit. En faveur de cette opinion on fait valoir les considérations suivantes, à savoir : que la rigueur de la loi ne se justifie complètement que lorsqu'il s'agit de libéralités qu'un époux fait à son second conjoint : l'expérience prouve en effet que les époux qui se remarient sont portés à faire des libéralités excessives à leur conjoint, pour y remédier la loi a restreint la quotité disponible dans ce cas, dès lors, gênés par les dispositions du code, n'est-il pas à craindre que les époux, qui convolent en secondes noces aient recours à la fraude ; l'article 1099 venant après celui qui fixe la quotité disponible aurait eu alors pour but de réagir seulement contre cette fraude.

Les termes généraux dont se sert l'article 1099 ne permettent pas d'admettre ce système. Dans son premier alinéa cet article dit les époux ne pourront se donner indirectement au-delà de ce qui leur est permis, par les dispositions ci-dessus.

Son second alinéa concernant les donations déguisées doit nécessairement avoir la même portée il vise toutes les dispositions contenues précédemment dans ce même chapitre. On admet en conséquence qu'il doit s'appliquer à l'article 1094, nous ne nous arrêterons pas sur cette application qui est en dehors de notre étude, et à l'article 1096.

En ce qui concerne ce dernier article on a proposé une distinction. L'article 1099 § 2 ne le viserait que si le donateur laisse des héritiers réservataires à même d'invoquer soit l'article 1094 soit l'article 1098, mais dans le cas contraire il ne saurait se référer à l'article 1096. En faveur de cette distinction on fait remarquer que lorsque l'époux donateur, qui a fait pendant le mariage une donation déguisée ou par personne interposée à son conjoint n'a ni enfants, ni descendants, il y aurait d'une part sévérité excessive et de l'autre inutilité à la déclarer nulle de plein droit. Il y aurait, dit-on, sévérité exagérée, effectivement si le donateur avait procédé non pas franchement mais simplement d'une manière indirecte on validerait la donation, tandis que, sous prétexte qu'il a procédé par voie déguisée ou par interposition de personne, on propose d'annuler cette donation, et en faveur de qui? En faveur peut-être d'héritiers éloignés. On ajoute encore dans ce sens que si le premier alinéa de l'article 1099 vise les donations excédant la quotité disponible, c'est en faveur des réservataires qu'il prononce la réduction des libéralités excessives; que le second alinéa qui édicte la nullité des donations déguisées ou faites à l'aide d'interposition de personnes doit aussi être limité à la même hypothèse, que décider autrement ne serait pas logique et d'une sévérité exagérée.

Ce n'est pas tout, cette annulation, ajoute-t-on, que prononce la loi n'est dans ce cas d'aucune utilité, l'époux donateur qui se repent n'est pas désarmé contre son conjoint, il conserve quelque soit la manière dont il a fait sa donation le droit de la révoquer, il lui suffira pour cela de prouver cette donation. (En ce sens Rouen 23 fév. 1831 cet arrêt fut cassé pour la cour de Cassation le 11 nov. 1834; Sir. 1834.1.769; Bourges 29 mars 1836; Sir. 1836.2.244).

On répond à ce système que le second alinéa de l'article 1099 ne contient aucune distinction pareille, la généralité de ses termes vise toute donation ou déguisée ou faite à personnes interposées et en prononce la nullité, que si ce premier système admet que cet article se réfère à l'article 1096 dans l'hypothèse où le donateur n'a pas d'héritiers réservataires, rien dans l'alinéa en question ne prouve qu'il ne doit pas s'appliquer encore dans le cas d'absence de réservataires, qu'en décidant ainsi le législateur a voulu rendre plus facile au conjoint donateur la faculté de révoquer la donation. en conséquence, il annule de lui-même les donations déguisées sans que le donateur ait besoin de fournir la preuve de cette donation, que ce motif enfin existe dans tous les cas, que l'époux donateur ait ou n'ait pas des héritiers réservataires (En ce sens Cass. 11 nov. 1834 cité plus haut, Cass 22 juillet 1846. Sir. 1846.1.604; Cass. 16 avril 1850. Sir. 1850.1.591; Cass. 22 janv. 1873; Sir. 1873.1.57).

Nous avons admis successivement que l'article 1099

§ 2 annulait les donations déguisées ou faites à personnes interposées par un époux en faveur de son conjoint et que cet article se référait à tl'article 1096. Voyons maintenant quelles sont les personnes qui peuvent agir en nullité.

La nullité prononcée par l'article 1099 § 2 constitue une pénalité infligée à la fraude. Elle a pour but de prévenir les dangers considérables qui pourraient résulter des donations déguisées entre époux, une telle nullité est d'ordre public. La question n'est pas une simple question de réserve et de réduction, elle touche au principe même de la révocabilité des donations entre époux ; il n'était pas possible d'admettre comme valable un acte qui avait pour but, contrairement à ce principe, de rendre irrévocable une donation entre époux. Le principe de révocabilité des donations entre époux étant d'ordre public, la nullité qui frappe ces donations pourra donc être invoquée par toutes personnes interressées.

1° Le donateur lui-même pourra invoquer cette nullité : c'est lui qui est la personne que le législateur cherche le plus à protéger, toutes les dispositions de la loi ont pour but d'empêcher que les donations entre époux soient le résultat de l'ascendant qu'un des deux époux pourrait prendre sur l'autre et dans ce but elle permet au donateur de les révoquer. Dès lors on voit tout l'intérêt qu'il y a pour ce dernier à invoquer la nullité d'une donation déguisée, qu'il a consentie dans un moment de faiblesse, une telle nullité demandée par lui équivalant à une révocation (Cassation 16 avril 1850 ; Sir. 1850 1.591 ; Cass. 22 janv. 1873. Sir. 1873.1.57. Ce dernier arrêt est ainsi motivé : «... Sur le premier moyen, tiré de la violation et de la fausse application des articles 1091 et 1099, C. civ. ; Attendu que l'article 1096 C. civ. déclare révocables toutes donations faites entre époux pendant le mariage ; que la condition de révocabilité attachée à ces sortes de donation est une disposition d'ordre public à laquelle il ne peut être dérogé par les époux soit directement par une stipulation expresse, soit indirectement, en dissimulant la libéralité sous les apparences d'un acte à titre onéreux. Que dans ce dernier cas l'époux donateur est recevable à prouver même par des présomptions graves, précises et concordantes, la simulation et à provoquer la nullité de la donation. Attendu que l'arrêt attaqué, appréciant les faits et les circonstances de la cause déclare que le produit de l'emprunt de 8.000 fr. contracté le 20 janvier 1869 par L... a été employé dans l'intérêt de la femme L..., soit en paiement de dettes à elle personnelles, soit en placement à son nom. Qu'en décidant que la libéralité ainsi faite avait pu être révoquée par L... l'arrêt attaqué n'a pas violé les art. 1091 et 1099, C. civ. et a fait au contraire une juste application de l'art. 1096 du même code. Rejette ».)

2· Les héritiers du donateur. Le point est controversé.

A. En faveur de la négative on dit que l'interposition

de personne ou le déguisement employé dans une donation faite entre époux pendant le mariage, dans le but de mettre obstacle à la faculté de révocation ne lèse que le donateur, qui doit seul être admis en conséquence à proposer la nullité, que s'il meurt sans avoir intenté son action il est reputé avoir confirmé ce qu'il avait fait; ses héritiers ne peuvent faire valoir un droit auquel leur auteur est présumé avoir renoncé (Bourges 7 mars 1836. Sir 1836. 2.344. Cet arrêt dit textuellement « qu'en admettant que l'on dut appliquer les principes de la révocabilité des donations entre époux pendant le mariage, aux donations faites par l'un des époux aux personnes ou à une personne que la loi répute personne interposée, on ne pourrait considérer ce droit de révocation que comme un droit établi dans l'intérêt seulement de l'époux donateur, droit inhérant à la personne, qui s'étiendrait avec elle ») .

B. Un second système distingue suivant que les héritiers sont ou non réservataires, il suit en cette matière la même distinction que nous avons signalée sur le point de savoir si l'article 1099 § 2 se rapporte à l'article 1096.

Il n'accorde le droit de demander la nullité de la donation qu'aux seuls réservataires ; le système est ainsi formulé par la cour de Dijon dans un arrêt en date du 16 avril 1867. (Sirey, 1868. 2. 11). — « Considérant que la faculté de révoquer la donation faite entre époux pendant le mariage n'est établie par l'article 1096 C.

nap. qu'au profit de l'époux donateur ; — que, quel que soit le mode employé pour réaliser la donation, cette faculté lui est exclusivement personnelle, s'exerce sans autre condition que sa propre volonté, s'éteint avec lui s'il meurt sans en avoir usé et dès lors ne tombe pas dans le patrimoine de sa succession ; que ses héritiers même réservataires ne peuvent donc prétendre à l'exercice du droit de révocation. Mais qu'après l'extinction de ce droit par le décès de l'époux donateur s'ouvre l'action en nullité édictée par l'article 1099 C. Nap. contre toute donation déguisée ou faite à personne interposée, qu'il s'agit de déterminer qu'elles personnes peuvent s'en prévaloir. Considérant que la peine de nullité prononcée contre la donation entachée de la simulation prévue par l'article 1099 n'est encourue qu'autant que cette simulation a eu pour effet de porter atteinte à un droit acquis ; que là où il n'y avait pas de droits à respecter le donateur était libre de faire par une voie indirecte ou déguisée la libéralité qu'il pouvait réaliser ouvertement et sons détour, que l'époux qui n'a pas d'héritiers à réserve à incontestablement le droit de donner toute sa fortune à son conjoint et comme conséquence de choisir le mode de libéralité qu'il lui convient d'employer. Que si au contraire il laisse des héritiers réservataires ceux-ci pourront se prévaloir des despositions de l'art. 1099 afin de faire annuler pour le tout la donation déguisée ou par interposition de personnes faite en fraude de leur droit, c'est-à-dire qui entamerait la réserve, seul droit qui leur

soit acquis. Qu'ainsi reçoit son application légitime la
disposition finale de l'art. 1099 qui, surtout pour sauvegarder les intérêts trop souvent compromis des enfants
issus d'un précédent mariage ne se borne pas à réduire
mais annule intégralement la donation déguisée ou
faite par interposition de personnes. Mais qu'on ne
saurait étendre le bénéfice de ces dispositions tutélaires
à de simples légataires ou héritiers qui n'ont d'autres
droits que ceux qu'ils tiennent de la bienveillance d'un
testateur étranger ou d'un parent. Que la forme déguisée de la donation, loin de créer en leur faveur un droit
quelconque sur la partie ainsi retranchée de l'hérédité
atteste la volonté du donateur de les priver de cette portion. Que si, sous prétexte de faire respecter le droit de
révocabilité aujourd'hui éteint, qui n'a jamais intéressé
que l'époux donateur et est toujours resté étranger aux
légataires on accordait à ceux-ci l'action que les héritiers
réservataires tiennent de leur seule qualité, on arriverait
dans la cause, à ce résultat étrange qu'une libéralité
qui remonte à 1839 serait annulée au profit de collatéraux, malgré la volonté de la donation persistant
pendant plus de 20 ans et jusqu'à sa mort à maintenir
cette libéralité intacte. Qu'il faut donc reconnaître que
l'action en nullité édictée par l'art. 1099 n'appartient
qu'aux héritiers réservataires et que les autres héritiers ou légataires sont sans droit et sans qualité pour
s'en prévaloir. »

La cour de cassation s'est prononcée en ce sens ; la

chambre des Requêtes a admis cette manière de voir dans un arrêt du 23 juillet 1881 (Sir. 1882.1.49) et la Chambre civile a consacré cette doctrine à son tour le 22 juillet 1884 (Sirey, 1885.1.112).

C. Un troisième système [1] admet que ce droit appartient à tous les héritiers. Il répond au premier système que le libre exercice de la faculté de révocation peut intéresser jusqu'à un certain point les héritiers du donateur, en effet, il est fort possible que ce dernier n'ait pas révoqué la donation se croyant lié par la forme sous laquelle elle a été faite, ou bien n'ayant pas voulu intenter à son conjoint un procès pour faire reconnaître le déguisement ou l'interposition des personnes. Au second système que la nullité prononcé par l'article 1099, § 2 est d'ordre public, qu'en conséquence elle peut être invoquée par tous les héritiers, que cette qualité d'héritiers même non réservataires doit suffire, car si la loi n'avait eu en vue que les héritiers réservataires et que si son intention avait été seulement de protéger leur réserve il lui aurait suffi de prononcer la réduction de la donation, la nullité édictée par notre article n'ayant alors aucune raison d'être.

Ce système, dit-on, serait certes le plus logique, s'il était démontré que les héritiers non réservataires par ce seul fait qu'ils sont héritiers ont un droit suffisant pour demander la nullité de la donation. Ce droit, la

[1] Aubry et Rau, § 744, note 2.

jurisprudence le leur dénie, elle va même plus loin, elle déclare que le fait seul de faire une donation déguisée à son conjoint suffit à démontrer à ces héritiers que le donateur leur a préféré son conjoint, dès lors en les admettant à invoquer la nullité on permettrait d'une part à des simples héritiers dont le droit n'a pas été violé d'intenter une action et d'autre part on ne tiendrait aucun compte de l'intention du donateur.

Malgré ces objections nous adopterons ce système, l'article 1099 § 2 se réfère à l'article 1096, mais indépendemment dè la sanction de révocabilité que contient ce dernier article, révocabilité que le donateur seul peut invoquer, l'article 1099 prononce la nullité des donations déguisées faites entre époux. Nous avons essayé de démontrer que la généralité de ses termes, ne permet pas de le restreindre à l'hypothèse seule où le donateur a des héritiers réservataires dès lors pourquoi refuser ce droit à des simples héritiers, qui agiront en vertu d'une disposition d'ordre public ; qu'importe que le donateur ait manifesté son intention de leur préférer son conjoint, puisque cette manifestation est contraire à la loi, validerait-on pour les mêmes motifs une donation mutuelle que se seraient faite les époux ? Non certes ; pourquoi dans ce cas admettre la donation déguisée, rien ne saurait excuser les époux, n'ayant pas d'héritiers réservataires ils pouvaient se donner toute leur fortune au grand jour ; ils ne l'ont pas fait, la loi doit être d'autant plus inflexible et de ne pas trouver dans l'absence de motifs de la violation qu'ont commise les époux prétexte à la valider.

¡ On insiste et l'on dit, cette opinion suppose que la nullité de l'article 1099 § 2 est d'ordre public ; or rien n'est moins démontré, toute fraude en effet n'engendre pas une nullité absolue de nature à être invoquée par tous ceux qui y ont intérêt. La nullité certes est absolue quand la loi a voulu protéger des intérêt généraux tels que ceux de l'ordre public et des bonnes mœurs, elle n'est que relative, au contraire, quand elle a pour objet de sauvegarder seulement des intérêts particuliers encore bien qu'elle invoquerait dans ce but des motifs touchant à l'ordre public. Or, dans le cas actuel, ce que la loi veut atteindre, ce n'est pas la fraude qui lui est faite mais la lésion causée à certains intérêts. Donc pour proposer la nullité de l'article 1099, il faut être intéressé et avoir subi un préjudice, les héritiers non réservataires ne sauraient être dans ce cas, puisque au moment où la donation a été faite le donateur pouvait les dépouiller complètement; au reste, l'article 921 ne déclare-t-il pas que seuls les héritiers réservataires auront le droit de demander la réduction des donations entre-vifs excessives.

A ceci nous répondrons que l'article 921 ne concerne que la réduction des donations ordinaires et qu'on ne saurait induire de cet article une règle concernant la nullité des donations entre époux alors surtout qu'elles ont eu lieu sous une forme déguisée, que le principe de la

nullité des donations déguisées faites entre époux pendant le mariage se rattache au principe de la révocabilité des donations entre époux, principe que la Cour de
Cassation a reconnu être d'ordre public. (Cass. 22 janv.
1873 déjà cité) et en est en quelque sorte le complément
nécessaire, et que ce principe ne se trouve pas limité
quant à son application par aucune disposition, le législateur n'ayant pas en effet restreint à certaines personnes le droit de proposer cette nullité, que cette restriction enfin ne saurait résulter virtuellement de l'article
eu question la généralité de ces termes ne permettant
pas une telle restriction, qu'en conséquence cette nullité édictée par l'article 1099 est d'ordre public et que
toute personne ayant intérêt même non protégée spécialement doit pouvoir s'en prévaloir; les héritiers du
donateur sans distinction entre eux comme le donateur
lui-même.

3° Les créanciers du donateur. — Au sujet des créan
ciers du donateur nous trouvons une controverse analogue. Plusieurs auteurs leur refusent le droit de
demander la nullité d'une telle donation en vertu de
l'article 1166. Ils invoquent cette raison à savoir que
la faculté de révoquer est personnelle à l'époux donateur
et ne saurait en conséquence être invoquée par ses créanciers postérieurs à la donation.

Nous admettrons sur ce point une opinion contraire.
La raison qu'invoquent les partisans du précédent
système nous semble reposer sur une confusion, il ne

s'agit pas ici du droit de révoquer la donation, droit que ne saurait avoir ces créanciers, mais du droit de demander la nullité d'une donation faite en une forme prohibée par la loi, or rien ne peut empêcher d'accorder un tel droit aux créanciers du donateur, le donateur en employant une telle forme ayant eu surtout pour but dans ce cas de tromper ces derniers, qui, s'il avait procédé au grand jour auraient pu connaître l'existence de cette donation et auraient en conséquence refusé probablement leur crédit.

L'article 1099, alinéa 2 dit : « Toute donation déguisée ou faite à personnes interposées sera nulle ». Quelles sont donc les personnes interposées ? L'article 1100 contient la réponse, « Seront, dit cet article, réputées faites à personnes interposées, les donations de l'un des époux aux enfants ou à l'un des enfants de l'autre époux, issus d'un autre mariage. et celles faites par le donateur aux parents dont l'autre époux sera héritier présomptif au jour de la donation, encore que ce dernier n'ait point survécu à son parent donateur ».

Mais cet article n'est pas limitatif, les juges ont en dehors de ces présomptions légales d'interpositions de personnes, un pouvoir discrétionnaire pour décider d'après l'ensemble des faits et circonstances si une donation est faite à une personne interposée (Cass. 20 juillet 1846 ; Sir. 1847. 1. 74. — Cass. 20 avril 1847. Sir. 1847. 1. 438).

Ajoutons enfin que le code s'est préoccupé tout spécialement du contrat de vente entre époux. Ce contrat aurait facilement permis aux époux de se faire des donations déguisées, aussi pour éviter cette fraude, l'a-t-il par son article 1595, formellement interdit entre époux. Toutefois il le permet par exception dans les trois cas suivants : 1° Celui où l'un des deux époux cède des biens à l'autre séparé judiciairement d'avec lui, en paiement de ses droits. 2° Celui où la cession que le mari fait à sa femme, même non séparée, a une cause légitime telle que le remploi de ses immeubles aliénés, ou de deniers à elle appartenant, si ces immeubles ou deniers ne tombent pas en communauté. La jurisprudence admet même que les ventes consenties par un mari à sa femme sont valables toutes les fois qu'elles ont une cause légitime, bien qu'elles n'aient pas été consenties dans les cas prévus par ce paragraphe (Cass. 23 avril 1825. Sirey, 1826. 1. 379.) 3° Celui où la femme cède ses biens à son mari en paiement d'une somme qu'elle lui aurait promise en dot, et lorsqu'il y a exclusion de communauté.

CHAPITRE VII

EFFETS DES DONATIONS FAITES ENTRE ÉPOUX PENDANT LE MARIAGE

Pour déterminer les effets que produisent les donations entre époux pendant le mariage nous distinguerons trois catégories de donations. Nous rangerons dans la première catégorie les donations qui ne comprennent que des biens présents, dans la seconde celles qui ne se composent que de biens à venir, enfin dans la troisième nous rangerons celles qui portent à la fois sur les biens présents et à venir.

§ I. — Donation de biens présents.

Ces donations confèrent au donateur un droit immédiat, subordonné seulement à la condition résolutoire de la révocation que peut toujours prononcer le donateur. En effet malgré cette possibilité de révoquer que possède le donateur, ces donations n'en constituent pas moins comme les donations entre-vifs ordinaires un

véritable contrat, qui donne au donataire un droit, droit
qui remonte nécessairement, quant à son exercice et à
ses effets, à la date de l'acte qui le renferme, en supposant bien entendu que l'époux donateur décède sans
l'avoir révoqué. S'il en était autrement ces donations
perdraient leur véritable caractère et ne constitueraient
alors que des testaments.

Les conséquences qui découlent de ce que ces donations saisissent de plein droit le donataire sont les suivantes : Le donataire aura immédiatement la propriété
et la jouissance du bien donné, il pourra l'aliéner (mais
cette aliénation ne saurait empêcher le droit de révocation du donateur) il en percevra les fruits. Les créanciers chirographaires de l'époux donateur ne pourront
exercer aucun droit sur les biens donnés (Cass. 10 avril
1838. Sir. 1838.1.289). Après la transcription de la donation les biens présents dont elle se compose ne seront pas atteints par les hypothèques légales ou judi-
ciaires qui frapperaient les biens du donateur.

Enfin les héritiers de l'époux donataire ont sur les
biens donnés, tant que la donation n'est pas révoquée,
les mêmes droits que leur auteur (Limoges, 1ᵉʳ fév. 1840.
Sir. 1840.2.241. Cass. 18 juin 1845. Sir. 1845.1.638).

Si la quotité disponible a été dépassée par les différentes libéralités du donataire, à quel rang devra être
réduite la donation de biens présents qu'il a faite à son
conjoint. Nous trouvons sur ce point différents systèmes
nous allons les énumérer successivement,

1er *Système*[1]. — On assimile dans ce système les donations entre époux faites pendant le mariage aux legs. En conséquence on fera porter la réduction sur ces donations avant de l'exercer sur les donations irrévocables, que l'époux donateur a faites à d'autres personnes même s'il les a faites postérieurement. On suppose dans ce système que le donateur en faisant ces nouvelles donations a voulu que les réserves se prissent d'abord sur les objets, dont il pouvait encore librement disposer et a ainsi implicitement révoqué la donation faite à son conjoint, pour tout ce qui devenait nécessaire pour compléter ces réserves, dans la mesure où les nouvelles donations les avaient entamées.

2e *Système*[2]. — Dans ce système on préfère la donation entre époux aux legs, mais on la réduit avant toutes les autres donations entre-vifs même postérieures. La donation, dit-on, est parfaite avant le décès du disposant on ne saurait donc préférer au donataire les légataires dont le droit ne prend naissance qu'à cette mort même. Quant au second point, à savoir la préférence accordé aux donations entre-vifs même postérieures, on fait remarquer comme dans le précédent système que le donateur a par les donations postérieures révoqué la première et que s'il en était autrement, le principe de l'irrévocabilité des donations entre-vifs recevrait une rude atteinte, si

[1] Duranton, tome VIII, n° 357.
[2] Colmet de Santerre, tome IV n° 276 bis. VIII.

le donateur pouvait à son gré, en révoquant ou en ne révoquant pas la donation la plus ancienne, augmenter ou diminuer la donation postérieure en date.

3e Système[1]. — Ce dernier système, que nous préférons, décide que la donation de biens présents faite entre époux pendant le mariage ne doit, s'il y a d'autres donations entre-vifs, être réduite qu'à sa date après les donations qui lui sont postérieures et lorsque l'on aura épuisé la valeur de tous les biens compris dans les dispositions testamentaires conformément aux articles 923 et 926.

L'article 893, fait on remarquer dans ce système, n'admet que deux sortes de dispositions, les dispositions testamentaires et les donations entre-vifs, on ne saurait donc les assimiler aux legs. Les considérant comme des donations entre-vifs, est-il possible de leur assigner un rang autre que celui de leur date ? Nous ne le pensons pas, rien à notre avis dans le seul fait que l'époux donateur a postérieurement fait une donation entre-vifs ne prouve que son intention a été de révoquer la précédente donation par lui faite à son conjoint dans la mesure ou la quotité disponible a été dépassée. Nous supposons bien entendu que la donation ne porte pas sur les mêmes objets, dans ce cas il y aurait révocation (Montpellier 27 mars 1835. Sir. 1836. 2. 198). L'époux donateur en faisant une donation nouvelle a pu fort

[1] Troplong, tome IV n° 2658. — Demolombe tome 23 n° 466.

bien, par suite d'erreur sur l'évaluation de sa fortune, croire ne pas dépasser la quotité disponible, peut-être a-t-il espéré que son patrimoine en s'augmentant suffirait à l'exécution de toutes ses libéralités. S'il eut su que l'une des deux donations dût être réduite, est il certain qu'il eut sacrifié celle faite à son conjoint ? (Cass. 5 avril 1836. Sir. 1837. 1. 35. Cass. 10 avril 1838. Sir 1838. 1. 289).

§ II. Donations de biens à venir.

Si la donation a pour objet des biens à venir nous admettrons que le donateur est encore saisi de plein droit du jour de la donation et qu'il n'aura pas besoin de faire une demande en délivrance lors du décès du donateur (Cass. 5 avril 1836. Sirey. 1837. 1. 35). Dans ce cas en effet la donation de biens à venir est aussi un véritable contrat, qui opère à sa date et par lui-même la transmission du droit cédé. Ce droit est un véritable porte droit de succession, sans qu'il y ait à distinguer s'il sur un seul objet ou sur une quote part de l'hérédité. En conséquence, on décidait avant la loi du 31 mai 1854 que l'individu mort civilement ne pouvait recueillir une donation de biens à venir puisqu'il était privé du droit de succéder.

L'époux donataire a toujours droit aux fruits des biens donnés à partir du décès du donateur, sauf seulement le droit pour les héritiers de ce dernier de retenir les fruits qu'ils auraient perçus de bonne foi.

En ce qui concerne la réduction de ces donations nous admettrons qu'elles doivent avoir lieu après les legs mais avant toutes les autres donations entre-vifs, même postérieures en date. La solution inverse semblerait à priori devoir être préférée; d'abord parceque dans l'hypothèse d'une institution contractuelle faite par contrat de mariage l'on ne peut atteindre les biens compris dans cette institution qu'après épuisement des donations entre-vifs faites postérieurement, deuxièmement parceque cette solution donne un rang intermédiaire à la donation en ce qui concerne l'exercice de l'action en réduction contrairement à l'article 893. A ces objections il est facile de répondre, tout d'abord que l'on ne saurait voir aucune similitude entre les donations de bien à venir faites entre époux pendant le mariage et les mêmes donations faites par contrat de mariage, ces dernières seules étant irrévocables, et ne pouvant par conséquent recevoir aucune atteinte par l'effet de dispositions postérieures, tandis que les premières sont essentiellement révocables. De plus on peut fort bien sans violer l'article 803 et tout en assimilant ces donations de biens à venir aux donations entre-vifs en ce qui concerne la saisine de l'époux donateur et la préférance qu'on leur accorde sur les legs, admettre que le droit de l'époux donataire ne portant que sur des biens à venir ne peut, quant à son objet rétroagir au jour de contrat et ne prend date du jour du décès du donataire. En conséquence il est naturel d'admettre qu'au point de vue de la réduction il se trouve dans une situation moins favorable que s'il s'agissait d'une donation de biens présents.

§ III. — Donations de biens présents et à venir.

Jusques au décès du donateur, cette donation ne se distingue pas quant à ses effets de la précédente. A la mort du donateur, le donataire a le droit d'opter soit entre les biens présents, soit entre les biens à venir. Il faut conformément à l'article 1884 qu'un état des dettes et charges du donateur existantes au jour de la donation soit annexé à la donation. Suivant le parti qu'aura pris le donataire, la donation produira les effets que nous avons indiqués dans les précédents paragraphes.

CHAPITRE VIII

DE LA RÉVOCATION DES DONATIONS ENTRE ÉPOUX

Le principe de la révocabilité des donations faites entre époux pendant le mariage est posé par l'article 1096 en ces termes : « Toutes donations faites entre époux pendant le mariage quoique qualifiées entre-vifs seront toujours révocables. La révocation pourra en être faite par la femme sans y être autorisée par le mari, ni par justice. »

Ce caractère de révocabilité est en quelque sorte la marque distinctive des donations faites entre époux pendant le mariage, il constitue une règle d'ordre public à laquelle on ne saurait déroger, soit directement par une stipulation expresse, soit indirectement, soit en dissimulant la libéralité sous les apparences d'un contrat à titre onéreux ou encore en interposant un tiers. (Cass. 16 avril 1850. Sir. 1850 ; 1.591 : Cass. 22 janvier Sir. 1873 ; 1873.1.57).

Pour tourner la loi et pour rendre la donation irrévocable, l'époux donateur pourrait être tenté d'acquiescer à un jugement qui repousse une demande en restitution par lui faite par suite de révocation. Un tel acquiescement serait nul comme n'ayant d'autre résultat que d'interdire au donateur de révoquer des donations que l'article 1096 déclare toujours révocables.

Le cas s'est présenté : une dame E.. après avoir fait différentes donations à son mari lui demande devant le tribunal de Montélimar restitution des sommes qu'elle lui avait données. Le tribunal rend le 29 mars 1837 un jugement d'accord entre les parties qui n'accueille qu'une partie des demandes de la dame E.. Le jour même les deux époux acquiescent à ce jugement. Ensuite la dame E.. interjette appel, la cour de Nîmes arrêt du 9 février 1342 déclare l'appel non recevable, par ce motif que la femme avait acquiescé. On va en cassation, la Cour suprême met à néant l'arrêt, de la cour de Nîmes. Son arrêt daté 22 juillet 18846 [1] porte les considérants suivants : « Attendu que, en droit, aux termes de l'article 1096 du Code civil, toutes donations faites entre époux pendant le mariage quoique qualifiées entre-vifs sont toujours révocables et que les motifs qui ont dicté cette disposition d'ordre public, impliquent qu'aucun des deux époux ne peut valablement renoncer au droit de révoquer les donations qu'il a faites à l'autre ; qu'autrement sa volonté serait replacée sous l'influence à laquelle le but de la loi a été de la soustraire. Attendu qu'en déclarant la demanderesse non recevable

[1] Sirey, 1846.1.604.

dans l'appel pour le motif qu'elle y avait acquiescé, l'arrêt attaqué a décidé que l'époux donateur pouvait valablement renoncer à la faculté de révoquer les donations par lui faites à l'autre époux, en quoi il viole l'article ci-dessus visé... Casse. etc. »

Nous nous occuperons tout d'abord des causes de révocation des donations entre époux, puis nous verrons qu'elles sont les personnes qui peuvent révoquer ces donations, en quelles formes cette révocation doit être faite et enfin les effets qu'elle produit.

§ I. — Causes de révocation.

L'époux donateur jouit d'une liberté absolue, en ce qui concerne pour lui le droit de révoquer la donation par lui faite à son conjoint. La loi n'exige pas qu'il indique le motif pour lequel il revient sur sa libéralité. En agissant ainsi la loi s'est surtout inspirée de ce fait, à savoir que dans certaines circonstances l'époux donateur, bien qu'ayant les plus graves raisons d'annuler la donation par lui faite à son conjoint, aurait préféré néanmoins maintenir la donation plutôt que d'indiquer les motifs qui la lui faisaient révoquer.

Ce droit de révocation existe quelle que soit la forme employée par les époux, forme directe ou indirecte. Ont-ils au contraire procédé par voie de donation déguisée, la donation sera nulle pour le tout, ainsi que nous l'avons vu plus haut, dans ce cas l'époux donateur n'aura qu'à prouver ce déguisement.

Le contrat d'assurance sur la vie sera révocable comme toute donation indirecte. Nous trouvons en ce sens un arrêt de la cour de Rennes[1] rendu dans l'espèce suivante. Un mari après avoir souscrit une police d'assurance sur la vie en faveur de sa femme l'avait donnée en gage à un de ses créanciers, le dernier voulait que la femme intervint pour valider d'après lui le nantissement. La cour répondit que cette intervention était inutile puisque le mari avait toujours le droit de révoquer la libéralité faite à sa femme : « Attendu, dit l'arrêt, que cette intervention n'est nullement nécessaire... qu'il n'y a eu d'ailleurs au profit de la dame C... qu'une simple offre de libéralité qui pouvait être révoquée après l'acceptation de la bénéficiaire comme toute donation entre époux. » Le principe de révocabilité contenu dans l'article 1096 s'applique donc encore dans ce cas.

A côté de ce droit pour le donateur de révoquer sa libéralité ad nutum, faut-il appliquer à cette sorte de donations les cas de révocation, qu'énumère l'article 933, a savoir : l'inexécution des conditions sous lesquelles la donation a été faite, l'ingratitude du donataire et la survenance d'enfants au donateur.

L'article 1096 al. 3 décide expressément que ces donations ne seront pas révoquées par la survenance

<hr>

[1] Arrêt du 23 juin 1879. (Dalloz, 1879.2.155.)

d'enfants. La raison de cette dérogation est facile à trouver, en décidant autrement le législateur eût été directement contre le but du mariage qui est la procréation des enfants. De plus étant donné la qualité de conjoints du donateur et du donataire, les enfants ne seront pas lésés, ils retrouveront dans la succession de leur auteur les biens, que la donation les a empêché d'acquérir ; il est vrai qu'en cas de décès des enfants avant 'époux donataire et après l'époux donateur il y a pour eux un désavantage, car dans l'intervalle compris entre la mort de l'époux donateur et leur propre mort ils ne peuvent jouir des biens compris dans la donation, la loi s'est inspirée de l'ordre naturel des choses où les enfants survivent aux parents, on ne saurait vraiment lui en faire un reproche.

Nous croyons encore que la donation que le mari a faite à sa femme pendant le mariage ne serait pas révoquée par la survenance d'un enfant que le donateur devenu veuf aurait eu d'un mariage subséquent. En effet le législateur en déclarant par l'article 1096 que les donations faites entre époux pendant le mariage ne seront pas révoquées par la survenance d'enfants, ne distingue nullement entre le cas où il naîtrait aux conjoints des enfants légitimes communs et le cas où leur mariage étant demeuré stérile et l'époux donataire étant prédécédé, l'époux donateur aurait eu un ou plusieurs enfants d'un second mariage, on ne saurait donc créer une telle distinction et décider suivant l'hypothèse où l'on se trouverait que la donation est ou n'est pas révoquée. On insiste et l'on dit que cette solution a le tort grave de faire bénéficier des étrangers (les héritiers de l'époux donataire) sans affinité avec l'époux donateur, puisque la dissolution du mariage a rompu toute alliance, d'une donation que la qualité de conjoint du donataire pouvait seule expliquer ; tandis que si l'on admet que la survivance d'enfant d'un second lit annule cette donation, cette révocation ne s'effectue en définitive qu'à l'égard des tiers en possession des biens donnés à un précédent conjoint décédé, le donateur et les héritiers du donataire sans enfants était rentrés par la dissolution du premier mariage dans la loi générale, et qu'enfin la solution inverse a le tort grave de rendre la situation du donateur devenu père par un subséquent mariage infiniment pire que s'il avait eu des enfants du premier époux donataire car, dans cette hypothèse, il ne verratt pas ses biens passer pour toujours à des étrangers. A ces objections, nous répondrons que le donateur peut, même après la mort du donataire, révoquer la donation qu'il lui a faite et qu'ainsi si les biens par lui donnés passent à des étrangers, c'est qu'il le veut bien ; que c'est en vain que l'on objecte que, dans le cas où il maintient la donation, il est impossible de supposer que le donateur ait préféré à son enfant du second lit une famille que la dissolution d'un premier mariage sans enfants lui a rendu complètement étrangère et qu'ainsi il y a lieu à appliquer la règle générale,

car autre chose est la pensée du législateur qui attache
la révocation d'une donation faite à un tiers à la survenance d'enfants lorsqu'au moment ou elle a eu lieu, le
donateur n'en avait point ou était supposé ne point en
attendre et autre chose la combinaison qui légalement,
dans le silence et même contre la teneur du contrat
soumettrait l'irrévocabilité des donations des biens présents que peuvent se faire les époux pendant le mariage, à la double condition que leur union sera
féconde et que de secondes noces ne le seront point,
que le code s'est préoccupé seulement du premier de
ces deux ordres d'idées et qu'on ne saurait à défaut de
textes formels introduire le second.

Nous avons dit que le donateur avait toujours le
droit de révoquer la donation qu'il a faite, même après
la mort de l'époux donataire, la cour de Toulouse[1] en
donne en ces termes les raisons : « Attendu que l'article 1096 déclare que les donations dont s'agit seront
toujours révocables, que la loi ne met au droit du donateur aucune restriction, qu'on en doit conclure que ce
donateur aura après le décès du donataire la faculté de
révoquer la donation contre les héritiers de celui-ci,
qu'on peut dire que la révocation est en soi un acte uni-
latéral pour lequel la volonté de l'époux donateur suffit
ce qui fixe le sens des termes employés dans le texte de
l'article 1096. »

[1] Arrêt du 20 mai 1886 (Sirey 1886,2.238),

L'article 1096 ne fait d'exception à l'article 953 en matière de donations entre époux pendant le mariage qu'en ce qui concerne la survenance d'enfant d'où il est permis de conclure à contrario, que ces donations restent soumises aux deux autres causes de révocation. Remarquons tout d'abord que du vivant du donateur cela n'aura pas grande importance, ce dernier pouvant toujours révoquer les donations suivant son bon plaisir. Mais il en est autrement après sa mort lorsque l'époux donataire se trouve en présence des héritiers du donateur. Nous verrons plus loin si ceux-ci peuvent exercer l'action en révocation de la donation pour cause d'inexécution des charges et pour cause d'ingratitude du donataire.

Ajoutons enfin que l'article 957 du code civil d'après lequel l'action en révocation des donations, pour cause d'ingratitude, doit être intentée dans l'année du délit n'est pas applicable aux époux, l'article 2253 du même code décidant que la prescription ne court pas entre époux, en conséquence cette action durera toute la vie du donateur (Cass. 17 mars 1835. Sirey 1835.1.163).

Il nous reste maintenant à examiner l'effet produit sur les donations faites entre époux pendant le mariage par la séparation de corps et le divorce.

En ce qui concerne le divorce nous avons un texte formel, l'article 299 qui décide que l'époux contre lequel le divorce aura été prononcé perdra tous les avantages

que l'autre époux lui aura faits depuis le mariage. Cet
article ainsi rédigé date, de la loi du 27 juillet 1884,
rétablissant le divorce. Auparavant la loi des 21-31 mars
1803, qui fut applicable jusqu'à la loi du 8 mai 1816,
contenait une disposition semblable à la différence toutefois que le divorce, dans le cas où il avait lieu par
eonsentement mutuel n'entraînait pas l'annulation de
ces donations.

En ce qui concerne la séparation de corps, la jurisprudence décidait même quand le divorce était supprimé
que l'article 299 devait s'appliquer à la séparation de
corps, c'est ce qui résulte d'un arrêt rendu toutes cham-
bres réunies par la cour de Cassation le 23 mai 1845,
(Sir. 1845.1.321) et suivi par la jurisprudence des
cours d'appel (V. Caen 29 janv. 1872. Sir. 1872.2.73;
Chambéry 4 mai 1872. Sir. 1873.2.217; Caen 11 fév. 1880
Sir. 1880. 2.317). Il est permis de conclure de cette
tendance des cours que cette article doit s'appliquer
maintenant à fortiori puisque la loi de 1884 a rétabli le
divorce. Nous ne nous étendrons pas sur ces deux causes de révocation des donations entre époux, car en
fait l'époux qui aura obtenu en sa faveur le divorce ou
la séparation de corps, de même que l'époux contre
lequel les juges se seront prononcé révoquera presque
toujours la donation par lui faite à son conjoint.
Ajoutons toutefois que l'assurance sur la vie contractée
par un époux en faveur de l'autre, constituant une libéralité indirecte entre époux, sera révoquée de plein

droit au profit de l'époux souscripteur qui aura obtenu
en sa faveur le divorce ou la séparation de corps. Cette
solution ne saurait faire doute devant les termes qu'emploie l'article 299 : « L'époux contre lequel le divorce
aura été prononcé perdra *tous les avantages* que l'autre
époux lui avait faits, soit par contrat de mariage, soit
depuis le mariage.» Le mot *avantages* qu'emploie la loi
comprend non seulement les libéralités directes, mais
aussi toutes les libéralités indirectes et par conséquent
l'assurance sur la vie

Nous citerons dans ce sens un jugement rendu le 5
août 1886 par le tribunal de Baume-les-Dames [1] dont
voici les principaux considérants : « Attendu, en droit,
que le contrat d'assurance est un contrat aléatoire, à
l'égard des deux parties contractantes, assureur et assuré, et qu'il permet, conformément à l'article 1121 du
code civil, de créer un lien de droit entre l'assuré et le
bénéficiaire, droit constituant une libéralité indirecte
dont l'effet est subordonné à la réalisation de la condition. —Attendu que dans une assurance consentie par
un époux au profit de son conjoint les principes restent
les mêmes et que le bénéfice de cette assurance a bien
le caractère d'une libéralité où plutôt d'une donation...
Attendu que les époux B... ont, par jugement du 16
février 1883, été séparés de corps et de biens, qu'ainsi
la libéralité résultant, pour le mari, du contrat d'assu-

[1] Journal des Assurances, tome 38, année 1887, page 239,

rance passé par la femme à son profit, tombe de plein droit.»

La faillite du donateur peut-elle rendre inefficace la donation qu'aurait faite un époux à son conjoint pendant le mariage ? Le code de commerce décide en son article 564 que la femme dont le mari était commerçant à l'époque de la célébration du mariage, ou dont le mari n'ayant pas alors d'autre profession déterminée est devenu commerçant dans l'année qui a suivi cette célébration, ne peut exercer dans la faillite aucune action à raison des avantages portés à son contrat de mariage. Cet article ne vise que les avantages résultant du contrat de mariage, pourtant la majorité des auteurs et avec eux la jurisprudence décident que l'on doit l'appliquer aussi aux donations faites par le mari à sa femme pendant la durée du mariage. (Cass. 2 mars 1881. Sir. 1881. 1. 145.) Cette extension nous semble justifiée, la pensée du législateur a été, croyons-nous, en écrivant l'article 564 d'empêcher que la femme put réaliser un bénéfice alors que les créanciers du mari éprouvent des pertes. Le mari commerçant, par mesure de prévoyance pour le cas où ses affaires ne réussiraient pas, aurait autrement pu, au moyen des libéralités par contrat de mariage, faire passer sur la tête de sa femme une partie des biens qui forment le gage de ses créanciers. Ces raisons nous semblent exister a fortiori pour les donations faites entre époux pendant le mariage, ces donations sont révocables au gré du donateur et peuvent intervenir à tout moment, dès lors, si on les admettait, ne verrait-on pas, le plus souvent le mari sur le point de faire faillite donner tous ses biens à sa femme, en supposant bien entendu cette donation faite avant la période dont parle l'article 446 et suivants, quitte plus tard à révoquer cette donation pour reprendre ainsi les biens dont il aurait frustré ses créanciers.

Ces conséquences ne pouvaient être admises par le législateur, nous pensons que l'article 564 doit aussi s'appliquer à ces donations, sans distinguer, croyons-nous, suivant l'époque où elles ont été faites, de sorte qu'elles doivent tomber par le seul fait que le mari donateur est déclaré en faillite sans qu'il y ait à rechercher s'il était déjà commerçant lors de la donation où s'il l'est devenu dans l'année. Nous appliquerons encore cette façon de voir dans le cas où ce serait la femme qui, étant seule commerçante, aurait été déclarée en faillite, la présomption de fraude à l'égard des créanciers se trouvant dans ces hypothèses d'autant plus à craindre que les libéralités par contrat de mariage ne sont plus possibles, et que dans le cas où la femme a consenti quelque avantage à son mari par contrat de mariage, ce dernier n'ayant aucune hypothèque sur les biens de sa femme pour sûreté de ces avantages il ne pourra jamais se présenter au passif de la faillite qu'en qualité de simple créancier chirographaire.

Lorsque le mari a fait faillite après avoir contracté

une assurance sur la vie au profit de sa femme, faut-il appliquer, en ce qui concerne cette libéralité, l'article 564 du code de commerce ? Etant donné que nous avons admis, comme point de départ, la théorie actuelle de la jurisprudence au sujet de la nature du contrat d'assurance sur la vie, à savoir : que le capital assuré est censé toujours avoir appartenu au bénéficiaire, nous déciderons que le capital assuré ne tombe pas sous l'application de l'article 564 du code de commerce et que l'article 559 du même code ne saurait non plus l'atteindre.

Cette solution à laquelle la jurisprudence se rallie actuellement ne fut pas adoptée par elle précédemment. Fidèle à son ancien système que nous avons exposé, elle décidait précédemment que la femme doit abandonner à la masse le capital assuré. La cour de Paris a rendu dans ce sens un arrêt en date du 1er août 1879 (Sirey, 1880.2.249) dont voici les principaux considérants : « Attendu que B. a d'abord acquis pour lui-même puis transmis à sa femme à titre de donation le droit au capital assuré... Considérant qu'il y a lieu d'étendre à ce mode de libéralités, les dispositions du code de commerce qui, en vue d'assurer aux créanciers d'un commerçant failli l'intégralité de son patrimoine, atteignent les donations patentes ou présumées déguisées que le mari aurait faites à sa femme, sans qu'il soit d'ailleurs besoin d'établir l'existence d'aucun concert frauduleux, Que la stipulation faite par B... au profit de sa femme tombe ainsi sous l'application de l'article 564 du Code de commerce qui interdit à la femme du commerçant failli le droit d'exercer dans la faillite aucune action à raison des avantages portés au contrat de mariage; que cet article est à plus forte raison applicable à la cause où la libéralité n'est pas protégée par l'irrévocabilité du pacte conjugal. » Cette façon de voir a été suivie par différentes causes, nous citerons notamment : Cass. 2 mars 1881. Sir. 1881.1. 145 ; Caen, 6 déc. 1881. Sir. 1883.2.33 ; Alger, 9 juin 1885. Sir. 1886.2.19.

On peut dire qu'actuellement la jurisprudence, a complètement, à bon droit, abandonné cet ancien système. La cour de Besançon (arrêt du 2 mars 1887. Dalloz 1888. 2. 1) fut une des premières à appliquer la doctrine à laquelle nous nous sommes rangé. Dans cet arrêt elle décide que les articles 564 et 559 du Code de commerce sont innapplicables. « Attendu que, dit-elle, l'art. 564 ne trouve pas ici son application puisqu'il ne s'agit pas d'une libéralité faite par le mari à sa femme, mais d'une indemnité stipulée pour le préjudice occasionné par la mort du mari ; qu'une libéralité suppose de la part du donateur un dépouillement qui ne se rencontre pas dans le contrat d'assurance ; que tout au plus pourrait-on le voir dans le paiement des primes effectuées par le mari lorsque ces primes ont une certaine importance qui ne peut laisser supposer leur prélèvement sur les revenus. Que le contrat d'assurance ne constitue pas non plus un contrat d'acquisition fait au nom de la femme durant le mariage ; que l'art. 559 est donc sans application ; que cet article repose d'ailleurs, sur une présomption que les biens acquis par la femme du failli sont censés avoir été payés des deniers du mari, présomption qui peut-être détruite par la preuve contraire ».

La Cour de Cassation a maintenu le 22 février 1888 (Sirey 1888.1.130) cet arrêt de la cour de Besançon en ces termes : «Attendu que ces dispositions (il s'agit des articles 559 et 564 du code de commerce) ne sauraient s'appliquer à une assurance sur la vie contractée directement au profit de la femme du failli et n'ayant jamais fait partie du patrimoine de l'assuré, que l'avantage ainsi créé par l'assuré au profit de la emme n'appartient pas plus aux créanciers de l'assuré qu'a l'assuré lui-même, sauf le droit d'exiger suivant les circonstances la restitution des primes payées par l'assuré sur ses fonds personnels. »

La cour de Paris[1] vient dans un arrêt récent de décider dans le même sens. Il s'agissait dans l'espèce soumise à la cour d'une rente viagère, due par une compagnie d'assurance en vertu d'un contrat passé par le mari au profit de sa femme et acceptée par celle-ci.

On voit par ces arrêts que la jurisprudence admet que le bénéficiaire de l'assurance n'est pas toujours tenu de rapporter les primes aux créanciers de la faillite.

[1] Dalloz 1893.2.185.

Cette question, comme le fait remarquer M. Boistel[1], se rattache à la question plus générale de savoir si les libéralités faites par un débiteur insolvable échappent à l'application de l'article 1167 du code civil lorsqu'elles ont été prises sur ses revenus. Certains auteurs décident en ce cas que le débiteur même insolvable ne doit aucun compte de ses revenus à ces créanciers, d'autres soutiennent une opinion inverse. La jurisprudence semble avoir adopté un moyen terme, et reconnaît un certain pouvoir d'appréciation aux tribunaux. Cette façon de voir nous semble justifiée par ce fait que l'article 1167 ne vise que les biens sortis du patrimoine du débiteur, or il est évident que lorsque les primes porteront sur des sommes très minimes, qu'on ne peut les considérer comme faisant partie du patrimoine de l'assuré, tandis que au contraire lorsqu'elles auront une importance plus grande il est évident que, suivant les faits, elles auront ou été prises sur le patrimoine ou sur la partie des revenus qu'aurait dû, en bon administrateur de sa propre fortune, économiser l'assuré. C'est là une question d'appréciation de fait que la cour de cassation reconnaît, suivant nous a bon droit, aux tribunaux[2]. Cette question donc, dans le cas de faillite du mari, ne saurait comporter une solution unique, et sera résolue suivant les circonstances.

[1] Note dans le Dalloz. 1889.2 partie, page 157.
[2] V. en ce sens M. Boistel, note precitée.

§ II. — Personnes qui peuvent révoquer.

Le donateur peut lui-même, ainsi que nous l'avons déjà dit, révoquer la donation qu'il a faite à son conjoint.

Lorsque c'est la femme qui est donatrice, elle n'a pas besoin pour révoquer la donation qu'elle a faite à son époux ni du consentement de son mari ni de celui de la justice (art. 1096 al. 2) Si on eut exigé d'elle une telle autorisation, on eut rendu pour elle l'exercice de son droit de révocation des plus difficile, le mari d'une part n'aurait jamais consenti à cette révocation, de l'autre, la demande de cette autorisation à la justice eut forcé la femme à faire connaître les motifs de son changement de volonté, motifs que la crainte que pouvait lui inspirer son mari ou d'autres considérations lui eut souvent empêché de formuler.

Ce droit de révoquer que possèdent les époux est un droit purement personnel, eux seuls sont à même d'apprécier les motifs qui peuvent les pousser à s'en servir, il y a dans l'appréciation de ces motifs une foule de considérations que la situation d'étranger ne permet pas d'apprécier. En conséquence, les créanciers de l'époux donateur ne pourront demander l'annulation de la donation en vertu de l'article 1166 qui leur permet d'exercer seulement les droits et actions qui ne sont pas attachés exclusivement à la personne de leur créancier

(Limoges, 1ᵉʳ fév. 1840. Sir. 1840.2.241). Cet arrêt fait très justement remarquer que les créanciers étant dans l'impossibilité d'apprécier les motifs existant en faveur du maintien de la donation, se décideraient toujours en faveur de la révocation. (Ce qui, ajouterons-nous, serait aussi plus conforme à leur intérêt). Ils pourraient seulement attaquer la donation en vertu de l'article 1167 si elle avait été faite en fraude de leurs droits.

En ce qui concerne les héritiers du donateur nous ferons une distinction, tout d'abord en ce qui concerne la faculté que l'article 1096 al. 1ᵉʳ accorde à l'époux donateur de révoquer ad nutum la libéralité qu'il a faite à son conjoint, nous croyons que c'est-là un droit purement personnel à l'époux, droit qui ne tombe pas dans sa succession et que par conséquent ses héritiers, même réservataires, ne sauraient exercer (Dijon 10 avril 1867, Sir. 1868.2.11). Mais en ce qui concerne l'inexécution des charges et l'ingratitude du donataire, nous pensons que les héritiers du donateur pourront dans ces deux cas exercer le droit de révoquer la donation.

En effet l'article 1096 ne déroge pas à l'article 953 en ce qui concerne ces deux causes de révocation, étant donné que ces causes de révocation existent en ce qui concernent nos donations, les motifs les plus puissants existent pour permettre aux héritiers du donateur de de les exercer. Peut-on laisser l'époux donataire bénéficier d'une libéralité que lui a faite son conjoint sous certaines conditions alors qu'il les viole toutes, n'irait-

on pas ainsi directement contre l'intention du donateur
qui, s'il était vivant ne manquerait pas de révoquer lui-
même la donation. Si le donataire a commis envers
l'époux donateur un des délits prévus par l'article 955,
délit qui peut avoir entraîné la mort du donateur peut-
on lui laisser le bénéfice de la donation? Nous ne le
croyons pas, qu'importe que l'article 957 al. 2 décide
qu'en cas d'ingratitude les héritiers du donateur ne
pourront agir contre le donataire, et que l'article 959
décide que les donations en faveur du mariage ne sont
pas révocables pour ingratitude, ces articles sont étrangers
à nos donations. L'article 957 visant seulement le cas de
donation entre vifs ordinaires, celles-ci étant irrévocables
de leur nature, l'on comprend fort bien que cet article limite le plus possible l'exception qu'il introduit à
cette irrévocabilité mais en ce qui concerne les donations
faites entre époux pendant le mariage, la raison n'existe
plus puisque ces libéralités sont révocables et que c'est
là leur cartère distinctif en quelque sorte ; l'article 957 [1]
d'autre part ne saurait non plus viser nos donations
qui loin d'être faite en faveur du mariage, en sont plutôt une conséquence.

[1] Du reste on est loin d'être d'accord sur la portée de cette article. La Cour de Cassation a jugé qu'il ne visait que les donations faites pár les tiers aux futurs époux (26 fév. et 10 mars 1856
Sirey 1856.1.193) et aussi qu'il avait en vue les donations que les
futurs époux s'étaient faites (30 mai 1836 Sirey 1836.1.728.1.21
déc. 1842.Sirey, 1843.1.728).

Ajoutons que l'article 958 qui décide que la révocation pour cause d'ingratitude ne préjudiciera ni aux aliénations faites par le donataire ni aux hypothèques et autres charges réelles qu'il aura pu imposer sur l'objet de la donation, lorsque toutes ces charges auront été consenties avant l'inscription de la demande en révocation en marge de la transcription de la donation, nous semble applicable aux héritiers du donateur. Les héritiers du donateur fondant leur droit de demander la révocation sur l'article 957 al. 1 et l'article 958 n'étant qu'une conséquence de ce précédent article, de plus l'héritier n'étant pas comme le donateur lui-même dispensé d'indiquer la cause de révocation et devant intenter une action en révocation il ne saurait y avoir aucune difficulté pour lui appliquer l'art. 958.

§ III. — Formes de la révocation.

La révocation peut être express ou tacite. La révocation expresse de la donation faite entre époux pendant le mariage doit avoir lieu conformément à l'article 2 de la loi du 21 juin 1843 par acte reçu conjointement par deux notaires, ou par une notaire en présence de deux témoins.

Cette loi a fait cesser la discussion que s'était élevée entre les auteurs pour savoir si la révocation de ces donations pouvait avoir lieu suivant les formes requises par l'article 1035 pour la révocation des testaments.

Les partisans de l'affirmative faisaient remarquer que le Code civil n'ayant pas réglé d'une façon spéciale la forme de la révocation expresse de ces donations, on devait supposer qu'il s'était referé à ce qu'il avait déjà dit de la révocation des testaments. Ils assimilaient à ce point de vue les donations entre époux aux testaments, c'est ce qu'à fait la loi du 21 juin 1843. Leurs contradicteurs, dont le système ne peut pius être soutenu depuis cette loi, prétendaient que l'article 1035 n'était pas, en droit, nécessairement applicable et que la question de savoir si le donateur par un acte quelconque avait entendu révoquer sa libéralité était une simple question de fait que les juges avaient à résoudre d'après les circonstances. D'après ce système on aurait pu voir une révocation expresse dans un acte sous seing privé, qui n'aurait pas été écrit en entier, signé et daté de la main de l'époux donateur, inutile d'ajouter que les partisans du premier système repoussaient cette conclusion, qui nous parait à fortiori devoir être aussi rejetté depuis la promulgation de la loi précitée. Effectivement il y aurait contradiction manifeste à admettre depuis cette loi qui exige, lorsque la révocation de la donation a lieu devant notaire, les mêmes formalités que pour la révocation des testaments et sous l'empire de laquelle il est impossible d'admettre que cette révocation puisse avoir lieu par un simple acte notarié, que le même effet puisse être produit par un simple acte sous seing privé non revêtu des formes testamentaires.

En ce qui concerne la révocation tacite de ces donations nous croyons qu'il y aurait lieu de se référer aux dispositions contenues dans les articles 1036 et suivants visant la révocation tcaite des testaments.

En conséquence, il faudrait décider conformément à l'article 1036 que la donation faite entre époux pendant le mariage serait tacitement révoquée par une donation ou un testament postérieur contenant des dispositions contraires ou incompatibiles avec cette donation.

Voici quelques espèces. Un sieur G. après avoir donné à sa femme tous les biens qu'il laisserait à son décès, fit un testament par lequel il laissait à une demoiselle H. et à son fils une somme de 40.000 fr., la veuve G. soutient que ce testament était nul étant donné la donation qu'il lui avait d'abord faite. La cour de Paris par un arrêt du 17 juillet 1827 (Sir. 1829. 2. 104), rejetta cette prétention en faisant remarquer que, la révocation des donations entre époux pendant le mariage étant toujours possible et que cette révocation n'étant assujettie à aucune forme spéciale, le fait de ce que G. avait disposé depuis par testament d'une partie des biens donnés suffisait pour prouver son intention de révoquer la donation. La cour de Montpellier rendit un arrêt dans le même sens le 27 mars 1835 (Sir. 1836. 2. 198), seulement dans cette espèce la donation faite à la femme avait été révoquée non par un testament mais par une donation ultérieur. La cour de Douai (15 juillet 1851 (Sir. 1852. 2. 576) a jugé de même que la donation par un époux à son conjoint pendant le mariage de l'usufruit de tous les biens que le donateur laissera à son décès est révoquée tacitement par le legs de tous ses biens que le donateur fait plus tard au profit d'une autre personne.

Mais pourtant la donation d'une somme d'argent qu'un des deux époux aurait faite à l'autre ne doit pas être réputée tacitement révoqué par ce fait que l'époux donateur a postérieurement donné une autre somme d'argent à un tiers, bien que les deux sommes réunies excèdent le montant de la quotité disponible. On ne peut induire de cette circonstance, la volonté de la part du donateur de révoquer la première donation, pour le pouvoir il faudrait avant tout justifier que la dernière donation, celle faite au tiers, était excessive eu égard à la fortune que le donateur possédait à l'époque où elle a été passée, et même, en supposant ce fait établi il ne serait pas encore décisif, puisque le donateur peut s'être trompé de fort bonne foi dans l'appréciation de sa fortune présente ou future. (Toulouse 21 mai 1829. Sir 1830.2. 22).

Ajoutons enfin, que d'après les circonstances, le testament portant révocation de tous testaments antérieurs pourra révoquer les donations faites entre époux pendant le mariage, lorsqu'il résultera des faits que le testateur a voulu donner cette portée à la clause révocatoire, mais il faudra que cette intention soit bien manifeste car on ne saurait assimiler les donations entre époux aux dispositions testamentaires (V° en ce sens Toulouse 2 juin 1862. Sir 1863. 2. 41).

La donation serait encore révoquée tacitement pour le tout ou pour partie en vertu de l'article 1038 si le donateur aliénait postérieurement tout ou partie de la chose donnée. Les droits d'usufruit et de servitude que le donateur pourrait établir sur les biens donnés auraient pour conséquence de restreindre là donation dans la mesure de ces droits.

Si le donateur avait hypothéqué postérieurement à la donation les biens donnés, cette constitution d'hypothèque n'aurait pas comme conséquence la révocation dé la donation, car dans cet hypothèse rien ne permet de supposer que le donateur ait l'intention de révoquer la donation précédemment faite, on peut fort bien admettre que, dans son intention, les biens qu'il avait hypothéqués avaient une valeur suffisante pour permettre d'une part d'exécuter la donation qu'il avait faite et de l'autre d'acquitter les créances qu'il avait ainsi garanties (Limoges 1ᵉʳ février 1840. Sir. 1840 2. 241).

Les dettes que le donateur contracterait ne sauraient non plus entraîner la révocation de la donation. En effet, la donation entre époux bien que révocable n'en constitue pas moins pour l'époux donataire un droit acquis, qui ne peut être résolu que par la volonté manifeste de l'époux donateur. Or peut-on voir, dans le fait que cet époux a contracté des dettes postérieurement à

la donation, cette intention de résilier la donation ? Nous
ne le croyons pas, l'époux donateur peut s'être trompé
de bonne foi sur la valeur actuelle de sa fortune, erreur
qui l'a poussé à contracter avec ses nouveaux créanciers,
toutefois nous croyons que si le donateur avait entendu
conférer aux créanciers certains droits ou certaines garanties sur les choses précédemment données par lui à
son conjoint, on pourrait voir dans ce cas, suivant les
circonstances, une révocation tacite de la donation.

Ajoutons que la jurisprudence admet avec raison que
la condamnation correctionnelle en des dommages-inté-
rêts prononcés depuis la donation contre le donateur est
aussi incapable d'entraîner la révocation de la donation
(Cass. 10 nov. 1838. Sir. 1838.1. 290).

§ IV. — **Effets de la révocation.**

La révocation faite par l'époux donateur constitue
l'accomplissement de la condition résolutoire à laquelle
la donation entre époux pendant le mariage est soumise, elle doit donc produire tous les effets, qui sont
en général attachés à l'arrivée d'une pareille condition
et qu'énumère l'article 1183 du code civil.

A l'égard de l'époux donataire, la révocation remettra
les choses dans le même état que si la donation n'avait
pas existé, il sera donc tenu de restituer la chose donnée, moins toutefois les fruits qu'il a perçus avant la
révocation.

A l'égard des tiers, on appliquera la maxime : *resoluto jure dantis, resolvitur jus accipientis*. En conséquence les aliénations les constitutions de servitudes consenties par l'époux donataire seront résolues *ipso facto*, de sorte que l'époux donateur reprendra sa chose libre de toute charge. Il en serait encore de même des hypothèques, en vertu de l'article 2125 qui décide que ceux qui n'ont sur l'immeuble qu'un droit résoluble ne peuvent consentir qu'une hypothèque soumise aux mêmes conditions.

Il n'y aurait pas lieu d'appliquer à nos donations le tempérament que l'article 958 introduit en faveur des tiers dans le cas de révocation d'une donation entre-vifs pour cause d'ingratitude du donataire. En effet, lorsqu'il s'agit de donations entre époux faite pendant le mariage. les tiers qui ont traité avec l'époux donataire savaient, grâce au titre qu'il a dû leur montrer pour justifier sa propriété, que la personne avec qui ils contractaient n'avait qu'un droit essentiellement résoluble, ils ont dû agir en conséquence et l'arrivée de cette condition résolutoire connue n'a pu leur causer un véritable préjudice, tandis que dans l'hypothèse de la révocation pour cause d'ingratitude du donataire les tiers n'ont pu prévoir un fait si rare et n'ayant commis ainsi aucune imprudence, il était juste de maintenir les droits qu'ils avaient acquis sur les biens donnés.

Du reste, l'article 958 ne peut s'appliquer ici, étant donné les conditions qu'il exige, à savoir que les droits acquis par les tiers soient antérieurs à l'inscription, qui aurait été faite de la demande en révocation en marge de la donation, puisque dans le cas de révocation par l'époux donateur il n'y a pas de demande de révocation.

Enfin et c'est là la raison la plus décisive pour faire écarter l'article 958, l'époux qui révoque la donation qu'il a faite à son époux pendant le mariage n'étant pas tenu d'indiquer les motifs de sa révocation, il sera fort difficile de savoir si l'on se trouve dans le cas d'une révocation pour cause d'ingratitude, ce que les tiers détenteurs qui invoqueraient l'article 958 ne pourraient jamais prouver.

Nous avons vu que l'époux avait le droit de révoquer l'assurance sur la vie qu'il avait contractée en faveur de son conjoint. De plus nous avons aussi admis que le divorce devait de plein droit faire tomber cette libéralité. Il nous faut maintenant examiner quel sera l'effet d'une telle révocation vis-à-vis de l'assureur.

Ecartons tout d'abord une hypothèse qui n'offre aucune difficulté, c'est celle où l'assuré révoque le contrat en cessant de payer les primes. Dans ce cas, étant donné que le contrat d'assurance sur la vie est un contrat successif [1] qui n'existe que pour la durée d'une année, il est tout naturel d'admettre que l'assuré ne le renouvelle pas.

1 Vº En ce sens Mornard. De la nature de l'assurance de la vie,

Mais pendant l'année où il existe l'assuré, dans notre hypothèse l'époux, le révoque en vertu du droit que lui confère l'article 1096, ou encore le divorce est prononcé en sa faveur, ou bien encore il continue de payer les primes, tout en déclarant à l'assureur qu'il entend priver son conjoint du bénéfice de l'assurance, quelle sera alors la situation de l'assureur vis-à-vis de l'assuré ?

L'assureur a traité avec lui, mais sous certaines conditions, à savoir que le capital assuré serait payé à son conjoint et à lui seul. Ces conditions l'assuré ne semble pas pouvoir, de sa seule volonté, les changer, d'un autre côté il faut bien admettre qu'en vertu de l'article 1096 l'assuré (qui est ici l'époux) a le droit de révoquer la donation qu'il a faite à son conjoint. Comment concilier ces deux ordres d'idées ?

L'assurance sur la vie constitue en quelque sorte une stipulation pour autrui ; qui est la condition d'un contrat à titre onéreux passé entre l'assuré et l'assureur [1] ; dès lors n'y aurait-il pas lieu de lui appliquer dans ce cas les règles suivies en matière de stipulation faite pour autrui ? Or l'on admet [2] que dans ce cas, la révocation

---

[1] Voyez en ce sens note de M. Boistel (Dalloz 1889.2.129). Pour cet auteur, l'assuré stipule sous une condition alternative en faveur du bénéficiaire ou de lui-même. Certaines circonstances feront rentrer dans le patrimoine de l'assuré le bénéfice de l'assurance. Ces circonstances sont : 1º le refus d'acceptation du bénéficiaire, 2º Son prédécès, 3º la révocation avant l'acceptation du bénéficiaire.

[2] Voyez en ce sens Aubry et Rau. Tome IV, p. 310.

faite par le stipulant, qui est ici l'assuré, lui donne le droit d'exiger l'accomplissement, à son profit personnel, de la prestation ou charge qui faisait l'objet de la sti pulation, mais le promettant ne sera tenu que dans la mesure de l'obligation primitive, sans que le change- ment du bénéficiaire puisse aggraver en quoi que ce soit sa charge primitive. Nous croyons qu'il y a lieu de faire l'application de cette règle à l'hypothèse d'une assurance sur la vie contractée par un époux en faveur de son conjoint, il faudra en conséquence décider que l'assureur sera tenu de verser le capital assuré aux héritiers de l'époux à la mort seulement de ce dernier et qu'en cas de prédécès du conjoint, l'assureur ne devra rien.

On peut objecter que la révocation de la libéralité faite aux termes de l'article 1121 n'est possible qu'au- tant que le tiers n'a pas déclaré vouloir en profiter. A ceci nous répondrons que l'article 1096 en décidant qu'une donation entre époux sera toujours révocable, nous semble fournir un argument suffisant, pour que l'on puisse admettre que, lorsque le tiers est le conjoint, du stipulant, il y ait lieu d'étendre la disposition de l'article 1121 alinéa 2 même au cas d'acceptation faite par ce tiers.

CHAPITRE IX.

Il nous reste à dire quelques mots de la quotité disponible entre époux, dans les précédents chapitres nous avons vu que les époux ne pouvaient se faire de donations que dans la limite de cette quotité et que s'ils avaient procédé par voie de donation indirecte, cette donation ne devait pas dépasser cette même quotité.

Le législateur protège les ascendants et les descendants contre l'excès que pourrait faire leur fils ou père de la faculté de disposer de ses biens à titre gratuit, le titre de conjoint que possède le donataire dans notre hypothèse ne pouvait être un titre suffisant pour permettre en sa faveur de dépouiller complétement les héritiers réservataires, aussi le Code a-t-il eu soin de fixer par les articles 1094 et 1098 la quotité dont les époux pourraient disposer en faveur de l'autre.

Avec ces articles nous distinguerons trois hypothèses, 1º celle où l'époux a des ascendants, 2º celle où il a des enfants légitimes communs, 3º celle ou il laisse des enfants d'un précédent mariage,

Avant d'aborder ces trois hypothèses, examinons le cas où l'époux donateur ne laisse aucun héritier réservataire. Dans ce cas il peut laisser à son conjoint l'universalité de ses biens en pleine propriété (art. 916, 1094 et 1098). Cette liberté absolue laissée aux conjoints dans cette hypothèse a été critiquée. Le disposant, dit-on, peut avoir des frères et sœurs ou des neveux qui seront ainsi, par suite de l'empire qu'aura pris sur le donateur son conjoint, dépouillés complétement de biens, qui parfois ne seront pas le résultat de l'industrie ou des économies des époux mais proviendront en grande partie de la famille du donateur. Dans cette hypothèse, n'aurait-il pas été juste de les protéger dans une certaine mesure et de leur assurer une part de ces biens dont ils pouvaient attendre en quelque sorte le retour avec une légime espérance.

Cette objection aurait un certain poids si le code tenait compte de l'origine des biens pour en régler la dévolution, or il a pris soin de déclarer expressément le contraire (art. 732); on peut encore ajouter qu'il est tout naturel de placer dans l'ordre des affections le conjoint bien avant les frères et sœurs et leurs descendants, qui souvent sont devenus des indifférents pour le donateur.

1° *L'époux donateur a des ascendants.* — Le cas est prévu par l'article 1094 et en ces termes : « L'époux pourra, soit par contrat de mariage soit pendant le mariage, pour le cas où il ne laisserait point d'enfants ni descendants disposer en faveur de l'autre époux, en propriété, de tout ce dont il pourrait disposer en faveur d'un étranger, et en outre, de l'usufruit de la totalité de la portion dont la loi prohibe la disposition au préjudice des héritiers. »

En conséquence l'époux donateur pourra donner à son conjoint la moitié de sés biens en pleine propriété et la moitié en usufruit s'il laisse des ascendants dans les lignes paternelle et maternelle, et les trois quarts en pleine propriété et un quart en usufruit s'il ne laisse des ascendants que dans une seule ligne.

On peut critiquer avec raison cette disposition du Code, car, d'une part il reconnait le droit des ascendants à une réserve et, de l'autre, il leur accorde seulement une nue propriété qui en fait ne leur donnera aucun avantage direct car, pour jouir de leur légitime, il leur faudra attendre la mort de leur gendre ou bru, qui ont le plus souvent de moins qu'eux l'âge d'une génération

Le Tribun Joubert avait prévu l'objection et y répondit en ces termes[1] : « Paraîtra-t-il trop rigoureux de priver les ascendants de l'usufruit de la réserve ? C'est en quelque sorte ne laisser la réserve que pour leurs héritiers, mais c'est la faveur du mariage. Pourquoi la mort d'un époux changerait-elle la position de l'autre surtout pour les droits qui ne sont ouverts que par l'intervertion du cours de la nature. »

Malgré cette raison la situation de l'ascendant dans

[1] Fenet tome XII p. 621.

ce cas est d'autant plus défavorable qu'il vient de perdre
par la mort de son descendant le droit qu'il avait de lui
demander une pension alimentaire.

L'article 1094 porte ces termes : « La portion dont la
loi prohibe la dispostiton au préjudice des héritiers. »
A priori on ne voit pas bien l'utilité de cette expression, alors qu'à défaut de descendants il ne peut y avoir
comme héritiers réservataires que des ascendants.

Cette rédaction s'explique historiquement : L'article
156 [1] du projet qui est devenu notre article 1094, se re-
ferait à l'article 16 [2] du même projet ainsi conçu : « Les
donations soit entre-vifs, soit à cause de mort, ne peuvent excéder le quart des biens du donateur s'il laisse
à son décès des enfants ou ascendants; la moitié s'il
laisse des ascendants ou des frères et sœurs; les trois
quarts s'il laisse des neveux ou nièces, enfants au premier degré d'un frère ou d'une sœur ». C'est pour éviter
de reproduire cette énumération qu'il se contenta de dire
la portion dont la disposition est prohibée au préjudice des héritiers.

Mais ensuite l'article 16 fut modifié et la réserve ne
fut laissée qu'aux ascendants et descendants, on vota

[1] Le numéro 156 était porté par cet article, dans le projet du 24
thermidor an VIII. Lors de la discussion devant le Conseil d'État
il porte le numéro 172. Le seul changement qui existe est la substi-
tution du mot pourra ou mot peut.

[2] Cet article 16 du projet du 24 thermidor de l'an VIII est devenu
l'article 18 lors de la discussion devant le conseil d'État.

néanmoins l'article 156 sans penser à le mettre d'accord avec les nouvelles dispositions remplaçant l'article 16. C'est ce qui explique cette rédaction, dont le sens ne saurait faire doute.

2° *L'époux donateur a des enfants communs.* — Le cas est prévu par l'article 1094. — 2°, en ces termes : « Et pour le cas où l'époux donateur laisserait des enfants ou descendants, il pourra donner à l'autre époux ou un quart en propriété et un autre quart en usufruit, ou la moitié de tous ses biens en usufruit seulement. »

Il résulte de cet article que la quotité disponible entre époux est tantôt plus forte, tantôt plus faible que la quotité disponible ordinaire fixée par l'article 913. Si le donateur n'a qu'un seul enfant, l'article 913 lui permet de disposer de la moitié de ses biens en toute propriété, tandis que l'article 1094 ne lui permet de disposer que d'un quart en toute propriété et d'un quart en usufruit, et retranche donc dans ce cas la nue-propriété d'un quart. Laisse t-il deux enfants, la quotité ordinaire sera plus faible, elle est fixée dans ce cas à un tiers soit 8|24 tandis que la quotité spéciale, en tenant compte de la faveur d'évaluer l'usufruit fixé par la loi du 22 frimaiae an VII (art. 14 § 11 et 15 § 8) qui assimie l'usufruit à la moitié de la pleine propriété. sera d'un quart plus d'un huitième soit 9|24.

Le donateur a-t-il trois enfants ou davantage, l'article 913 ne lui permet de donner qu'un quart en pleine propriété tandis que l'article 1094 permet de donner en plus un quart en usufruit.

Aussi, étant donné que la quotité fixée par l'article 1094 est tantôt plus forte et tantôt plus faible que la quotité ordinaire, on s'est demandé si l'époux donateur n'avait pas le choix entre ces deux quotités, en un mosi la quotité spéciale fixée par l'article 1094 est facultative ou obligatoire pour l'époux donataire ? L'intérêt de cette question existe surtout quand l'époux donateur ne laisse qu'un enfant, la quotité ordinaire étant alors supérieure à la quotité de l'article 1094, on conçoit l'intérêt qu'il y a pour l'époux donataire à la solution de cette question.

Pour résoudre cette question nous trouvons deux système : le premier admet que la quotité fixée par l'article 1094 est purement facultative pour l'époux donateur, le second auquel nous nous rallions admet que cet article fixe une quotité invariable qui ne peut être dépassée et qu'en conséquence l'article 913 est inapplicable en ce qui concerne les donations entre époux. Nous allons exposer successivement ces deux systèmes.

Premier système. — Pendant longtemps les auteurs et la jurisprudence furent unanimes à admettre que l'article 1094 fixait une quotité invariable applicable aux donations entre époux. Mais, en 1841, M. Beneck [1],

____

[1] De la quotité disponible entre époux. Toulouse 1841. Ce sys-

professeur à Toulouse combattit le système admis jusqu'alors et admit que la quotité fixé par cet article est purement facultative pour les époux, qui peuvent, si telle est leur intention, se soumettre au droit commun et faire une donation dans les limites de l'article 913.

Voici les raisons sur lesquelles se base ce système. Tout d'abord on fait remarquer qu'il est illogique d'admettre que la quotité disponible entre époux est tantôt restrictive, tantôt extensive du droit commun, En effet, ou la qualité d'époux du donateur est une cause de faveur ou constitue une cause de défaveur, il n'y a pas de milieu, tout système qui n'applique pas ce principe tombe dans la contradiction, et arrive aux résultats suivants, à savoir que l'époux sera le plus favorisé quand la réserve des enfants sera la plus faible et la moins favorisée dans le seul cas où il n'y aura qu'un enfant cas où cet enfant a la réserve la plus forte.

A cette considération on ajoute deux arguments tirés le premier du texte de la loi, le second des travaux préparatoires.

L'argument tiré du texte de la loi est ainsi formulé : L'article 1094 n'indique par les termes qu'il emploie : « L'époux pourra... disposer en faveur de l'autre

tème fut suivi par MM. Valette. Journal Le Droit, 11 mars 1846, Aubry et Rau, tome 7, page 236, note 5.

époux » qu'une simple faculté pour l'époux donateur.
En effet telle doit être la portée de la loi, à savoir
de laisser le choix à l'époux donateur entre les deux
quotités car, lorsqu'elle fixe une quotité que l'on ne
peut dépasser, elle a soin d'employer une formule
plus impérative, ainsi dans l'article 913 dit-elle : « Les
libéralités... ne pourront excéder » et dans l'article
1093 : « L'homme ou la femme qui ayant, des enfants
d'un autre lit, contractera un second ou subséquent
mariage ne pourra donner à son nouvel époux... etc. ».

Reste l'argument tiré des travaux préparatoires, le
voici. D'après l'article 16 du projet de l'an VIII, que
nous avons cité plus haut, la quotité disponible était
fixée invariablement à un quart, quel que fut le nombre
des enfants, de plus l'article 156 du même projet qui
est devenu notre article 1094 fixait la quotité disponible
entre époux à un quart en toute propriété plus un quart
en usufruit ou à la moitié en usufruit, il résulte donc
du projet que la qualité d'époux était toujours un titre
de faveur puisqu'elle permettait de recevoir plus que la
quotité ordinaire. Plus tard on modifia l'article 16 pour
ne donner une réserve qu'aux ascendants et descendants
mais on laissa l'article 156 tel qu'il était primitivement
rédigé, on en peut donc conclure que le législateur, en
augmentant la quotité disponible ordinaire, n'a pas
eu l'intention d'exclure d'un avantage qu'il donnait à
tout le monde le conjoint qui, d'après le projet, devait
jouir d'un privilège tout spécial et que cet article 156

devenu l'article 1094 a gardé son sens primitif, à savoir
que la quotité spéciale doit toujours être extensive de
la quotité ordinaire bien que la base de cette quotité
ordinaire ait été changée. En conséquence il faudra
décider que, lorsque la quotité disponible ordinaire sera
plus forte que la quotité de l'article 1094, l'époux aura
le droit de la suivre.

Ce système invoque encore une observation de Berlier[1] au conseil d'état à la séance du 27 ventôse an XI.
Voici comment fut amenée cette observation. Il s'agissait de l'article 176[2] dont la rédaction proposée était la
suivante : « L'homme ou la femme qui, ayant des enfants d'un autre lit, contractera un second où subséquent mariage ne pourra donner à son nouvel époux
qu'une part d'enfant légitime le moins prenant et en
usufruit seulement[3]. » Cambacérès fit observer qu'on
pourrait permettre à l'époux remarié de donner cette
part en toute propriété à son nouveau conjoint. Berlier se rangea à cet avis, mais fit remarquer que s'il
était raisonnable d'accorder au nouvel époux la faculté
de recevoir une part d'enfant même en propriété, il y aurait toutefois lieu de modifier cette règle, car dans

[1] Fenet, tome 12 page 417.

[2] Ce numéro est celui que portait cet article lors de la discussion devant le conseil d'état, dans le projet de l'an VIII il porte le
numéro 161.

[3] Cet article est devenu l'article 1098 du code civil.

l'hypothèse ou il n'y a qu'un enfant ou deux du premier mariage et point du second, le nouvel époux pourrait avoir la moitié ou le tiers de la succession, Berlier propose donc d'établir que cette part d'enfant ne pourra excéder une quotité quelconque de la succession, par exemple le quart. Le conseil d'état adopta les observations de Cambacérès et de Berlin. On conclut de cette observation venant après le vote des articles 913 et 1094 (article 18 et 172 du projet soumis au conseil d'état) que l'article 1094 ne fixait pas une quotité disponible maximum entre époux autrement Berlier n'aurait pu dire que le nouvel époux, dans le cas où il n'y a qu'un enfant, aurait recueilli la moitié des biens de l'époux donateur, puisque l'article 1094 ne lui donne qu'un quart en propriété et un quart en usufruit. On ajoute encore que ce qui donne une certaine force à l'observation de Berlier, c'est que l'article 1094 avait été adopté dans la même séance du 27 ventôse an XI et que l'article 913 avait été voté dans une séance précédente en date du 21 pluviôse an XI à laquelle Berlier avait pris part.

2° *Système.* — Tels sont les arguments de ce premier système, nous essayerons de les réfuter tout en exposant le second système, système auquel nous nous rallions. Ce second système, avons nous, déjà dit admet que l'article 1094 établit une quotité invariable, que les époux ne peuvent dépasser dans les libéralités qu'ils se font l'un à l'autre et en conséquence que l'article 913 est inapplicable aux donations entre époux.

Les partisans de ce système font remarquer que le chapitre IX de notre titre règle d'une façon complète les donations entre époux, soit en ce qui concerne leur forme, soit en ce qui concerne leur montant. Cela ressort d'abord de l'intitulé de ce chapitre qui porte : « Des dispositions entre époux, soit par contrat de mariage, soit pendant le mariage », et des termes de différents articles de ce chapitre, ainsi l'article 1091 dit : « Les époux pourront par contrat de mariage se faire réciproquement ou l'un des deux à l'autre, telle donation qu'ils jugeront à propos sous les modifications ci-après exprimées, » de même l'article 1099 porte : « Les époux ne pourront se donner indirectement au-delà de ce qui leur est permis par les dispositions ci-dessus. » Les partisans de ce système ajoutent encore que dans ce chapitre le législateur a prévu par les articles 1094 et 1098 les différents cas qui pouvaient se présenter.

Il reste à examiner si cette impression est détruite par les arguments invoqués par le premier système.

Tout d'abord l'argument fondé sur la prétendue contradiction qui existe à admettre une quotité disponible tantôt restrictive, tantôt extensive de la quotité disponible ordinaire ne semble pas fondé. On peut fort bien justifier la disposition de la loi, en disant que le but du donateur est surtout de subvenir après sa mort aux besoins de son conjoint, et ces besoins sont indépendants du nombre des enfants et que la quotité nécessaire pour y subvenir sera toujours la même; de plus le légis-teur en fixant cette quotité disponible d'une manière absolue et sans égard au nombre des enfants a voulu dégager les époux de toute préoccupation d'intérêt per-sonnel et favoriser ainsi la fécondité du mariage. (En ce sens Cassation 3 déc. 1844. Sir. 1845.1.277. Cass. 12 juin 1866. Sir. 1866.1.319).

A l'argument tiré du mot « pourra » on répond que permettre de donner jusqu'à concurrence de telle quo-tité, c'est implicitement interdire de donner plus, que cette interprétation est confirmée par l'article 1091 qui permet aux époux telle donation qu'ils jugeront à pro-pos sous les modifications ci-après exprimées.

Reste l'argument tiré des travaux préparatoires. Nous admettons que le sens de l'article 156 du projet n'a pas été modifié par le changement de l'article 16 de ce même projet, que l'article 156 établissant une quotité fixe qui ne variait pas avec le nombre des enfants, l'article 1094 qui en est la reproduction doit encore avoir le même sens. On insiste et l'on ajoute que l'article 156 avait un autre but, à savoir que l'époux put recevoir quelque chose de plus que ce qui est disponible en fa-veur d'un étranger et qu'en conséquence l'époux dona-taire doit profiter des changements qui sont survenus lors de la rédaction définitive de l'article 16. A ceci nous répondrons que le second alinéa de l'article 1094 visant le cas où il y a des enfants détermine directement la quotité disponible, qu'il faut en conséquence voir dans cette disposition une règle par elle-même complète et indépendante, que cette manière de voir trouve un point d'appui dans cet article 1094 lui-même. Dans le premier alinéa, ne dit-il pas en parlant du cas où il n'y a pas de descendants : « L'époux pourra... disposer en faveur de l'autre époux en propriété de tout ce dont il pourrait disposer en faveur d'un étranger. » Ce qui prouve bien qu'il y a entre ces deux alinéas une différence sensible, le premier se référant aux articles 913 et suivants le second se suffisant à lui-même. Et puis, à quelles conséquences arriverait-on, si l'on admettait le système opposé, l'article 156 donnait à l'époux l'usufruit d'un quart en sus du disponible ordinaire fixé par l'article 16, si l'on admet que la même relation doit encore exister entre les articles 913 et 1094-2°, il faudrait admettre que l'époux peut recevoir encore un quart en plus du disponible ordinaire, alors que ce disponible est de la moitié de la pleine propriété, cette conséquence logique de ce système est absolument inadmissible, dès lors ne doit ou pas rejeter aussi le système dont elle découle ?

L'observation de Berlier n'est pas non plus décisive, car elle est contredite par de nombreuses assertions en sens contraire et d'une égal valeur. Ainsi Joubert, lors de la communication officielle du projet au Tribunat dit en parlant de cet article 1094 le 9 floréal an II à l'assemblée générale du Tribunat ; « Quant à l'émolument des dis-

positions entre époux soit par donation, soit par testaments, il faut distinguer s'il reste des enfants du
mariage, l'époux survivant ne peut avoir qu'un quart
en propriété et un autre quart en usufruit ; ou la moitié
de tous les biens en usufruit seulement ; si la disposition avait excédé ces bornes elle serait réduite propor-
tionnellement. Il était utile de permettre que, même en
cas d'enfants, l'époux survivant pût avoir une partie en
propriété, soit pour s'en aider dans ses besoins personnels, soit pour donner de l'appui au respect qui lui est
dû par ses enfants[1]. »

La même idée se retrouve encore dans l'exposé des
motifs que fit au corps législat'f Bigot-Préameneu.
« Cette loi, dit-il, donnant la faculté de disposer, même
au profit d'un étranger de tous les biens qui ne sont pas
réservés aux héritiers en ligne directe, il n'eut pas été
conséquent qu'un époux fut privé de la même liberté vis-
à-vis de l'autre époux pendant le mariage. Tel est même
l'effet de l'union intime des époux, que sans rompre
les liens du sang leur inquiétude et leur affection se
porte plutôt sur celui des deux qui survivra que sur
ses parents qui doive lui succéder. On a donc encore
suivi le cours des affections, en décidant que les époux
ne laissant point d'enfants pourraient se donner l'usufruit de la totalité de la portion des biens disponibles.

Si l'époux laisse des enfants, son affection se partage

[1] Fenet, Tome XII, p. 621.

entre eux et son époux, et lors même qu'il se croit le plus assuré que l'autre époux survivant ferait de la totalité de sa fortune, l'emploi le plus utile aux enfants : les devoirs de paternité sont personnels, et l'époux donateur y manquerait s'il les confiait à un autre ; il ne pourra donc être autorisé à laisser à l'autre époux qu'une partie de sa fortune et cette quotité est fixée à un quart de tous les biens en propriété et un autre quart en usufruit, où la moitié de la totalité en usufruit [1].» En présence de ces explications, les paroles de Berlier, prononcées, il ne faut pas l'oublier, incidemment, à l'occasion d'un point étranger à l'article 1094, ne peuvent s'expliquer que comme le résultat d'une erreur, et on ne peut véritablement trouver en elles un argument suffisant pour combattre les paroles si précises, que nous venons de citer, concernant la portée de l'article 1094. Nous concluerons donc conformément à ce second système, que l'article 1094 fixe une quotité spéciale pour les époux, quotité qu'ils n'ont pas le droit de dépasser, et que l'article 913 ne saurait s'appliquer ici.

Si le donateur a laissé à son conjoint en usufruit plus que la moitié de ses biens, quotité dont lui permet seulement de disposer l'article 1094, l'article 917 sera-t-il applicable ici et les héritiers du donateur auront-ils l'option entre l'exécution de cette donation exagérée,

---

[1] Fenet, tome XII, page 572.

ou l'abandon de la quotité disponible à savoir un quart
en toute propriété et un quart en usufruit ? Nous ne le
pensons pas. En effet, le projet de l'an VIII portait dans
son article 17 [1] ceci : « Le donateur en usufruit ne peut
excéder la quotité dont on peut disposer en propriété
(cette quotité est fixée par l'article 16) en telle sorte que
le don d'un usufruit ou d'une pension est réductible
au quart, à la moitié ou au trois quarts du revenu total dans les cas ci-dessus exprimés. Sans préjudice néanmoins de ce qui est réglé à l'égard des époux.» L'article 156 du même projet fixait le disponible entre époux
dans le cas d'usufruit à la moitié des biens. L'intention donc du législateur avait été en ce qui concerne
les donations entre époux de fixer une quotité spéciale
en usufruit. Plus tard l'article 17 disparut complétement
mais on ne modifia pas l'article 156. Nous croyons
donc que la pensée première qui avait guidé le législateur lorsqu'il écrivit l'article 156 subsistat et que, de
même que l'article 17 exceptait de ses dispositions les
donations entre époux l'article 19 (917 du code civil),
qui l'a remplacé doit avoir la même potité. On objecte
qu'il est difficile d'admettre que la loi convertisse en
une disposition de la propriété de la quotité disponible
la libéralité excessive en usufruit, lorsqu'elle est faite

---

[1] Cet article disparut de la discussion devant le conseil d'état,
il fut remplacé par un article portant le numéro 19 qui est devenu
l'article 917 du Code civil.

en faveur d'un étranger et qu'elle refuse ce bénéfice à l'époux qui est le donataire le plus digne d'intérêts. A ceci nous répondrons que le plus souvent l'époux donateur aura parfaitement consenti à abandonner à son conjoint la jouissance d'une partie de ses biens, parcequ'il sait que ces biens reviendront plus tard à ses enfants et qu'il aura ainsi concilié la double affection qu'il a pour son conjoint et ses enfants, mais que son intention, le plus souvent, n'aura pas été de disposer même d'un quart de ses biens en toute propriété en faveur de son époux, car c'eut été peut être priver à jamais ses descendants de cette part de ses biens, qui peut-être servirait de dot à son conjoint pour contracter une nouvelle union.

En plus de cette raison tirée de l'intention présumée du donateur, nous ferons remarquer que l'alternative prévue par l'article 1094 serait complètement détruite si on admettait l'application de l'article 917.

Des deux cas prévus, donation en propriété et en usufruit, et donation en usufruit seulement, le second serait supprimé le plus souvent; l'époux donataire d'un usufruit excessif ne manquerait jamais de réclamer un quart en toute propriété et un quart en usufruit. Ainsi supposons qu'un époux donne à l'autre les trois quarts en usufruit, le donataire si on applique l'article 917 ne sera pas réduit à la moitié en usufruit mais aura le quart en toute propriété et le quart en usufruit, on supprime donc l'alternative, ce qui, étant donné le texte de l'article 1094, est inadmissible (En ce sens Caen 24 déc. 1868, Sir. 1863. 2. 127; Orléans 13 fév. 1867, Sir. 1869. 2. 146; Cass. 10 mars 1873, Sir. 1874. 1. 17; Orléans, 15 mai 1879, Sir. 2. 217; Cass. 30 juin 1885, Sir. 1885. 1. 352. Ce dernier arrêt est ainsi motivé : « Attendu, en droit, que l'article 917 a pour unique but de prévenir les difficultés d'évaluation auxquelles donnerait lieu la recherche du rapport existant entre la valeur d'une libéralité en usufruit et le montant de la quotité disponible, lorsqu'elle n'est fixée par la loi qu'en pleine propriété ; qu'il ne saurait donc trouver d'application et serait sans objet dans le cas où, comme dans l'article 1094, le législateur a pris soin de déterminer lui-même la quotité disponible en usufruit ; que, lorsque l'époux donateur a choisi, pour gratifier son conjoint, celle des deux quotités disponibles fixées par l'article 1094 qui se compose uniquement d'usufruit, ses héritiers réservataires n'ont plus d'option à faire ; qu'ils peuvent si, la donation dépasse la quotité disponible en usufruit, la faire réduire à cette quotité et que l'époux donateur ne peut invoquer l'article 917 pour demander soit l'exécution de la donation ce qui serait une violation de l'article 1094 soit l'abandon de la quotité disponible en pleine propriété, ce qui serait contraire à la volonté du donateur; qu'il suit de là qu'en appliquant pas l'article 917 aux donations en usufruit faites par S... à sa femme et en les réduisant à la quotité disponible en usufruit fixée par l'article 1094 l'arrêt attaqué n'a pas violé l'article 917 et

n'a fait qu'une exacte application de l'article 1094. Rejette etc »).

L'article 917 vise les cas d'usufruit et de rentes viagères, l'article 1094 au contraire ne parle que de donations
en usufruit. Que faut-il décider si un époux laisse à
conjoint une rente viagère qui d'après les enfants est
excesive? Cette question a fait naître différents systèmes.

A. Un premier système décide que dans ce cas l'article 917 doit s'appliquer, ce système est surtout soutenu
par les auteurs qui pensent que l'article 917 doit s'appliquer au cas d'usufruit. Ces auteurs basent leur opinion sur ce que l'article 1094 ne parle pas des rentes
viagères, de plus, ajoutent-ils étant donné la nature du
droit que possède l'époux donataire d'une rente viagère,
droit qui doit durer autant que lui même, il y a une
difficulté d'évaluation de ce droit presque insurmonta-
ble. Comment dès lors voir s'il excède ou non la quotité disponible, n'est-il donc pas plus simple d'admettre
qu'il faut appliquer ici l'article 917 qui a précisément
pour but d'éviter ces difficultés.

B. Un second système décide que l'on doit examiner
si la rente viagère dépose la quotité disponible la plus
forte, à savoir un quart en toute propriété, plus un
quart en usufruit, dans le cas où elle dépasserait cette
quotité on devrait le réduire, mais en lui conservant
toujours son caractère viager. Nous trouvons en ce sens

un arrêt de la cour de Rouen du 8 avril 1853 (Sir. 1853.
5.342), dont voici les principaux considérants : « Attendu qu'en se refusant à exécuter la donation faite
par son père à sa mère d'une vente viagère de 400 fr. et
de l'usufruit du mobilier sous le prétexte qu'elle excède
la quotité disponible, la dame L. ne peut la faire réduire
que dans la limite de la quotité disponible la plus élevée
et non, comme l'ont dit les premiers juges, dans celle
de la quotité la plus faible. Que conséquemment l'ex-
pertise ordonnée doit, pour être complète, aussi voir
pour objet de reconnaître si la rente viagère de 400 fr.
et l'usufruit du mobilier excèdent ou non la valeur du
quart en propriété et du quart en usufruit de la suces-
sion de la dame P... et de dire dans le premier cas, de
combien cette rente doit être réduite... Que ce mode
de réduction a le double avantage, de donner effet à
la donation d'après les possibilités de la succession,
et de ne pas changer la nature des objets donnés ».

C. Un dernier système auquel nous nous rallions
décide que l'article 917 ne doit pas s'appliquer et que
l'article 1094 s'applique aussi dans l'hypothèse de rente
viagère, qu'en conséquence si la rente viagère excède
la moitié des revenus du disposant, elle sera réduite
sans qu'il soit nécessaire de procéder à une estimation.

Le Code, en effet, distingue en matière de quotité disponible deux sortes de libéralités, celles qui sont perpé
tuelles et celles qui sont viagères. Ces dernières il les assimile toutes entre elles en les soumettant aux mêmes

règles qu'il édicte dans son article 917. Or, s'il enlève à l'application de cet article les donations entre époux lorsqu'elles consistent en usufruit, comment admettre qu'il laisse en dehors de cette exception la rente viagère qu'il assmile à l'usufruit dans même article 917. Sans doute l'article 1094 ne parle pas expressément du cas de rente viagère, mais il ne saurait y avoir doute à ce sujet. L'article 17 du projet de l'an VIII assimilait à la donation en usufruit le don d'une pension, de plus il ajoutait que ses dispositions ne sauraient préjudicier à ce qui serait décidé à l'égard des donations entre époux. L'article 156 (1094 Cod. civ.) contenait donc une règle spéciale pour ces deux cas, cet article étant passé tel quel dans le code civil droit donc toujours avoir la même portée.

Lorsque le donateur a donné à son conjoint tout ce dont il pouvait disposer, la donation comprend le plus fort disponible.

Quand l'époux donateur a reproduit dans la donation l'alternative prévue par l'article 1094, 2°, on peut se demander à qui appartiendra le choix. C'est une question de fait le juge aura à rechercher quelle a été sur ce point l'intention du donateur, si cette intention est douteuse, il faudra croyons-nous laisser le choix à l'époux donataire (arg. art. 711), en effet, par suite de la libéralité faite par le donateur, l'époux donataire doit être considéré comme un véritable propriétaire ayant le droit de revendiquer soit un quart en toute propriété et un quart en usufruit, soit la moitié en usufruit, qu'importent les articles 1190 et 1022, on ne saurait assimiler l'époux donataire à un créancier, de plus l'article 1022 vise seule- ment le cas de legs d'objets déterminés, or la dona- tion dont nous parlons ne saurait rentrer dans cette catégorie.

L'époux qui donne à son conjoint l'usufruit soit de la réserve de ses ascendants, soit du quart, soit de la moi- tié de tous ses biens peut-il le dispenser de fournir cau- tion. Nous trouvons deux opinions à ce sujet.

A. En faveur de l'affirmative on fait valoir que l'arti- cle 1094 ne règle pas d'une façon spéciale les obligations de l'époux usufruitier, en conséquence qu'il y a lieu d'appliquer les règles ordinaires de l'usufruit. Or l'ar- ticle 601 porte : « L'usufruitier donne caution de jouir en bon père de famille, s'il n'en est dispensé par l'acte constitutif d'usufruit ».

Donc si l'époux donateur insère cette dispense dans la donation, on ne saurait exiger une caution du dona- taire, du reste, dans ce cas le nu-propriétaire sera encore protégé, l'article 618 lui permettant de faire cesser l'usur- fruit dans le cas d'abus de la part de l'usufruitier. On ajoute encore que permettre dans tous les cas aux des- cendants d'exiger une caution de leurs ascendants serait porter atteinte au respect qu'ils leurs doivent, affaiblir inutilement l'entente de ces ascendants, l'affection de ces derniers pour les descendants étant une garantie suf- fisante. La jurisprudence est plutôt favorable à cette façon de voir, nous citerons les arrêts suivants : Rouen 13 juin 1840, (Sir. 1840. 2. 316) ; Paris 7 avril 1858, (Sir. 1858. 2. 521) ; Paris 21 mai 1859. (Sir. 1959. 2. 319) ; Cass. 26 août 1861, (Sir. 1861 1. 829) ; Cass. 12 mars 1862, (Sir. 1862. 1. 413) ; Nancy 4 mars 1873, (Sir. 1874. 2. 6) ; Pau 3 juillet 1876, (Sir. 1877. 2. 120) ; Cass. 5 juillet 1876, (Sir. 1877. 1. 345.)

B. Nous préférons la négative. Nous croyons que l'article 901 est étranger aux cas de donations d'usufruit entre époux. Cet article règle le cas ordinaire où l'usufruit porte sur des biens que le donateur aurait pu donner en toute propriété, dans cette hypothèse il est tout naturel de décider que l'on puisse dispenser l'usufruitier de donner caution puisque l'on pouvait lui donner les biens en toute propriété, c'est là une application de la maxime : qui peut le plus, peut le moins ; mais, quand il s'agit de donations entre époux ce motif ne se rencontre plus, la seule quotité dont puisse disposer le donateur ne consiste justement que dans l'usufruit de ses biens. Or, admettre qu'il puisse dispenser le donateur de fournir caution, c'est porter atteinte à la nue propriété surtout quand il s'agit de capitaux et enlever une garantie qui assure la restitution de cette nue-propriété.

De plus peut-on ne voir dans cette obligation de fournir caution imposée à l'ascendant qu'une mesure destinée à affaiblir l'autorité qu'ils doivent avoir sur leurs enfants, cela ne nous semble pas exacte, cette mesure n'est pas une mesure de défiance destinée à faire suspecter l'honnêteté des ascendants, mais bien plutôt une mesure prise contre leur inhabileté possible, l'affection qu'ils portent à leurs enfants n'ayant pas pour conséquence de les rendre bons administrateurs, dès lors n'est-il pas tout naturel de protéger les enfants contre ce manque d'habitude des affaires que peuvent avoir leurs ascendants ? ce sera le but qu'aura la caution. Bien que la jurisprudence soit plutôt favorable à l'autre système nous trouvons pourtant dans notre sens un certain nombre d'arrêts. Nous citerons : Douai, 20 mars 1833 (Sir. 1833.2.196); Paris, 9 nov. 1836 (Sir. 1836.2. 536); Bourges, 29 juin 1841 (Sir. 1845.2.500); Toulouse, 27 nov. 1841 (Sir. 1842.2.124); Rouen, 24 fév. 1842 (Sir. 1842.2.249); Douai, 18 mars 1842 (Sir. 1843. 2.9); Rouen, 17 fév. 1844 (Sir. 1844.2.127). Montpellier, 19 nov. 1857 (Sir. 1858.2.611); Orléans, 23 fév. 1860 (Sir. 1860.2.366); Voici les principaux considérants de ce dernier arrêt : « Attendu en droit que l'usufruit ne confère que la jouissance de la chose dont un autre a la propriété et à la charge d'en conserver la substance. Que, comme sanction de cette condition, la loi a imposé d'une manière générale à l'usufruitier deux obligations : la première de faire dresser contradictoirement avec le nu-propriétaire un inventaire des meubles et un état des immeubles ; la seconde de donner caution de jouir en bon père de famille, de manière à rendre la chose en bon état à la fin de l'usufruit. Qu'à la vérité

par une sage disposition entre l'inventaire qui a pour
objet de constater l'espèce, la matérialité, la valeur
même de la chose et la caution qui tend à garantir la
conservation de cette chose l'article 601 Cod. Nap. a
permis à celui qui constitue l'usufruit de dispenser
l'usufruitier de la dation de la caution par une clause
expresse et virtuelle de l'acte même. Que cette exception
qui ne fait que confirmer la règle générale s'explique
et se justifie lorsque celui qui constitue l'usufruit a la
propriété pleine et absolue de la chose qu'en effet ayant
pu dans ce cas donner la chose; toute entière, on conçoit qu'il ait pu étendre le droit de jouissance de l'usufruitier, lui laissant la responsabilité d'user et d'abuser
de la chose en l'affranchissant de la condition qui
seule peut garantir efficacement la conservation et la
restitution des biens, surtout lorsqu'ils consistent en
choses fongibles ; que par une conséquence logique de
ces principes celui qui n'a qu'un droit restreint ou résoluble sur la chose dont il confère l'usufruit ne peut
dispenser l'usufruitier de donner caution parce qu'il ne
peut transmettre à autrui plus de droits qu'il n'en a
lui-même. » Ces principes posées, la cour dit en ce qui
concerne le point de savoir si l'article 601 doit se concilier avec l'article 1094 : « Attendu que l'article 1094
conférait à G... sans doute la faculté de donner à sa
femme l'usufruit même de la portion dont la loi prohibe la disposition au préjudice des héritiers (il s'agit
des ascendants de G...) mais ne l'autorisait pas à dis-

penser l'usufruitière de la caution, qu'en effet cet article n'exprime pas formellement la permission de dispenser de la caution comme le fait l'article 601. Que l'on ne peut pas dire avec raison que l'article 1094 se réfère à l'article 601 et se trouve régi par celui-ci, puisqu'il est constant que le titre des donations a été promulgé longtemps avant la discussion et la publication du titre de l'usufruit. Qu'on ne peut donc supposer aux rédacteurs de l'article 1094 l'intention d'accorder dans le cas spécial qu'il prévoit la même faveur qu'accorde l'article 601 dans les cas ordinaires d'une constitution d'usufruit. Que la différence entre ces deux textes s'explique naturellement pas la différence de position et de capacité de celui qui constitue un usufruit sur une chose dont il a la pleine propriété et la libre disposition et de celui-là qui, au contraire le constitue sur des biens réservés par la loi à des héritiers légitimes et qui ne doivent subir aucune atteinte directe ou indirecte, soit dans leur consistance matérelle, soit dans leur valeur, par le fait de l'usufruitier. Attendu que ce vœu de la loi serait ouvertement violé si, dans l'espèce, la femme usufruitière pouvait être dégagée des garanties exigées en règle générale pour la conservation et la restitution de la chose soumise à la réserve légale des ascendants. Que ce système aurait pour résultat de permettre d'entamer la légitime des héritiers et d'accroître la quotité disponible au profit de la femme, Qu'une telle combinaison susceptible de tant d'abus et tout à la fois contraire aux sentiments d'affection et de dévouement qui doivent exister réciproquement entre les pères et les enfants, ne saurait être sanctionnée par la justice. Que sous ces divers rapports la dispense de caution doit être dans l'espèce considérée comme non écrite, etc. »

Les dispositions qu'édicte l'article 1094 sont faites en vue de protéger les enfants nés pendant le mariage. En conséquence il faudra décider que la présence d'enfants naturels, même reconnus avant le mariage, ne saurait donner lieu à l'application de la quotité disponible spéciale fixée par l'article 1094. Si le donateur ayant un enfant naturel a fait à son conjoint une donation dépassant les limites fixées par l'article 1094, cet enfant naturel ne pourra réclamer que la réserve telle que la fixe l'article 757, mais sera impuissant à faire réduire la disposition faite au conjoint pour le surplus (Cass. 12 juin 1866. Sir. 1866, 1. 319).

S'il s'agissait d'un fils adoptif, il faudrait admettre une solution contraire et décider que cet enfant est capable de demander l'application de l'article 1094. En effet, le code civil déclare expressément dans son article 350 que l'adopté aura sur la succession de l'adoptant les mêmes droits que ceux qu'y aurait l'enfant né du mariage. Du reste l'adoption, sous le cas très rare où elle a lieu par testament à la suite d'une tutelle officieuse, ne peut avoir lieu que du consentement de l'autre époux, qui ainsi ne pout vraiment se plaindre des conséquences d'un acte auquel il a consenti.

Certains auteurs, en ce qui concerne ce point, distinguaient suivant que la donation a précédé ou suivi l'adoption. Ils refusent à l'adopté le droit de faire réduire les donations qui ont précédé l'adoption, en se basant sur ce fait, à savoir que l'on admet généralement que l'adoption ne révoque pas de plein droit les donations antérieures comme le ferait la survenance d'un enfant légitime, or, disent-ils, la réduction aurait en partie les mêmes effets que la révocation, les raisons qui empêchent cette dernière devrait donc aussi s'appliquer dans ce cas. Nous croyons qu'il n'y a pas lieu de faire une telle distinction, qui repose sur une confusion d'idées au sujet de la portée que doit avoir soit la révocation, soit la réduction des donations. En effet une donation entre vifs faites par un homme ayant déjà des enfants n'est pas révoquée par la survenance de nouveaux enfants et pourtant ces derniers ont le droit de demander le cas échéant la réduction de la donation qui a précédé leur naissance. Dès lors pourquoi refuser à l'adopté ce même droit, puisque d'une part toute donation entre-vifs est censée faite sous la condition qu'elle ne portera pas atteinte aux droits de ceux qui se trouveront héritiers réservataires du disposant et que d'autre part la donation ne dépendant pas seulement de l'adoptant on ne peut prétendre que le donateur reste le maître de neutraliser en tout ou partie la donation qu'il a faite et que, même étant donné la révocabilité des donations entre époux, rien n'empêche d'admettre que le donateur ait eu l'intention de réduire la libéralité qu'il a faite à son conjoint (Cassation 29 juin 1825, Sir. 1825.1.29; Paris, 26 mars 1839, Sir. 1839.2.200.).

3°. *L'époux donateur a des enfants d'un précédent mariage.* — Le cas est prévu en ces termes par l'article 1098 : « L'homme ou la femme qui, ayant des enfants d'un autre lit, contractera un second et subséquent mariage ne pourra donner à son nouvel époux qu'une part d'enfant légitime le moins prenant et sans que dans aucun cas ces donations puissent excéder le quart des biens. » Cette disposition de l'article 1098 a son origine dans les dispositions du droit romain et dans l'Édit des secondes noces. Nous avons analysé plus haut ces différentes dispositions nous n'en reparlerons pas ici. Nous ferons seulement remarquer que l'article 1098 a rejeté le second chef de l'Edit comme contraires aux principes de notre droit civil : à savoir que la loi ne tient aucun compte de l'origine des biens pour en régler la dévolution (art. 732), mais il a conservé le premier chef de l'Edit en l'aggravaut même, on se souvient que ce chef défendait à l'époux remarié de disposer d'une part supérieure à celle de l'enfant le moins prenant, notre article a reproduit cette disposition, mais en fixant un maximum que le donateur ne peut dépasser, à savoir le quart des biens. Nous avons vu que cette innovation était due à Berlier,

A la différence de l'article 1094 l'article 1098 n'établit
qu'une seule quotité disponible sans distinguer si la
libéralité est faite en propriété et en usufruit (Paris, 7
juillet 1870, Sirey 1870.2.971).

L'application de cet article 1098 ne peut exister que
s'il y a des enfants survivants du prédécent mariage ;
en effet c'est dans leur intérêt seul que cet article a été
écrit, en conséquence on ne compterait pas les enfants
prédécédés, à moins toutefois qu'ils n'aient laissé une
descendance, qui alors prendrait leur place par repré-
sentation. S'il n'y avait que des petits-enfants, la part
des enfants devrait se calculer d'après ce qui revient à
chaque souche, peu importe à ce point de vue que les
petits-enfants viennent de leur propre chef ou par re-
présentation (art. 914).

Il faudrait donner aussi ce droit, croyons-nous, à
l'enfant adoptif et cela en vertu de l'article 350 du code
civil et non, comme on l'a soutenu, parceque l'homme
qui se marie pour la première fois après avoir adopté
est réputé contracter un second et subséquent mariage
En effet la loi ne dit nulle part rien de pareil, et cela
se conçoit facilement car elle n'est en quelque sorte
que la reproduction de la constitution *Hac edictali* et
de l'Edit des secondes noces inspirés l'un et l'autre
par l'intérêt des seuls enfants nés en mariage.

Il faudrait aussi faire entrer dans le nombre des enfants l'enfant légitimé, car la légitimation lui donne
tous les droits des enfants légitimes (art. 333).

Mais il ne faudrait pas tenir compte des enfants renonçants ou déclarés indignes. En effet la réserve n'est qu'une partie de la succession, or pour la recueillir il faut venir à cette succession (Cass. 27 novembre 1863, Sir. 1863. 1. 513.); on sait que l'ancien droit admettait à ce sujet une opinion contraire en ce qui concerne seulement les enfants renonçants [1], et que la jurisprudence compte l'enfant renonçant pour fixer le taux de la réserve (Cass. 16 août 1866, Sir. 1866. 1. 383. — Cass. 21 juin 1869, Sir. 1870. 1. 432).

La quotité disponible entre époux remariés est, avons-nous dit, d'une part d'enfant le moins prenant sans que cette part puisse jamais dépasser le quart des biens,

La part d'enfant se détermine d'après le nombre des enfants du donateur tant du premier que du second mariage et en comptant l'époux pour un enfant, ainsi, reste-t-il cinq enfants la part de l'époux sera d'un sixième.

Il faut remarquer que la loi parle d'une part d'enfant légitime, il s'ensuit que si l'époux donateur a laissé trois enfants légitimes et un enfant naturel le conjoint aura droit à une part égale à celle d'un quatrième enfant naturel. Pour calculer dans ce cas la part du conjoint il y a deux façons de procéder. La première consistant à déterminer la part de l'enfant naturel en le supposant seulement en concours avec trois enfants

---

[1] Pothier, contrat de mariage n°s 560-562.

légitimes, puis partager le restant en quatre portions
égales dont une pour le conjoint. La seconde compte le
conjoint comme un enfant légitime et détermine dans
ce cas la part de l'enfant naturel comme s'il était en concours avec quatre enfants légitimes. Nous croyons qu'il
faudra suivre le second procédé autrement les enfants
légitimes supporteraient seuls la charge de la donation.

Il arrive parfois que le conjoint remarié a fait à
son époux donation d'une part d'enfant, que décider si
le donateur meurt sans enfants ? Nous croyons qu'il
faudra donner au conjoint le quart des biens, l'intention
du donateur, à moins de preuves contraires, résultant
des termes même de la donation, nous semble être celle-
ci, à savoir de ne pas dépasser le taux le plus fort que
fixe la loi dans le cas où il y a un ou des enfants d'un
précédent mariage car ce taux est fixé par elle à un
quart.

Lorsque le conjoint donateur s'est remarié plusieurs
fois peut-il après avoir donné à son conjoint une part
d'enfant faire à son troisième conjoint une donation valable?

A. Dans un premier système on tient pour l'affirmative à condition toutefois que le total de toutes les donations ne dépasse pas la quotité disponible ordinaire.
Ce système nous paraît contredit par ce fait que l'article
1098 décide expressément que les donations ne pourront
jamais excéder le quart des biens.

B. Un second système décide que les donations faites aux différents conjoints seront valables à condition toutefois que ces dernières libéralités n'excèdent pas le disponible le plus élevé de l'article 1098 c'est-à-dire le quart de la succession.

C. Une troisième opinion à laquelle nous nous rallions admet que dans ce cas la donation faite aux con-joints successifs ne pourrait dépasser la part de l'enfant le moins prenant sans que cette part puisse excéder le quart des biens. En conséquence, dans l'hypothèse que nous avons supposée, la donation faite au troisième conjoint sera nulle.

L'action en réduction qui est la sanction de l'article 1098 ne consacre qu'une règle d'indisponibilité et non une règle d'incapacité, la donation dépassant la quotité fixée par cet article ne sera pas nulle, mais seulement réductible. Mais ce droit n'appartient qu'en faveur des enfants du premier lit que la loi a seule en vue de pro-téger, aussi dans l'hypothèse, où ils meurent tous avant le donateur, ou s'ils renoncent tous à la succession, ou si encore ils sont tous déclarés indignes, la donation faite au second époux échappera à l'application de l'ac-tion en réduction.

Toutefois quand les enfants du premier lit exercent cette action, ils n'en conservent pas seuls le bénéfice, les enfants des autres lits en profitent aussi, car autre-ment l'article 745 qui décide que les enfants de diffé-rents lits succèdent par égales portions à leurs père et mère serait violé,

On va même plus loin et l'on accorde aux enfants des autres lits le droit d'intenter cette action en réduction, dans la mesure bien entendu de leur part héréditaire, quand ce droit est né dans la personne des enfants du premier lit et que ceux-ci refusent ou négligent de le faire, nonobstant les termes de l'article 1496 qui ne saurait ici avoir aucun poids, le législateur ne s'occupant dans cet article que de savoir s'il y a lieu à réduction et non pas spécialement de savoir qui pourra agir en réduction.

Enfin le nouvel époux dans le cas où sa part dépasserait la part d'un enfant, en supposant que tous-les enfants aient des parts égales et sans pour cela atteindre le quart de la succession devrait, croyons-nous, profiter comme les enfants du résultat de la réduction opérée contre lui. En effet il n'est pas ici sous le coup de l'article 921, il ne demande pas la réduction lui-même et on ne peut dire qu'il en profite puisque ce qu'il recueille est une part d'enfant, part que cette réduction permet de calculer et non une portion de cette réduction.

Avant de terminer ce chapitre nous dirons quelques mots seulement sur le concours de la quotité disponible entre époux avec la quotité disponible ordinaire, et de l'application des articles 1094 et 1098 en cas d'assurance sur la vie contractée par un époux en faveur de l'autre.

En ce qui concerne le concours des deux quotités disponibles, on a démontré par l'absurde que ces deux disponibles ne pouvaient se cumuler. Ce principe admis, différents cas peuvent se présenter.

1º Le donateur a d'abord fait une donation à son conjoint.—Dans ce cas il peut donner la différence qui existe entre la quotité ordinaire et la quotité entre époux. En un mot la donation faite à l'époux dans les limites des articles 1094 et 1098 doit s'imputer sur la quotité disponible de l'article 913 et quand elle l'a épuisée il ne reste rien à donner. (Cass. 2 juillet 1813, Sir. 1813. 1. 441 ; Cass. 7 janv. 1824, Sir. 1833. 1. 506 ; Cass. 21 mars 1837, Sir. 1837. 1. 273 ; Cass. 24 juillet 1839, Sir. 1839. 1. 633 ; Cass. 22 nov. 1843, Sir. 1844. 1. 49 ; Cass. 24 août 1846, Sir. 1847. 1. 39 ; Cass. 27 déc. 1848, Sir. 1849. 1. 80 ; Cass. 7 mars 1849, Sir. 1849. 1. 338 ; Cass. 7 mars 1849 Sir. 1849. 1. 339).

2º Le donateur a d'abord fait une donation à une personne autre que son conjoint.—Il faudra encore dans ce cas, suivre la même règle, car nous avons vu que la quotité disponible entre époux est parfois plus forte que la quotité disponible ordinaire, dans le cas où elle est plus forte, il pourra donner la différence entre ces deux quotités.

3º Les donations faites à l'époux et au tiers sont concomittantes.—Le cas se présentera lorsque les deux donations auront été faites par le même testament. Si toutes les donations ne dépassent pas la quotité disponible la plus forte et que chaque donataire ne reçoit que la quotité spéciale que la loi lui attribue, les donations échapperont à la rédaction.

Dans le cas contraire elles seront soumises à la réduction. Comment procédera-t-on cette réduction ? Nous trouvons sur ce point trois systèmes que nous allons exposer.

1° *Système*[1]. — Ce système réduit toutes les libéralités au marc le franc, en prenant pour base le plus fort disponible.

2° *Système*[2]. — Ce système consiste a réduire d'abord les deux donations au marc le franc, mais en prenant comme base la plus petite quotité disponible; puis à attribuer au titulaire du plus fort disponible la différence de celui-ci sur le plus faible.

3° *Système*[3]. — On attribue dans ce système d'abord au titulaire des plus fort disponible l'excédent de la quotité disponible la plus forte sur la plus faible, puis on réduit au marc le franc les deux libéralités qu'on a ainsi rendu égales chacune à la quotité disponible la plus faible. C'est ce dernier système que nous préférons comme donnant le moins de prise à la critique. Le premier en effet a le tort de faire profiter le donataire de la quotité disponible la plus faible du disponible le plus fort. En effet réduire, d'après une certaine mesure,

[1] Toullier, n° 878.

[2] Delvincourt, t. III, p. 223.

[3] Marcadé sur l'art. 1100. III.

une donation excessive, c'est maintenir dans la même mesure la partie que la réduction n'atteint pas. Ainsi, pour prendre un exemple, réduire une donation pour partie d'après un disponible de moitié, c'est maintenir l'autre partir dans la mesure qu'admet ce disponible. Or, si l'un des donateurs ne doit profiter que d'un disponible d'un quart, et que l'on prenne d'après ce premier système comme base le disponible de moitié, il est évident qu'il bénificiera de la motié de la différence, qui reste entre ces deux disponibles. Ce système a donc le défaut de donner trop au donateur du disponible le plus faible.

Le second au contraire ne lui donne pas assez. En réduisant les deux donations d'après le disponible le plus faible, chaque donation pour tout son montant, il procure déjà un avantage au donataire de la quotité la plus forte, et en lui attribuant ensuite la différence qui existe entre le plus faible disponible et le plus fort, il lui en procure un second. Le dernier système que nous avons préféré écarte ces deux excès, il égalise d'abord les deux donations, ce qui ne crée aucune faveur au profit de l'un des deux donateurs, et il a l'avantage de mieux suivre la pensée de la loi puisque pour égaliser ces deux disponibles il donne d'abord au donateur, que la loi a le plue favorisé, l'excédant du plus fort disponible sur le plus faible.

Telles sont rapidement réunies, les règles concernant

la quotité disponible entre époux. Elles s'appliquent non seulement en ce qui concerne les donations directes entre époux, mais aussi en ce qui concerne les libéralités indirectes. Au sujet de ces dernières il ne saurait y avoir aucun doute, l'article 1973 décidant que toute libéralité indirecte, contenue dans un contrat à titre onéreux, quoique non assujettie aux formes requises pour les donations, reste soumise aux règles régissant ces derniers en ce qui concerne la quotité disponible et la nullité.

Dans le cas d'assurance sur la vie contractée par un époux en faveur de l'autre tout en appliquant les règles de fond, qui régissent les donations entre époux, en ce qui concerne la quotité disponible il y aurait lieu de tenir compte du régime sous lequel les époux sont mariés.

Sont-ils mariés sous un régime exclusif de communauté, nous croyons, étant donné le système que nous avons admis sur ce point, que la réduction ne devrait porter que sur les primes. Nous trouvons dans ce sens un arrêt de la cour de Douai du 12 juin 1886. (Journal des assurances, année 1886 page 511). Cet arrêt décide que le capital assuré ne devait pas être compté dans l'actif de la succession de l'assureur. Ajoutons toutefois que la jurisprudence semble plutôt être du sens contraire. Ainsi la cour de Cassation[1] a mis à néant l'arrêt

Arrêt du 8 juin 1888 ; (Sirey, 1888.1.129).

précité et décidé que le capital de l'assurance devait être compté dans la masse de la succession. Citons encore dans le sens de l'arrêt de la cour suprême : Montpellier, 15 décembre 1873,(Sirey, 1874.2.81) ; Cassation, 2 juin 1876 ; (Dalloz, 1878.1.129) ; Paris, 26 novembre 1878, (Dalloz, 1879.2.152).

Lorsque les époux sont mariés sous le régime de communauté il y a lieu de se demander en plus, si le capital assuré tombe ou ne tombe pas dans les biens communs.

A priori il semblerait devoir faire partie des biens communs.

En effet, aux termes de l'article 1401. 1° Toute créance acquise par l'un des époux pendant le mariage tombe dans la communauté. Dans ce cas la loi matrimoniale des époux détruit les effets utiles de la stipulation pour autrui, telle que nous l'avons admise, saisissant directement le tiers au profit duquel on traite. Ce tiers ici étant la femme, la créance qu'elle a acquise directement tombera dans la communauté, comme bién meuble échu à l'un des époux pendant le mariage. De plus l'article 1395, défend aux époux de changer après la célébration du mariage quoi que ce soit au régime qu'ils ont adopté. Or, permettre à l'un des époux de prendre, comme bien propre, une créance, qui, d'après le régime choisi, doit tomber dans la communauté, serait modifier sur ce point le régime matrimonial. Certains auteurs ont toutefois soutenu, que l'article 1437 déro-

geait à l'article 1395, et que nulle part la loi n'avait défendu à un conjoint de constituer à l'autre un propre avec
des biens communs sauf à récompenser la communauté,
pour ces auteurs l'article 1437 ne serait nullement limitatif, les cas qu'il cite ne seraient que des exemples,
car il ajoute : « et généralement toutes les fois que l'un
des époux a tiré un profit personnel des biens de la
communauté il en doit la récompense ». L'acquisition
d'un propre rentre dans cette hypothèse qui, dans ses
ermes, semble bien prévoir tous les cas possibles de pro-
fits personnels. M. Labbé [1], a, selon nous, refuté vic-
torieusement ce système: « Les causes d'acquisition qui,
dit-il, durant la communauté, font des propres, sont
exceptionnelles, et limitativement déterminées... Nous
voyons qu'un époux peut en puisant dans la caisse des
deniers communs avec le consentement du chef de la
communauté, dégréver un propre d'une charge, assurer
contre l'incendie un bâtiment dont la valeur dans sa fortune propre sera, le cas échéant, remplacée par le capital de l'assurance, améliorer un bien propre, faire notamment sur un terrain nu une construction qui sera propre.
Ce que les époux ne peuvent pas faire, c'est faire
pour eux personnellement un contrat principe d'une
acquisition entièrement nouvelle. Ils ne peuvent point
se créer arbitrairement des propres, par exemple acheter
un immeuble à l'un d'eux sauf récompense du prix à

[1] Sirey. 1877. 1. 393. Sous arrêt Cass. 28 mars 1879.

la communauté... » Faut-il donc admettre que par application des articles 1401-1° et 1395 la créance du capital assuré tombe en communauté? Certaines cours l'ont admis notamment la cour de Caen[1] dont voici l'arrêt des plus formel en ce sens : « Attendu que l'acquisition ainsi faite par la dame R... en son nom personnel est un acquet de communauté. Attendu que les époux étaient mariés sous le régime de la communauté ; que les valeurs mobilières échues aux époux à quelque titre que ce soit et les acquets de toutes sortes faites par eux ensemble ou séparément, font partie de l'actif de la communauté aux termes de l'article 1401-1° code civil. Attendu que c'est en vain que les époux R... ont manifesté l'intention d'acquérir pour la femme seule, a l'exclusion de la communauté; qu'en effet les conventions matrimoniales ne peuvent recevoir aucun changement après le mariage et que les époux R... ne pouvaient modifier les effets légaux du régime auxquel ils s'étaient soumis... »

Cette solution a le tort grave de ne tenir aucun compte de l'intention des parties; n'est-il pas possible, après avoir admis que, conformément à l'article 1401-1°, la créance du capital tombe dans la communauté de l'en faire aussi sortir? Cette solution nous semble possible. En effet la prohibition de l'article 1395 ne peut empêcher les époux d'user du droit qu'ils possèdent de se

---

[1] Arrêt du 6 déc. 1881, Sir. 1883.2.33.

faire des donations ; de plus l'article 1422-2° dit en parlant du mari : « Il peut néanmoins disposer des effets
mobiliers à titre gratuit et particulier, au profit de
toutes personnes, pourvu qu'il ne s'en réserve pas l'u-
sufruit. » Ces expressions « au profit de toutes personnes. » semblent bien admettre que le mari a le droit de
disposer des biens communs au profit de sa femme
comme au profit des tiers, le droit de disposition que
lui accorde cet article est absolu. Dans le cas d'assurance sur la vie, voici ce qui se passera : la créance du
capital née sur la tête de la femme tombera en communauté comme tout meuble acquis par l'un des époux
pendant le mariage, puis le mari usant des droits que
lui confère l'article 1422, fait donation à la femme de
cette créance. A la mort du mari, si la femme accepte la
communauté, elle ne sera donataire que de la moitié du
capital puisque l'autre moitié était déjà possédée par
elle à titre de femme commune, si elle renonce elle recueillera la totalité de la créance, cette solution résulte
de l'intention même du mari. (Cassation, 28 mars 1877,
Sir, 1877.1.393, Paris, 1 août 1879, Sir. 1880.2.249.
Cass. 2 mars 1881, Sir. 1881.1.145 ; Amiens, 21 fév.
1880, Sir. 1881.1.5.337 ; Cass. 2 juillet 1884, Sir. 1885.1 5 ;
Cass. 22 fév. 1888, Sir. 1888.1.130).

L'arrèt précité de la cour d'Amiens résume bien cette
doctrine, il est ainsi conçu : « Considérant que par le
contrat d'assurance T... en échange de son obligation
de payer les primes acquérait contre la compagnie une

créance ferme de cent mille francs, dont l'époque du paiement était seule incertaine; que cette créance acquise durant le mariage sous le régime de communauté d'acquets, faisait évidemment partie du mobilier de la communauté. Considérant qu'aux termes de l'article 1422 C. civ. le mari peut disposer des effets mobiliers de la communauté à titre gratuit et particulier au profit de toutes personnes, pourvu qu'il ne s'en réserve pas l'usufruit. Considérant que la généralité des termes employés implique le droit pour le mari de disposer à titre gratuit des dits effets mobiliers au profit de sa femme aussi bien qu'au profit d'un tiers, sauf bien entendu la faculté pour lui de révoquer la disposition jusqu'à la dissolution du mariage. »

Il nous semble préférable d'adopter cette dernière façon de décider. La cour de Paris[1], dans un arrêt récent vient de décider en ce sens. Voici les principaux considérants de cet arrêt : « Considérant qu'on ne peut soutenir que les époux D... étant mariés sous le régime de la communauté légale, ladite rente (dans l'espèce il s'agissait d'une rente viagère, due par la compagnie d'assurance à la femme), à raison de son caractère de valeur mobilière, est tombée dans la communauté aux termes de l'article 1401 du Code civil et y est demeurée jusqu'à ce jour, aucune demande de séparation de biens

---

[1] Arrêt du 19 mai 1890 (Dalloz 1893 2 185) et note de M. Baudry Lacantinerie.

n'ayant été formée par la femme D...—Qu'en effet d'après ledit article les valeurs mobilières échues pendant le mariage aux époux à titre de donation ne tombent dans la communauté qu'autant que le donateur n'a point exprimé de volonté contraire ;—que la stipulation faite par D... au profit de sa femme dans le contrat d'assurance, ne lui a été inspiré que par la pensée d'assurer l'avenir de celle-ci par un acte de sage et prévoyante libéralité ; que par l'effet de l'option qu'a faite la dame D..., cette stipulation constitue dans les termes des articles 1121 et 1973 du Code civil une donation de forme et de nature spéciale et qu'il résulte de toutes les circonstances de la cause que le bénéfice ou l'avantage de cette donation ne devait jamais, d'après la volonté certaine quoique non exprimée du donateur tomber dans la communauté.»

POSITIONS

DROIT ROMAIN

I. — Sous le système de la prohibition des donations entre époux, il faut décider que les donations rémunératoires que ceux-ci se seraient faites, tombent sous le coup de la prohibition.

II. — Sous le système de la prohibition, la donation de la chose d'autrui que fait le mari à sa femme n'est valable qu'autant qu'il ne peut usucaper lui-même.

III. — Lorsque l'époux donateur, dans le cas d'une *donatio mortis causa*, n'a pas exprimé son intention au sujet de la rétroactivité, la donation ne doit pas rétroagir même si le donateur a fait tradition de son vivant.

IV. — Le sénatus-consulte introduisant le système de la confirmation est l'œuvre des deux empereurs Septime.

Sévère et Caracalla, de plus il n'y eut au sujet de l'introduction de cette réforme qu'un seul sénatus-consulte daté de l'an 206 ap. J. C.

V. — Le sénatus-consulte s'appliquait à toutes les donations, même à celles faites par simple promesse.

POSITIONS PRISES EN DEHORS DE LA THÈSE

1. — Le seul consentement des parties ne suffit pas pour qu'il y ait mariage entre-elles.

II. — Les arrhes, sous Justinien dans le cas de vente sont un moyen de dédit quand les parties n'en sont encore qu'à un projet de contrat et cela dans le cas seulement où il a été décidé qu'il serait fait un écrit.

III. — L'interdit *quorum bonorum* ne tranche pas la question de possession et laisse intacte la question de propriété.

IV. — Sous Justinien, la compensation n'a pas lieu de plein droit, elle est restée judiciaire.

DROIT FRANÇAIS

POSITIONS PRISES DANS LA THÈSE

I. — La donation entre époux est une véritable donation entre-vifs.

II. — Le prédécès du donataire dans le cas d'une donation de biens présents n'entraîne pas la caducité de la donation.

III. — Lorsqu'un époux a fait à son conjoint une libéralité déguisée, cette libéralité est nulle pour le tout sans qu'il y ait lieu de distinguer si elle dépasse ou non la quotité permise entre époux.

IV. — En cas de faillite du mari, lorsque ce dernier a contracté en faveur de sa femme une assurance sur la vie et que les époux sont mariés sous un régime exclusif de communauté l'article 564 du code de Commerce ne doit s'appliquer qu'aux primes payées,

V. — La quotité disponible fixée par l'article 1094 ne peut être dépassée.

POSITIONS PRISES EN DEHORS DE LA THÈSE

Code civil

I. — Les sociétés civiles ne forment pas en règle générale des personnes morales ou juridiques.

II. — Le mariage, putatif opère la légitimation des enfants naturels simples.

III. — L'hypothèque légale de la femme prend rang du jour du mariage sauf les cas où la loi en a décidé autrement.

IV. — L'article 2257 n'est pas applicable aux droits réels.

Histoire du droit

I. — A Rome, le colonat n'a pas été emprunté aux Germains et n'a pas été créé par des constitutions impériales, il s'est formé lui-même insensiblement et par des causes diverses.

Droit administratif

I. — Les édifices publics nationaux, départementaux, communaux ne font pas partie en règle générale du domaine public.

Droit international

I. — Le système préférable en matière d'exquatur des jugements étrangers est celui qui refuse aux tribunaux français le droit de modifier ces jugements.

II. — Le syndic d'une faillite est fondé à pratiquer en France une saisie-arrêt avant que le jugement étranger qui l'a ouverte y ait été déclaré exécutoire.

Vu : le président de la thèse

Léon Michel.

Vu : le doyen

Colmet de Santerre

Vu et permis d'imprimer :

Le vice-recteur de l'Académie de Paris,

Gréard.

TABLE DES MATIÈRES

DONATIONS ENTRE ÉPOUX PENDANT LE MARIAGE EN DROIT
ROMAIN ET EN DROIT FRANÇAIS

DROIT ROMAIN

DROIT FRANÇAIS

Orléans. — Imprimerie G. MORAND, 447, rue Bannier